集人文社科之思　刊专业学术之声

集 刊 名：国际服务贸易评论
主办单位：首都国际服务贸易与文化贸易研究基地
　　　　　中国国际贸易学会服务贸易专业委员会
　　　　　首都对外文化贸易与文化交流协同创新中心
　　　　　国家文化贸易学术研究平台
主　　编：李嘉珊　于　涛
执行主编：方　朔

REVIEW OF INTERNATIONAL TRADE IN SERVICES

编委会

总 顾 问　陈　健（中国服务贸易研究院总顾问）

委　　员　胡景岩　张国庆　金　旭　刘宝荣　李　钢

　　　　　李小牧　李　俊　蔡继辉　刘建昌　李怀亮

　　　　　曲如晓　张　平　王　胜

编辑部

办公地址　北京市朝阳区定福庄南里 1 号北京第二外国语学院求是楼 908
邮　　编　100024
联系电话　010-65778155
邮　　箱　nicdfmzw@163.com

第4辑

集刊序列号：PIJ-2019-385
中国集刊网：www.jikan.com.cn
集刊投约稿平台：www.iedol.cn

国际服务贸易评论

REVIEW OF INTERNATIONAL TRADE IN SERVICES （第 4 辑）

主　　编　李嘉珊　于　涛
执行主编　方　朔

社会科学文献出版社
SOCIAL SCIENCES ACADEMIC PRESS (CHINA)

卷首语

当前，世界仍处于大发展、大变革、大调整时期，新冠肺炎疫情全球大流行加速了国际格局的变化，世界经济整体发展环境面临诸多风险和不确定性，共同复苏、强劲复苏是国际领域的时代声音。习近平主席在出席2022年巴厘岛 G20 峰会时指出，"我们应当携手努力，开辟合作共赢的新境界"。党的二十大报告也明确提出，"推进高水平对外开放……稳步扩大规则、规制、管理、标准等制度型开放……加快建设贸易强国"。韩正副总理在 2022 年中国国际服务贸易交易会全球服务贸易峰会上的讲话也表明，中国实施了更加积极主动的开放战略，服务贸易取得了蓬勃发展。中方愿同各方共同努力，秉持人类命运共同体理念，落实全球发展倡议，推动服务贸易健康可持续发展，为世界经济复苏增添更大力量。

当今中国正在日益走近世界舞台中央，发展同外部世界的关系将更加紧密。中国对世界的影响不断加深，世界对中国的影响也在不断加深。在发展自己的基础上，为世界带来中国方案和历史机遇，更加积极参与全球治理，在国际事务中发挥更大作用。自 2018 年国务院批复同意设立海南自由贸易试验区以来，海南的政治、经济、贸易和服务战略定位得到进一步凸显，同时对其服务业和服务贸易的运行及管理模式的优化和创新提出了更高层次和更高水平的要求。作为唯一的中国特色自由贸易港，海南的建设对于深化贸易改革创新、推动高水平对外开放和建设贸易强国具有重要意义。积极妥善利用海南自由贸易港制度探索实行外商投资准入负面清单与跨境服务贸易负面清单的一体化管理，打造服务贸易开放新高地，对引领高质量发展也至关重要。

《"十四五"服务贸易发展规划》（以下简称《规划》）明确提出我国

"十四五"时期服务贸易发展目标和 2035 年远景目标。其中《规划》提出，要积极打造服务贸易创新发展示范区、数字贸易示范区和服务贸易国际合作示范区，向专业化方向深耕，拓展特色服务出口基地，提升中国国际服务贸易交易会专业化、市场化和国际化水平等，这些都会成为推进《规划》落实的重要抓手。新时代海南建设全面深化改革开放试验区，必须坚持先立后破，下大气力破除体制机制弊端，不断解放和发展社会生产力。我相信坚持以开放促改革、促发展、促创新，不断为发展塑造新动能和新优势，推动经济实现质的有效提升和量的合理增长是海南加快建设中国特色自由贸易港的必由之路。

在此背景下，首都国际服务贸易与文化贸易研究基地、中国国际贸易学会服务贸易专业委员会、首都对外文化贸易与文化交流协同创新中心和国家文化贸易学术研究平台开展了相关系列研究，聚焦新发展格局下海南自由贸易和服务贸易的现状、问题和对策，阐述海南服务贸易的优势、挑战和创新路径选择，具体分析了海南在教育、文娱、体育、医疗、康养、消费等领域的发展态势，并依据海南自由贸易港 4 年来的发展历程提出了经验借鉴和启示建议。希望能够通过搭建一个深入研究探讨、相互交流的平台，充分激发政产学研各界人士对服务贸易的研究热情，为海南自由服务贸易向高质量发展提供对策建议，为打造中国对外自由服务贸易明星窗口贡献力量，从而为加速提升中国服务贸易竞争力、深化服务贸易经济合作贡献集体智慧。

衷心感谢首都国际服务贸易与文化贸易研究基地、中国国际贸易学会服务贸易专业委员会、首都对外文化贸易与文化交流协同创新中心和国家文化贸易学术研究平台的同事们，希望这项工作能够越做越好，也衷心期待有更多的专家学者、有识之士关注服务贸易的创新发展，通过不同专业领域的理论探索和实践创新，为服务贸易的前行增砖添瓦，建言献策。

陈　健

北京第二外国语学院中国服务贸易研究院总顾问

中华人民共和国商务部原副部长

2022 年 11 月

目 录

比较借鉴

研究综述

中国特色自贸港背景下海南省服务业及服务贸易发展研究综述

李嘉珊　荆　雯*

摘　要：海南省地理位置优越，为重要的国际旅游和商贸区及深海科技、农业育种、医疗研发的中心。从 2018 年国务院批复同意设立海南自由贸易试验区以来，海南的政治、经济、贸易和服务战略定位得到进一步凸显，同时对其服务业和服务贸易的运行及管理模式的优化和创新提出了更高层次和更高水平的要求。本综述从自贸港背景下的海南服务业及服务贸易发展的宏观整体评价、子系统发展评价和未来发展谋略三个方面进行梳理和整合研究，期望这些信息有助于之后更深入的理论研究，为以后的管理实践提供有价值的参考依据。

关键词：服务贸易　服务业　海南自贸港

引　言

《海南自由贸易港建设总体方案》（以下简称《总体方案》）提出"推进服务贸易自由便利"，中央明确海南自贸港建设不以转口贸易和加工制造为重点，而以发展旅游业、现代服务业和高新技术产业为主导，这意味着服务业以及以服务业为基础的服务贸易将是关注重点。本文选取 2018 年

---

* 李嘉珊，北京第二外国语学院教授，中国服务贸易研究院常务副院长，首都国际服务贸易与文化贸易研究基地首席专家，研究领域为国际文化贸易、国际服务贸易等；荆雯，北京第二外国语学院中国服务贸易研究院 2020 级硕士研究生，研究领域为西语国家国际文化贸易。

以来有关海南服务业和服务贸易的重点文献，从海南服务业及服务贸易发展的宏观整体评价、子系统发展评价和未来发展谋略评价三个方面进行分析与总结，为后续的相关研究提供一定的参考。

一 海南服务业及服务贸易发展的宏观整体评价研究

海南省经济发展迅速，2019 年 GDP 增速达到 5.8%。从目前海南现代服务业的整体开放格局和宏观发展现状来看，在自由便利、产业体系建设和制度建设方面出台的政策已经形成了"6 + 1 + 4"规划（自由便利，包括贸易自由便利、投资自由便利、跨境资金流动自由便利、人员进出自由便利、运输来往自由便利、数据安全有序流动六项内容；产业体系建设，即构建现代产业体系；制度建设，包括税收、社会治理、法治建设、风险防控四个方面）。[1] 在人文地理方面虽优势明显，但是与世界主要自贸港如中国香港贸易港、新加坡自贸港等相比，海南自贸港建设仍处于起步阶段，而且在跨境服务贸易、金融业发展、税收政策、信息化服务水平、数字贸易规则等方面都存在一定的差距。[2] 分析这种差距的原因，有如下三个方面。一是开放程度仍然不够，从海南目前的发展实际来看，虽然经济增长与服务业的开放程度有了一定程度的结合和促进，但是开放的领域和深度仍有增长的空间。[3] 二是海南省服务业发展水平仍然较低，产业结构、人才、资金等因素都存在制约服务业发展的短板，这个结论来自包含"基础设施建设水平"、"自然资源的集聚"、"社会经济贡献水平"和"创新能力及政策支持"这四个变量的 SWOT 模型的定量分析。[4] 三是海南服务业要与服务贸易紧密联系在一起统筹发展，而不是割裂开来。因为现代服

---

[1] 谢申祥、高媛：《中国特色自由贸易港的服务业开放机制探索——以海南自由贸易港为例》，《暨南学报》（哲学社会科学版）2021 年第 6 期。

[2] 谢申祥、高媛：《中国特色自由贸易港的服务业开放机制探索——以海南自由贸易港为例》，《暨南学报》（哲学社会科学版）2021 年第 6 期。

[3] 郭静如：《海南服务业的开放及增长研究》，硕士学位论文，海南大学，2017。

[4] 王崴、徐超静：《基于 SWOT 模型的海南省服务业发展水平研究》，《广西质量监督导报》2021 年第 3 期。

务业的发展会带来更多商机，从而推动服务贸易额的增长和国际竞争力的提高，而服务贸易出口的扩展，也会从资金、人才等方面反哺服务业的发展，因此推动海南服务业与服务贸易协同发展具有重要意义。①

在上述背景之下，海南的发展应该积极参考优秀的国际贸易范例，加快建立完善相关制度和政策，在此基础上进一步扩大相关服务贸易领域开放，引入资金和人才，促进服务业与服务贸易协同发展。具体措施应该包括：（1）积极稳健引进和利用外资，探索进一步缩减外资市场准入负面清单内容的可能性，进一步提升外资市场准入自由度；（2）加快建立新的跨境服务贸易准入负面清单，实现跨境交付、境外消费、自然人流动的高水平对外开放；（3）设立多样化金融机构及交易平台，推广离岸金融业务，创新提供全方位金融保障，便利跨境贸易投资资金流动；（4）在跨境服务贸易数字化的国际趋势下，积极制定自贸港数字贸易开放发展政策，明确相关开放规则，提出开放标准，加强同国际自贸港之间的交流，共建数字贸易国际规则；②（5）围绕人才的引进和培养，完善相关招聘和福利制度，③通过产学研结合和国际联合培养方式培养国际化专业人才；④（6）在税收优惠政策制定方面，在明确适用范围、目标的基础上分别制定针对内外资企业的综合税收体系。⑤

二　海南服务业及服务贸易的子系统发展评价研究

海南服务业下的细分行业子系统，主要包括旅游服务业、金融服务

① 杨凤莲、徐超静：《自贸港背景下海南服务业与服务贸易协同发展研究》，《广西质量监督导报》2021年第2期。
② 谢申祥、高媛：《中国特色自由贸易港的服务业开放机制探索——以海南自由贸易港为例》，《暨南学报》（哲学社会科学版）2021年第6期；杨凤莲、徐超静：《自贸港背景下海南服务业与服务贸易协同发展研究》，《广西质量监督导报》2021年第2期。
③ 王崴、徐超静：《基于SWOT模型的海南省服务业发展水平研究》，《广西质量监督导报》2021年第3期。
④ 杨凤莲、徐超静：《自贸港背景下海南服务业与服务贸易协同发展研究》，《广西质量监督导报》2021年第2期；郭静如：《海南服务业的开放及增长研究》，硕士学位论文，海南大学，2017。
⑤ 谢申祥、高媛：《中国特色自由贸易港的服务业开放机制探索——以海南自由贸易港为例》，《暨南学报》（哲学社会科学版）2021年第6期。

业、现代体育服务业和医疗康养服务业，其存在各自的优势和不足，以自己的方式影响着服务业及服务贸易整体的发展速度和质量。详细解析和评价这些子系统，会使制定的政策更有可操作性，并能通过协调这些子系统的结构关系，来提升服务业和服务贸易整体的发展水平。

（一）旅游服务业的优势、不足和可行性措施研究

海南省自 1999 年起，遵循国家战略部署，一直在努力把自身打造成国际旅游岛，旅游行业得到了快速发展。得益于海南的旅游服务贸易，海南省的外汇收入和就业机会增加，投资环境进一步改善，同时拉动了房地产和体育等产业的发展，并增进了海南与其他地区的交流与合作。[1]

海南省开展旅游服务贸易有诸多优势，主要体现在自然条件、人文风情、与东南亚国家合作的悠久历史方面，当然也包括新出台的引起全国瞩目的免税政策等。海南拥有极具竞争力的阳光、海水、沙滩、绿色、空气这五大旅游资源要素，[2] 同时，海南作为我国气候适宜的茶源地之一，茶叶的种植广泛，拥有丰厚的茶文化的历史底蕴。[3] 30 多个民族世代在这里和谐生活，形成了古朴独特的民族风情，吸引了很多游客。另外，海南省处于两广和东盟国家连接点这个特殊的位置，这一优势也利于它内引外连，扩大对外开放。[4] 中国与东盟自由贸易区稳定的合作，海南博鳌亚洲论坛的定期举办，也让这座岛屿的国际旅游服务业焕发了勃勃生机。

近年来，海南省的免税政策、免签证政策都为海南旅游服务贸易带来了前所未有的机遇。[5] 以海南离岛免税购物政策为例，海南省 2012～2019 年与旅游服务相关的住宿和餐饮业增加值逐年增长，7 年内增加了约 160 亿元，自 2020 年 7 月离岛免税新政实施后，2020 年海南省接待旅游过夜人数 5457.42 万人次，实现旅游总收入 872.86 亿元。离岛免税政策将进一

---

① 韩丹：《海南旅游服务贸易的影响因素研究》，《现代营销》2018 年第 11 期。
② 翟羽：《海南旅游服务贸易的现状与对策探析》，《农村经济与科技》2018 年第 6 期。
③ 杨晓丽、何智霞：《茶文化视域下的海南旅游服务贸易发展路径研究》，《福建茶叶》2018 年第 6 期。
④ 莫海鹏、庄雪球：《提升海南旅游服务贸易国际竞争力对策研究》，《商场现代化》2017 年第 24 期。
⑤ 翟羽：《海南旅游服务贸易的现状与对策探析》，《农村经济与科技》2018 年第 6 期。

步促进海南旅游消费增长，带动旅游服务相关产业的发展。[①]

当然，还要看到海南省也存在一些制约旅游服务业发展的不足之处，主要包括自然条件造成的交通约束和管理开发层面上亟待解决的问题。目前，虽然海南已经开通了400多条空中航线，连接了国内外1000多个的城市，同时位于重要的国际海运航线主航道上，[②] 但受琼州海峡和海洋的阻隔，没有陆路直达，除航空外，只能靠渡轮过海。而由于海南属于季风气候，受自然天气影响较大，不得不说，这种较为受限的对外交通方式严重制约着海南旅游服务业的进一步发展。[③]

管理开发方面，需要在深度和广度上重点发力。比如，在文化资源和产品方面，深层次的文化旅游产品开发不足，旅游企业的战略、组织管理方式、经营模式创新度和市场竞争程度都有待提升。[④] 在广度的层面，对旅游产品的总体规划布局不合理、不科学，[⑤] 而且存在海南岛的东西部地区发展不平衡的现象。

解决这些问题，需要政府和企业群策群力，发挥整体优势，二者缺一不可。政府应积极营造好的环境，引导市场，根据实际需求合理有计划地开发旅游产品，规范配套旅游服务与管理，并注重交通和产业基础设施建设，为旅游服务贸易发展提供硬件保障；企业应积极响应政府的号召，建立健全以先进技术和管理为基础的完整产业链条，积极投身旅游产品的创新开发和特色品牌的树立，从福利待遇、竞争机制、培训方式等方面促进高素质复合型人才的引进和培养。[⑥]

（二）金融服务业的优势、不足和可行性措施研究

近年来，海南省现代金融业组织体系不断壮大，已经由以大型商业银

---

① 童泽林、KURYN MARYNA：《离岛免税购物政策对海南旅游消费的影响研究》，《价格理论与实践》2021 年第 9 期。

② 陈键：《浅谈在海南自贸区（港）建设中旅游服务如何适应时代发展》，《当代旅游》2019 年第 11 期。

③ 翟羽：《海南旅游服务贸易的现状与对策探析》，《农村经济与科技》2018 年第 6 期。

④ 韩丹：《海南旅游服务贸易的影响因素研究》，《现代营销》2018 年第 11 期。

⑤ 翟羽：《海南旅游服务贸易的现状与对策探析》，《农村经济与科技》2018 年第 6 期。

⑥ 翟羽：《海南旅游服务贸易的现状与对策探析》，《农村经济与科技》2018 年第 6 期；陈键：《浅谈在海南自贸区（港）建设中旅游服务如何适应时代发展》，《当代旅游》2019 年第 11 期。

行为主导转变为多种类型金融机构并存的格局，① 规模持续扩大的同时，对 GDP 的贡献度也在稳步提升，② 但是在发展的过程中依然存在诸多不足。主要表现为：在运营手段、资金投放、内引外联上创新不够，可能导致对 GDP 贡献率不高；金融服务产品单一，可能导致抗风险能力不足。

目前，以商业银行为主的海南金融业对全省 GDP 的贡献度与发达国家（地区）和东部省份（地区）都存在差距。究其原因，其金融运营工具创新不足，对新工具的运用也慢于东部其他城市，运用广度不够，频度也较低；金融产品单一，对房地产及大企业的依赖度较高，导致海南金融业抗风险能力不足。金融机构的信贷资金投放应该做细做实，积极支持民营企业和中小微企业，将涓涓之水汇出江河之力。③ 另外，海南还要加强与国内外银行的联系，扩大金融业的基础。与世界主要自贸港中国香港、新加坡、迪拜相比，海南省内只有一家外资银行，而在中国香港设置地区总部的跨国银行就超过 29 家。金融基础设施还有较大提高空间，截至 2020 年 9 月末，全省只有 10 家银行提供自由贸易账户金融服务，且交易量不大，而新加坡早在 20 世纪 90 年代就允许互换货币，符合离岸资格的新元贷款在 2000 年就提高到 10 亿新元。由于在运营手段、资金投放、内引外联上创新不够，海南金融业占当地 GDP 比重不高，在 2019 年仅为 7.39%，而中国香港金融业占当地 GDP 比重为 17.5%，新加坡为 12.18%，迪拜为 10.15%。④

发展海南现代金融业要从国际、国内、全省和离岸金融市场这四个方面来考虑。第一，从海南金融服务业国际化角度来看，可以通过制度保障和优化金融基础设施建设，利用离岸人民币交易中心等来推动人民币跨境贸易结算的发展；同时，通过引进相关教育研究机构进行金融人才的培养和储备，提升软实力。第二，放眼国内的大环境，海南自贸区及自贸港的金融发展离不开我国重点城市的支持，特别是深圳、广州等是能直接影响

---

① 金丹：《海南现代金融服务业发展现状、问题及对策研究》，《财经界》2018 年第 21 期。
② 胡晔：《海南发展现代金融服务业的路径思考》，《海南金融》2018 年第 4 期。
③ 金丹：《海南现代金融服务业发展现状、问题及对策研究》，《财经界》2018 年第 21 期；胡晔：《海南发展现代金融服务业的路径思考》，《海南金融》2018 年第 4 期。
④ 邵瑞清：《自由贸易港背景下海南金融业发展探索》，《现代商业》2022 年第 6 期。

海南的中心城市，海南也应在借鉴重点城市成功经验的基础上根据自身的发展情况开辟新的道路。① 第三，从海南省全省的发展格局来看，要创新和加强资金引进和配置管理，助力产业结构的优化，形成可持续发展的良性循环。政府要总揽全局，通过放宽外资进入金融行业的比例，促进货币的自由兑换；通过税收优惠政策、吸引相应的金融机构入驻来建设现代金融发展的试验区；除此之外，还要积极发展和培育绿色金融、消费金融；同时，政府还要积极合理地引导资金流向，对金融市场实现有效监管。海南省金融服务业本身要积极发展新型融资方式，引进外资调整金融结构，优化资金配置，探索金融支持现代服务业发展新模式，特别是要结合海南本土特点提高金融机构的创新能力。② 因为现代金融服务业是资本密集型产业，需要发达的本地经济作为可持续的强力依托，所以，海南需要通过调整经济结构和优化产业结构来推动经济增长，进一步吸引金融资本和机构入驻，形成金融服务与企业的协同发展。③ 第四，勇于制度创新，以离岸金融市场的建立为突破口发展海南省金融服务业。因为海南省的经济总量较小、起点较低，金融业的各方面快速发展是不符合实际的，应该依据海南省自身的突出优势来寻找突破口。利用自贸区政策宽松灵活的优势，从产品创新、业务创新、制度创新、监管创新上保证经济运行的高效和稳定，特别是金融制度创新，它以市场准入、跨境资金自由流动、金融产品服务、金融监管为聚焦方向，无论是在构建高水平开放格局、促进产业发展还是防控金融风险方面都会发挥重要的作用。④ 值得注意的是，通过分析美国、日本、新加坡、中国香港离岸金融市场制度建设可以发现，在海

---

① 羊壮波：《论金融创新服务于海南自由贸易区、自由贸易港建设的对策》，《知识经济》2019 年第 24 期；胡晔：《海南发展现代金融服务业的路径思考》，《海南金融》2018 年第 4 期。

② 徐聪：《海南自贸区（港）金融支持现代服务业发展效应分析》，《时代经贸》2020 年第 12 期；金丹：《海南现代金融服务业发展现状、问题及对策研究》，《财经界》2018 年第 21 期。

③ 金丹：《海南现代金融服务业发展现状、问题及对策研究》，《财经界》2018 年第 21 期。

④ 羊壮波：《论金融创新服务于海南自由贸易区、自由贸易港建设的对策》，《知识经济》2019 年第 24 期；张雷超：《金融创新服务于海南自由贸易区、自由贸易港建设》，《时代金融》2018 年第 29 期；卢孔标：《海南自由贸易港金融领域制度集成创新展望》，《海南金融》2020 年第 8 期。

南省省内建设离岸金融市场这项金融制度创新改革措施是必要且可行的。[①]

（三）现代体育服务业的优势、不足和可行性措施研究

体育是休闲度假旅游不可或缺的组成部分，二者具有较强的相关性。海南省通过利用自身的地理优势和资源优势，形成了具有鲜明特色的海南现代体育服务体系。从行业资源及产品的开发上看，海南现代体育服务可以大致分为赛事体育、山地体育、航空运动体育、时尚休闲体育和水上运动体育这五个方面；从特色来看，可分为生态休闲体育、民族休闲体育、乡村休闲体育、"候鸟"老人休闲体育和训练基地型项目。[②] 现代体育服务业在快速发展的同时存在一些问题和短板：服务市场混乱、体育设施不足、配套服务不完善、专业人才匮乏等。这些结论可以通过基于 SWOT 对海南省体育旅游资源开发的优势、劣势、机遇和挑战进行分析后得出。[③] 也有学者对以"体育赛事""水上运动""水上训练""民族风情"为特色的旅游产品开发现状进行细致分析后发现，海南在"体育 + 旅游"产品开发和人才队伍建设等方面存在短板。这与以 SWOT 进行数据分析后指出的在产品和人才方面存在的问题是吻合的，说明这两个方面的问题的确较为突出。[④]

发展海南现代体育服务业首先应对海南的自然和人文资源进行整合分类，再对现有的服务项目进行梳理，在厘清各类项目的内容和特点的基础上开创新的特色体育旅游项目。项目的良好运营离不开各项制度法规的保障、完善的服务体系和资金的支持，其中完善的服务体系除了信息化便利服务外，人的服务至关重要。这就需要在整合教育资源和学习先进经验的

---

① 中国人民银行海口中心支行课题组：《离岸金融市场发展的国际经验及启示——基于海南自由贸易港视角》，《海南金融》2021 年第 1 期。

② 霍永洲、雷石标、高小亮：《产业融合背景下海南"体育 + 旅游"产品开发研究》，《海南广播电视大学学报》2020 年第 2 期；谢春生、张善斌：《海南国际旅游岛背景下构建休闲体育服务内容的新思路》，《运动》2018 年第 5 期。

③ 谢月丹：《海南省体育旅游资源开发研究——基于 SWOT 分析视角》，《当代体育科技》2020 年第 5 期。

④ 霍永洲、雷石标、高小亮：《产业融合背景下海南"体育 + 旅游"产品开发研究》，《海南广播电视大学学报》2020 年第 2 期。

基础上培养后续的体育旅游工作者，同样，目前在岗人员的继续教育也应得到重视。

（四）医疗康养服务业的优势、不足和可行性措施研究

研究人员多将医疗康养服务业和旅游业结合在一起，在分析自身优势与机遇以及可能存在的问题的基础上提出发展路径。海南省医疗康养服务业的优势非常明显，它的医疗保健资源丰富，医疗服务资源有巨大的可开发潜力；海南自由贸易港的建设也为海南发展国际医疗康养旅游带来了机遇。[①] 但是，基于 SWOT 对海南省医疗康养旅游产业发展的优势、劣势、面临的机遇和挑战进行定性和定量分析发现，海南的医疗康养旅游产业在专业人才、医疗技术水平、医疗机构、配套服务水平及产品等方面仍存在问题。[②] 改进措施可从医疗技术水平提高、配套服务和产品开发、人才培养和产品品牌树立等方面进行具体考虑。也可以从医疗康养旅游产业发展的整个体系出发，从明晰定位、精准施策，打造核心产业、形成集群，建立指标、定期评估，完善服务、打造体系等方面考虑。[③]

三　海南服务业及服务贸易的发展谋略评价研究

要将未来海南服务业及服务贸易的发展谋略放在海南自贸港建设的特定背景下进行讨论，包括发展的优势和不利条件，以及加快发展的措施：政策创新、协同发展、积极扶持中小企业、税制改革。

海南服务业及服务贸易发展的条件主要分为有利条件和制约条件。当前全面开放的历史性机遇、生态环境资源和交通方面的优势都为海南服务业及服务贸易的发展提供了有利条件，海南服务贸易创新发展试点工作的

---

① 郭浩昊等：《海南发展医疗旅游的策略研究》，《现代营销》2020 年第 4 期；黄光海：《海南国际医疗旅游发展中的问题和对策研究》，《现代交际》2021 年第 10 期。

② 何彪、谢灯明、蔡江莹：《新业态视角下海南省康养旅游产业发展研究》，《南海学刊》2018 年第 3 期；蔡守正：《基于 SWOT 分析的海南省康养旅游发展研究》，《北方经贸》2020 年第 11 期。

③ 谢雷星等：《海南自贸港打造国际医疗旅游目的地的路径——以迪拜健康城为借鉴》，《南海学刊》2021 年第 4 期。

开展促进了服务贸易进出口总额、市场主体规模和人才吸引力方面的发展。① 而逆全球化、内外竞争压力、制造业发展滞后、龙头企业带动作用不强和人才短缺也给海南服务贸易的发展带来了挑战。② 另外，企业营商环境、金融创新支持、产业基地集聚、贸易方式、人才培养建设等方面的不足同样在一定程度上制约了省内服务贸易的发展。③

在如何加快海南服务贸易发展方面，当前的政策措施主要围绕产业、企业、人才几个方面展开。建议重点优化营商环境，加强产业基础设施建设，发展优势特色产业，推进服务贸易数字化，支持服务贸易企业发展，多渠道培养服务贸易人才，实行开放的人才政策。④

海南服务贸易的协同发展是贸易可持续良好发展的重要保障。除了上文中提到的服务业和服务贸易协同发展外，还体现在区域、环境、跨部门方面的协同发展上。区域协同主要指的是海南内部各区域以及海南整体和粤港澳大湾区之间的协同发展。从海南省内部来说，海南东部地区相比于中部和西部地区发展较快，为推动自贸港发展而建造的 11 个重点园区就有 9 个在东部。由于海南自贸港的范围为全岛，只有通过总体和区域、区域与重点园区、重点园区和一般园区协同推进，构建全岛现代产业体系，才能保证海南自贸港范围内服务贸易的持续增长。⑤ 同时，海南省服务贸易的发展和粤港澳大湾区也是紧密联系的，未来联动香港、澳门、广东、深圳、海南地区的优势，将有利于形成全球规模最大、发展速度最快、多种

---

① 陈新年：《海南自贸港建设背景下打造服务贸易新高地的思考和建议》，《中国经贸导刊》2020 年第 17 期；李世杰、余升国：《服务贸易创新发展试点与海南自由贸易港建设内洽机制探讨》，《南海学刊》2020 年第 1 期。

② 陈新年：《海南自贸港建设背景下打造服务贸易新高地的思考和建议》，《中国经贸导刊》2020 年第 17 期。

③ 朱建铭、王丽娅：《自由贸易港背景下海南省服务贸易发展的制约因素与对策建议》，《对外经贸实务》2020 年第 10 期。

④ 陈新年：《海南自贸港建设背景下打造服务贸易新高地的思考和建议》，《中国经贸导刊》2020 年第 17 期；朱建铭、王丽娅：《自由贸易港背景下海南省服务贸易发展的制约因素与对策建议》，《对外经贸实务》2020 年第 10 期。

⑤ 沈玉良、陈历幸：《海南自贸港国际贸易形态、区域协同发展与制度系统集成研究》，《南海学刊》2022 年第 1 期。

业态融合最深的服务贸易区。[①] 充分利用港澳地区的丰厚资源，与其在旅游、教育等方面进行全面而深入的合作，必将有助于海南发展本地服务贸易，形成与粤港澳大湾区的联动发展机制。[②] 在我国已明确步入高质量发展阶段的背景下，海南自由贸易港的建设也应该实现高质量发展，在营造良好营商环境的同时不能忽视生态环境的保护，因为良好的生态环境为相关产业和区域的发展提供重要保障，二者的协同发展为试点区域提供良性发展环境，以更好地迎接不确定性环境变化带来的挑战。[③] 无论是促进区域还是环境协调发展，都离不开跨部门的合作管理。在有效管理和运行的要求下，跨地区、跨层级的政府管理主体的多元化离不开跨部门的协同管理。[④]

除了针对服务贸易整体的分析外，中小企业这一重要的市场参与主体同样值得重视。海南中小企业数量多、体制灵活，是推动全省服务贸易发展的重要组成部分。但中小企业在自身规模、融资渠道、高端人才和自身创新能力方面有其局限性。复杂多变的经济环境、不完善的政策法律体系和社会化服务体系这些外部制约因素也使其发展受阻，需要通过构建管理与协调机制、服务监管机制、自身管理体制以及融资体系，自主创新，完善社会化服务体系保障制度，促进中小企业的发展。[⑤]

税收制度是自贸港经济制度和法律制度的重要内容，是投资和贸易顺利进行的重要制度保障。我国自由贸易区目前税收制度类别涵盖关税、所得税、流转税和服务创新四个大类。[⑥]《总体方案》提出，要"按照零关

---

① 李汐、陈新宇：《推动粤港澳大湾区与海南自由贸易港服务贸易协同发展研究》，《产业科技创新》2020 年第 19 期。

② 朱建铭、王丽娅：《自由贸易港背景下海南省服务贸易发展的制约因素与对策建议》，《对外经贸实务》2020 年第 10 期。

③ 丛晓利、王天明：《促进营商环境与生态环境协同发展高质量建设海南自由贸易港》，《产业创新研究》2021 年第 19 期。

④ 丛晓利、王天明：《促进营商环境与生态环境协同发展高质量建设海南自由贸易港》，《产业创新研究》2021 年第 19 期。

⑤ 许华玉：《自由贸易港背景下海南中小企业发展服务贸易机制的构建研究》，《现代营销》（经营版）2021 年第 2 期。

⑥ 孙超：《自由贸易港的税收制度研究——兼论我国海南自由贸易港的税收激励机制的构建》，《税收经济研究》2018 年第 4 期。

税、低税率、简税制、强法治、分阶段的原则，逐步建立与高水平自由贸易港相适应的税收制度"。新加坡、迪拜、中国香港的独特税收制度都具有零关税、低税率、简税制、法治严格的特点，所以海南自贸港范围内税收制度的设计应主要从税收种类、税收优惠力度、适应税收制度的法律体系等角度考虑。① 为了进一步提升资金、人员流动和运输等方面的自由便利水平，税收制度的创新尤为重要。目前海南税收集成制度创新在一线进口"零关税"、二线跨线流转税、企业所得税和个人所得税方面存在不同的解决难点，难点的攻克应配合《总体方案》里针对海南自贸港税制改革创新提出的近期、中期、远期三个阶段，分时间阶段进行：近期重点把握实质性运营规则问题；中期重点在于与其他地区税制的衔接和启动，在货物零售环节征收销售税之前理清与内地货物流通的关系；远期税收制度创新主要集中在建立促进生产要素充分流动的税制、房地产财税制度和适应数字经济的新时代税制方面。②

四　总结和讨论

2018 年以来有关海南服务业及服务贸易发展的研究资料种类和内容总体来说较为丰富，为本文的研究提供了较为充实的参考文献。本文中的文献经过梳理、分析和总结，可大致分为有关海南服务业及服务贸易发展的对策及发展路径、协同机制、税制和影响因素研究。

对策或发展路径类的文章主要聚焦人才的引进和培养、医疗水平提高、产品开发和宣传、旅游服务贸易管理体制和金融支持等方面。其中人才的引进和培养是对策或发展路径类文献重点关注的话题，通过各项福利保障措施和科学的招聘、管理制度为引进的人才提供良好的发展环境，通

---

① 冯俏彬：《建设海南自由贸易港的相关税收制度解析》，《税务研究》2020 年第 9 期。
② 郭永泉：《海南自由贸易港税收制度集成创新的重点难点问题及对策建议》，《税收经济研究》2021 年第 6 期；刘磊：《海南自由贸易港税收制度改革创新的思考》，《国际税收》2020 年第 11 期。

过对外交流学习、校企合作培训方式对本地人才进行培养。① 医疗水平的提高方面，除了海南本土医疗机构通过对标国际标准提升自身水平外，引进国内外优秀医疗机构同样是很重要的路径。② 产品的开发注重体现海南本地的特色，依托本地的自然、文化、地理优势，合理构建多元化产品体系，③ 并通过媒体、网络平台、展会等渠道开展线下线上的宣传活动。④ 旅游服务贸易的管理需要政府和行业协会同时发力，细分行业可以通过建立行业协会进行行业内的监管，政府主要负责相关体制、制度的建立和完善以及对市场的宏观调控。⑤ 无论是金融管理、监管、融资、信贷制度，还是引入国外银行、加速货币自由兑换等措施，最终目的都是为中小微企业这一服务贸易的重要主体发展营造良好的金融环境，用金融手段支持中小

---

① 陈新年：《海南自贸港建设背景下打造服务贸易新高地的思考和建议》，《中国经贸导刊》2020 年第 17 期；杨晓丽、何智霞：《"一带一路"背景下海南旅游服务贸易发展对策研究》，《时代经贸》2018 年第 28 期；胡雨凯：《自贸港建设背景下海南乡村旅游服务研究》，《美与时代》（城市版）2021 年第 4 期；胡晔：《海南发展现代金融服务业的路径思考》，《海南金融》2018 年第 4 期；谢春生、张善斌：《海南国际旅游岛背景下构建休闲体育服务内容的新思路》，《运动》2018 年第 5 期；郭浩昊等：《海南发展医疗旅游的策略研究》，《现代营销》2020 年第 4 期。

② 黄光海：《海南国际医疗旅游发展中的问题和对策研究》，《现代交际》2021 年第 10 期；郭浩昊等：《海南发展医疗旅游的策略研究》，《现代营销》2020 年第 4 期；谢雷星等：《海南自贸港打造国际医疗旅游目的地的路径——以迪拜健康城为借鉴》，《南海学刊》2021 年第 4 期。

③ 翟羽：《海南旅游服务贸易的现状与对策探析》，《农村经济与科技》2018 年第 6 期；胡雨凯：《自贸港建设背景下海南乡村旅游服务研究》，《美与时代》（城市版）2021 年第 4 期；霍永洲、雷石标、高小亮：《产业融合背景下海南"体育＋旅游"产品开发研究》，《海南广播电视大学学报》2020 年第 2 期；黄光海：《海南国际医疗旅游发展中的问题和对策研究》，《现代交际》2021 年第 10 期；何彪、谢灯明、蔡江莹：《新业态视角下海南省康养旅游产业发展研究》，《南海学刊》2018 年第 3 期。

④ 翟羽：《海南旅游服务贸易的现状与对策探析》，《农村经济与科技》2018 年第 6 期；杨晓丽、何智霞：《茶文化视域下的海南旅游服务贸易发展路径研究》，《福建茶叶》2018 年第 6 期；杨晓丽、何智霞：《"一带一路"背景下海南旅游服务贸易发展对策研究》，《时代经贸》2018 年第 28 期；谢雷星等：《海南自贸港打造国际医疗旅游目的地的路径——以迪拜健康城为借鉴》，《南海学刊》2021 年第 4 期。

⑤ 翟羽：《海南旅游服务贸易的现状与对策探析》，《农村经济与科技》2018 年第 6 期；杨晓丽、何智霞：《茶文化视域下的海南旅游服务贸易发展路径研究》，《福建茶叶》2018 年第 6 期；谢雷星：《海南自贸港打造国际医疗旅游目的地的路径——以迪拜健康城为借鉴》，《南海学刊》2021 年第 4 期。

微服务企业的发展。① 除此之外，也有个别学者从交通设施建设如增加国际航线、完善省内交通设施建设，区域平衡发展如中西部地区区域平衡发展以及三亚、海口与其他城市间资源协同开发等方面进行研究，为海南服务业及服务贸易发展提供智力支持。②

学者针对协同机制的研究角度多元，包含营商环境与生态环境协同、服务贸易创新发展试点和海南自贸港协同发展、部门协同发展、区域协同发展以及服务业与服务贸易协同发展。③ 这些学者基本上都针对建立这种协同机制的必要性、重要性或意义以及相应的对策建议进行了研究。不同学者从自身认为应该构建的协同机制出发进行重要性或必要性分析，但通过分析总结发现最终都指向自贸区区域及整体的经济发展④、自贸港全域有效建设和运行⑤

---

① 陈新年：《海南自贸港建设背景下打造服务贸易新高地的思考和建议》，《中国经贸导刊》2020 年第 17 期；杨晓丽、何智霞：《"一带一路"背景下海南旅游服务贸易发展对策研究》，《时代经贸》2018 年第 28 期；胡晔：《海南发展现代金融服务业的路径思考》，《海南金融》2018 年第 4 期；张雷超：《金融创新服务于海南自由贸易区、自由贸易港建设》，《时代金融》2018 年第 29 期；羊壮波：《论金融创新服务于海南自由贸易区、自由贸易港建设的对策》，《知识经济》2019 年第 24 期；邵瑞清：《自由贸易港背景下海南金融业发展探索》，《现代商业》2022 年第 6 期。

② 陈键：《浅谈在海南自贸区（港）建设中旅游服务如何适应时代发展》，《当代旅游》2019 年第 11 期；何彪、谢灯明、蔡江莹：《新业态视角下海南省康养旅游产业发展研究》，《南海学刊》2018 年第 3 期；翟羽：《海南旅游服务贸易的现状与对策探析》，《农村经济与科技》2018 年第 6 期；杨晓丽、何智霞：《"一带一路"背景下海南旅游服务贸易发展对策研究》，《时代经贸》2018 年第 28 期。

③ 丛晓利、王天明：《促进营商环境与生态环境协同发展高质量建设海南自由贸易港》，《产业创新研究》2021 年第 19 期；李世杰、余升国：《服务贸易创新发展试点与海南自由贸易港建设内洽机制探讨》，《南海学刊》2020 年第 1 期；杨宝强：《海南自贸港政府管理中的跨部门协同》，《对外经贸》2021 年第 11 期；李汐、陈新宇：《推动粤港澳大湾区与海南自由贸易港服务贸易协同发展研究》，《产业科技创新》2020 年第 19 期；沈玉良、陈历幸：《海南自贸港国际贸易形态、区域协同发展与制度系统集成研究》，《南海学刊》2022 年第 1 期；杨风莲、徐超静：《自贸港背景下海南服务业与服务贸易协同发展研究》，《广西质量监督导报》2021 年第 2 期。

④ 丛晓利、王天明：《促进营商环境与生态环境协同发展高质量建设海南自由贸易港》，《产业创新研究》2021 年第 19 期。

⑤ 沈玉良、陈历幸：《海南自贸港国际贸易形态、区域协同发展与制度系统集成研究》，《南海学刊》2022 年第 1 期；杨宝强：《海南自贸港政府管理中的跨部门协同》，《对外经贸》2021 年第 11 期。

以及提升服务贸易竞争力①这几个方面。在对策建议方面，政府这一重要角色被屡次提及，其在监管②、协同联动③、政策法规制定④、平台构建⑤、资金支持及管控⑥、人才引进和培养⑦等方面发挥着重要作用。

学者对税制的改革创新及构建等方面进行研究。其中所得税⑧和销售税⑨是提到最多的两种税类，被认为是应重点关注的。在所得税方面，对

---

① 杨凤莲、徐超静：《自贸港背景下海南服务业与服务贸易协同发展研究》，《广西质量监督导报》2021年第2期；李汐、陈新宇：《推动粤港澳大湾区与海南自由贸易港服务贸易协同发展研究》，《产业科技创新》2020年第19期。

② 李世杰、余升国：《服务贸易创新发展试点与海南自由贸易港建设内治机制探讨》，《南海学刊》2020年第1期；丛晓利、王天明：《促进营商环境与生态环境协同发展高质量建设海南自由贸易港》，《产业创新研究》2021年第19期。

③ 李世杰、余升国：《服务贸易创新发展试点与海南自由贸易港建设内治机制探讨》，《南海学刊》2020年第1期；李汐、陈新宇：《推动粤港澳大湾区与海南自由贸易港服务贸易协同发展研究》，《产业科技创新》2020年第19期；丛晓利、王天明：《促进营商环境与生态环境协同发展高质量建设海南自由贸易港》，《产业创新研究》2021年第19期；杨宝强：《海南自贸港政府管理中的跨部门协同》，《对外经贸》2021年第11期。

④ 李世杰、余升国：《服务贸易创新发展试点与海南自由贸易港建设内治机制探讨》，《南海学刊》2020年第1期；李汐、陈新宇：《推动粤港澳大湾区与海南自由贸易港服务贸易协同发展研究》，《产业科技创新》2020年第19期；丛晓利、王天明：《促进营商环境与生态环境协同发展高质量建设海南自由贸易港》，《产业创新研究》2021年第19期。

⑤ 李世杰、余升国：《服务贸易创新发展试点与海南自由贸易港建设内治机制探讨》，《南海学刊》2020年第1期；丛晓利、王天明：《促进营商环境与生态环境协同发展高质量建设海南自由贸易港》，《产业创新研究》2021年第19期。

⑥ 杨凤莲、徐超静：《自贸港背景下海南服务业与服务贸易协同发展研究》，《广西质量监督导报》2021年第2期；李世杰、余升国：《服务贸易创新发展试点与海南自由贸易港建设内治机制探讨》，《南海学刊》2020年第1期；丛晓利、王天明：《促进营商环境与生态环境协同发展高质量建设海南自由贸易港》，《产业创新研究》2021年第19期。

⑦ 杨凤莲、徐超静：《自贸港背景下海南服务业与服务贸易协同发展研究》，《广西质量监督导报》2021年第2期；李世杰、余升国：《服务贸易创新发展试点与海南自由贸易港建设内治机制探讨》，《南海学刊》2020年第1期；丛晓利、王天明：《促进营商环境与生态环境协同发展高质量建设海南自由贸易港》，《产业创新研究》2021年第19期。

⑧ 孙超：《自由贸易港的税收制度研究——兼论我国海南自由贸易港的税收激励机制的构建》，《税收经济研究》2018年第4期；冯俏彬：《建设海南自由贸易港的相关税收制度解析》，《税务研究》2020年第9期；郭永泉：《海南自由贸易港税收制度集成创新的重点难点问题及对策建议》，《税收经济研究》2021年第6期；刘磊：《海南自由贸易港税收制度改革创新的思考》，《国际税收》2020年第11期。

⑨ 孙超：《自由贸易港的税收制度研究——兼论我国海南自由贸易港的税收激励机制的构建》，《税收经济研究》2018年第4期；郭永泉：《海南自由贸易港税收制度集成创新的重点难点问题及对策建议》，《税收经济研究》2021年第6期；刘磊：《海南自由贸易港税收制度改革创新的思考》，《国际税收》2020年第11期。

规定的特定人群或企业的部分税负实施免征或税收优惠是被提到次数最多的建议，[①] 还有学者认为应对企业实行现金流税制，[②] 实施鼓励类产业目录，[③] 对个人所得税简化税率分档，以促进生产要素充分流动为目的建立相应税收制度。在销售税方面，有学者认为海南自贸港的征税范围和税率要与全国协调一致，[④] 而有的学者认为税收制度的集成创新是自贸港建设的关键一环，不仅能促进本省经济发展，而且能对全国的税制改革起到参考作用，自贸港的销售税应有所创新，在缴税人管理制度上借鉴国内跨境电商征税制度和美国"免税排除"方式，根据征税对象设置税率税目，实行价外税，依托信息化系统征收，实行"一事一管"征管方式的计征制度。[⑤]

学者对海南服务业及服务贸易发展的影响因素分析多基于 SWOT 模型或实证研究。学者普遍提到的有利因素有自然资源丰富、人文资源丰富、地理区位优势、国家政策支持、市场需求大。制约因素有人才缺乏、国际竞争力弱、基础设施建设不足、区域发展不平衡。[⑥] 在实证研究方面，可能由于学者选用的数据及其年份不同，最后的数据结论有些差异，但都得出国际航线的数量以及人才教育对服务贸易的影响较显著，[⑦] 对其有促进

[①] 孙超：《自由贸易港的税收制度研究——兼论我国海南自由贸易港的税收激励机制的构建》，《税收经济研究》2018 年第 4 期；冯俏彬：《建设海南自由贸易港的相关税收制度解析》，《税务研究》2020 年第 9 期；郭永泉：《海南自由贸易港税收制度集成创新的重点难点问题及对策建议》，《税收经济研究》2021 年第 6 期。

[②] 刘磊：《海南自由贸易港税收制度改革创新的思考》，《国际税收》2020 年第 11 期。

[③] 郭永泉：《海南自由贸易港税收制度集成创新的重点难点问题及对策建议》，《税收经济研究》2021 年第 6 期。

[④] 刘磊：《海南自由贸易港税收制度改革创新的思考》，《国际税收》2020 年第 11 期。

[⑤] 郭永泉：《海南自由贸易港税收制度集成创新的重点难点问题及对策建议》，《税收经济研究》2021 年第 6 期。

[⑥] 朱建铭、王丽娅：《自由贸易港背景下海南省服务贸易发展的制约因素与对策建议》，《对外经贸实务》2020 年第 10 期；韩丹：《海南旅游服务贸易的影响因素研究》，《现代营销》2018 年第 11 期；王崴、徐超静：《基于 SWOT 模型的海南省服务业发展水平研究》，《广西质量监督导报》2021 年第 3 期；谢丹丹：《海南省体育旅游资源开发研究——基于 SWOT 分析视角》，《当代体育科技》2020 年第 5 期；蔡守正：《基于 SWOT 分析的海南省康养旅游发展研究》，《北方经贸》2020 年第 11 期。

[⑦] 严芳芳：《海南旅游服务贸易竞争力影响因素研究》，硕士学位论文，对外经济贸易大学，2019；王裕乐：《海南省旅游服务贸易竞争力及其影响因素研究》，硕士学位论文，海南大学，2020；胡樱宁：《海南自贸港服务贸易发展影响因素研究》，硕士学位论文，北京邮电大学，2021。

作用，这也解释了人才的引进和培养是对策和发展路径类文献重点关注话题的原因。

学者多将对海南服务业和服务贸易的研究与海南自由贸易港建设联系在一起或以自由贸易港建设为背景进行，但有关政策后续实践情况、实施效果及经验总结等的研究较为缺乏。在对海南各个服务行业的研究中，有个别服务行业的研究亟待丰富，且将行业发展和海南自贸港建设联系起来的研究较少。因此，本书聚焦海南自由贸易港服务贸易的发展，从宏观和微观的角度对海南服务贸易的现状、政策、自身发展及各个重点服务行业等进行深入和细化的研究。

专题研究

海南服务贸易发展的现状、问题、对策

王　丽　许婉玲*

摘　要： 随着服务贸易开放度的加大，海南服务贸易规模持续扩大，海南服务贸易发展推动了海南对外贸易的整体发展，海南对外贸易结构显著优化。凭借地理区位、国家政策、产业基础、自然资源优势，海南省服务贸易市场主体持续增长，服务贸易结构不断优化，贸易"朋友圈"日益扩大。但海南省服务贸易仍存在传统服务贸易占比较高、综合竞争力不强、专业人才不足和营商环境有待提升等问题。为推动海南服务贸易高质量可持续发展，建议立足传统服务贸易发展实际，推动传统服务贸易转型升级，加快新兴服务贸易发展，形成竞争新优势，实施更加开放的服务贸易政策，充分释放政策红利，加大人才吸引力度，构建多层次复合型人才队伍体系，持续优化营商环境，提升整体吸引力。

关键词： 服务贸易　营商环境　海南

引　言

作为全国唯一的中国特色自由贸易港，海南自贸港的建设对于深化贸易改革创新、推动高水平对外开放和建设贸易强国具有重要意义。海南近

---

* 王丽，北京第二外国语学院中国服务贸易研究院讲师，首都国际服务贸易与文化贸易研究基地研究员，研究领域为服务贸易与对外投资；许婉玲，北京第二外国语学院中国服务贸易研究院2020级硕士研究生，研究领域为日本国际文化贸易。

年来一直贯彻落实国家全面深化服务贸易创新发展试点任务，积极建设如数字服务出口、中医药服务出口等特色基地，各项政策均取得显著成效。当下海南服务业呈现以三亚为核心，以旅游、康养等生活性服务业为主导产业，以海口为核心、以物流等生产性服务业为主导产业的发展态势。

本文从市场主体、贸易结构和贸易伙伴三个方面分析海南服务贸易发展现状，梳理海南发展服务贸易的地理区位、国家政策、产业基础和自然资源优势，探讨服务贸易发展的制约因素，并提出相应的政策建议，以期助推海南服务贸易高质量发展。

一 海南服务贸易发展现状

自 2018 年以来，海南服务贸易发展取得了较大成就，2019 年海南服务贸易进出口总额占全省对外贸易总额的比重为 19.6%，较上年上升 1.9 个百分点，比重稳步提升。全省服务贸易进出口总额为 220 亿元，同比增长 20.3%，高于全国平均增速 17.5 个百分点，其中服务贸易进口 107 亿元，同比增长 9.2%，服务贸易出口 113 亿元，同比增长 33.0%。2019 年海南省服务贸易顺差为 6.5 亿元，[1] 是全国服贸逆差大环境下显著突出的首次顺差，服务贸易表现亮眼。2020 年全省服务贸易进出口总额为 185 亿元，其中服务进口 135 亿元，同比增长 26.8%，出口 50 亿元。[2] 2020 年海南受新冠肺炎疫情影响服务贸易增速放缓，但商业、信息服务等新兴服务进出口同比大增 31.4%，涨势喜人。2021 年以来，海南服务贸易发展良好，根据海南省商务厅提供的统计数据，上半年，全省服务贸易进出口总额为 137 亿元，同比增长 81.2%，其中，服务贸易进口 100 亿元，同比增长 97.0%；服务贸易出口 37 亿元，同比增长 48.6%。

（一）市场主体持续增长

服务贸易营商环境不断改善，海南省服务贸易市场主体持续增长。2018

---

① 2020 年 1 月 10 日召开的海南省商务工作会议。

② 海南省商务厅。

年、2019年，全省注册服务贸易市场主体分别增长58.9%、59.6%。[①] 由此带来了贸易量的较高增长，2018年、2019年，全省服务贸易进出口总额分别增长16.8%、20.3%。总体来看，2018~2020年全省注册服务贸易市场主体增加了2.1倍，服务贸易结构不断优化，特色服务集聚发展效应明显。根据海南省商务厅的数据，海南省累计注册服务贸易企业6.1万家，其中自贸港建设以来新增3.85万家，超过之前30年的总和。[②] 海南自贸港在税收、投资贸易自由便利等方面的国家利好政策将会吸引更多他地企业在海南布局建设，形成"新老企业"多方发力局面。

（二）服务贸易结构不断优化

海南服务贸易增长较快，2014~2020年，全省服务贸易进出口总额年均增长18.31%，高于同期货物贸易进出口总额年均增速（-0.82%）。2020年海南省服务贸易进出口总额为185亿元，占海南省贸易进出口总额的比重从2014年的7.57%提升至16.52%（见图1），海南省服务贸易进出口总额在全国服务贸易进出口总额中所占的比重提升至2020年的0.41%。

图1 2014~2020年海南省服务贸易进出口总额及其占海南省贸易进出口总额的比重
资料来源：《海南统计年鉴2021》和《2015年中国商务年鉴》。

海南省服务贸易板块中，新兴服务贸易保持快速增长，全省服务贸易

---

① 根据国家外汇管理局海南省分局网站公开数据整理所得。
② 海南省商务厅。

结构不断优化，服务贸易质量显著提升。2015～2020 年电信、计算机和信息服务，知识产权使用费服务贸易进出口总额增长趋势稳定，占总额比重总体呈上升趋势（见表 1）。

表 1　2015～2020 年海南省分行业服务贸易进出口情况

单位：亿元，%

行业	2015 年		2017 年		2018 年		2020 年	
	总额	比重	总额	比重	总额	比重	总额	比重
运输	18.29	22.32	34.43	20.77	46.17	24.61	43.26	23.38
旅游	22.41	27.34	75.05	45.28	79.22	42.23	28.76	15.54
建筑	0.08	0.10	0.11	0.07	0.03	0.02	0.17	0.09
保险服务	0.15	0.18	0.23	0.14	0.22	0.12	0.68	0.37
金融服务	0.37	0.45	0.10	0.06	0.02	0.01	0.11	0.06
电信、计算机和信息服务	0.73	0.90	2.33	1.41	3.01	1.60	25.27	13.66
知识产权使用费	1.35	1.65	2.05	1.23	17.80	9.49	30.94	16.72
个人、文化和娱乐服务	—	—	—	—	3.64	1.94	2.61	1.41
维护和维修服务	—	—	—	—	2.03	1.08	10.52	5.69
加工服务	—	—	—	—	9.54	5.09	7.30	3.94
其他商业服务	33.66	41.07	44.30	26.72	25.81	13.76	35.24	19.05
政府货物和服务	—	—	—	—	0.10	0.05	0.18	0.10
总计	77.04	94.02	158.60	95.68	187.59	100.00	185.03	100.00

资料来源：《海南统计年鉴 2021》和 2016 年、2018 年、2019 年《中国商务年鉴》。

数字技术改变了数字贸易的交易方式、交易内容、交易范围，有力地推动了跨境服务贸易创新发展，与数字技术融合的服务贸易发展迅猛。2021 年上半年，海南省数字服务进出口 80 亿元，同比增长 3.3 倍，占总额的 58.6%。其中，进口 67.35 亿元，增长 3.94 倍；出口 12.82 亿元，增长 1.5 倍。《海南省"十四五"贸易发展规划（征求意见稿）》中，提出要大力促进数字贸易发展，到 2025 年，数字贸易进出口额占服务贸易进出口总额的比重超过 40%，年均增长率超过 15%。

（三）贸易"朋友圈"日益扩大

得益于自贸区（港）的贸易优惠政策，近几年海南省服务贸易蓬勃发展，运作效率持续提升，国际贸易伙伴不断增多，国际市场布局的多元化水平不断提升。2019 年海南省主要的国际服务贸易伙伴分别是美国、新加坡、英国和韩国，与这几个国家的服务贸易进出口总和约占全岛全年服务贸易进出口总额的 40%。与此同时，在维持原有服务贸易伙伴关系的基础上，海南还积极开拓了如塞内加尔、瓦努阿图等许多其他的新兴国际市场，尽可能地与不同的贸易伙伴构建深度信任、互利共赢的关系，通过灵活的服务贸易方式方法，不断扩大服务贸易规模。2020 年，海南服务贸易伙伴数量达到 119 个，其中排名前四的国家分别为新加坡、美国、爱尔兰、英国。截至 2022 年上半年，全省服务贸易伙伴数量稳健增长，海南省服务贸易国际市场的开拓空间依旧宽阔。

二 海南发展服务贸易的优势

（一）地理区位优势

海南省在我国范围之内最接近东南亚，与新加坡、马来西亚、印度尼西亚、菲律宾、泰国和越南等国家隔海相望，极具国际合作的地理区位优势；海南省通过琼州海峡与珠三角、粤港澳大湾区相连相通，具有与经济活力较强、开放程度较高的区域开展国内合作的地理区位优势。更不用提及，海南省从古至今都是"海上丝绸之路"的重要支点，在经贸合作、人文交流等方面始终发挥着重要作用。区域全面经济伙伴关系协定（RCEP）已经于 2022 年 1 月 1 日正式生效，在服务贸易领域做出的多项高水平开放承诺，为服务贸易发展带来了新的机遇。地理区位优势使得海南省成为服务贸易国内国际双循环的重要连接点。

（二）国家政策优势

海南自贸港作为国内唯一的中国特色自由贸易港，其建设必然需要对标世界最高水平。国家在众多方面给予了海南自贸港优先政策支持，所以说海南在国家政策集成方面极占优势。2020 年 6 月 1 日，我国正式发布《海南自由贸易港建设总体方案》（以下简称《总体方案》）。① 《总体方案》正式印发后，国家发展改革委、商务部、财政部、海关总署、国家税务总局等有关部门分别制定了放宽市场准入、"零关税"、离岛免税等支持方案。2021 年 6 月 10 日，《中华人民共和国海南自由贸易港法》正式颁布实施，② 对海南自贸港贸易自由便利、投资自由便利、财政税收制度等基本框架和关键制度做出了明确安排，为海南自由贸易港的高水平建设和有序推进提供了法律保障。

2021 年 7 月 23 日，国内跨境服务贸易领域首张负面清单——《海南自由贸易港跨境服务贸易特别管理措施（负面清单）（2021 年版）》（以下简称《负面清单》）发布。《负面清单》是推进更高水平对外开放的重要举措，标志着服务贸易管理模式的重大转变，极大地拓展了海南省跨境服务贸易开放合作空间，推动了海南省开放型经济的发展。《负面清单》具有先行先试的重要作用，其管理措施、限入监管、风险防控等实施经验对于全国跨境服务贸易负面清单的制定、一批负面清单试点的建立具有借鉴和启示意义。

（三）产业基础优势

海南省在服务贸易发展方面具有良好的产业基础。2005～2020 年，海南第三产业增加值占海南省地区生产总值的比重持续上升，海南第三产业增加值年均增长率高达 17.13%，其中 2013 年海南第三产业增加值占比首次超过 50%。根据海南省统计局的数据，2020 年海南省三次产业占比分别为 20.5%、19.1%、60.4%，同年全国三次产业占比分别为 7.7%、37.8%、54.5%。③

海南省确立了 12 个重点产业，包括旅游业、热带特色高效农业、医药

---

① 《〈海南自由贸易港建设总体方案〉发布》，央视网，2020 年 6 月 2 日，http://jingji.cctv.com/2020/06/02/ARTIqPGBm3jG2FNOCD6dJw19200602.shtml。

② 《中华人民共和国海南自由贸易港法》，海南省人民政府网站，2021 年 6 月 11 日，https://www.hainan.gov.cn/hainan/5309/202106/7184cf7cf7eb4365b8f7a1d06ab16661.shtml。

③ 海南省统计局。

产业、现代金融服务业、医疗健康产业、互联网业、会展业、现代物流业、海洋产业（含油气）、低碳制造业、房地产业和教育文化体育产业。以旅游业为例，早在 2010 年 1 月，国家就确立了建设海南国际旅游岛的战略。旅游业开始逐渐发展，成为海南最具代表性、最具特色的产业。2010 ~ 2019 年，海南省旅游业收入稳步增长，接待游客总人数规模持续扩大，2019 年海南省的旅游业总收入为 1057.8 亿元。但是由于受到新冠肺炎疫情的冲击，2020 年海南旅游业总收入和接待游客数量都出现了大幅度下降。2021 年海南旅游业复苏，接待游客总人数基本恢复到 2019 年的水平，旅游业总收入为 1384.34 亿元，高于疫情前 2019 年的旅游业总收入。①《总体方案》提出将大力发展旅游业、现代服务业和高新技术产业，以产业为支撑，海南省在旅游服务贸易、医疗健康、会展、技术密集型服务贸易等领域具备较大的发展潜力。

（四）自然资源优势

海南省全域位于热带地区，空气质量优质，自然风光优美，具有发展旅游服务贸易的天然自然资源优势。海南省四面环海，海洋资源丰富，海岸线和多类型港口集聚，具备发展国际海运的良好条件，在海洋生态、资源开发等领域发展潜力无限。

海南富含南药、黎药资源，被誉为"天然药库"。根据第四次全国中药资源普查工作的统计调查数据，海南省药用植物超过 2500 种。立足本土中医药优势，海南省不断丰富中医院服务贸易内容，开发了"中医药 + 旅游""中医药 + 疗养""中医药 + 互联网""中医药 + 会展"等多种服务贸易产品。

三　海南服务贸易发展的制约因素

（一）传统服务贸易占比仍然较高

2015 年，运输和旅游传统服务贸易进出口额占服务贸易进出口总额比重

---

① 海南省旅游和文化广电体育工作会议。

约为 50.00%，2018 年占比为 66.84%，2020 年下降为 38.92%，传统服务贸易在海南服务贸易中仍然占据较大比重。除个别年份以外海南省服务贸易均呈现逆差状态，其中运输服务贸易逆差、旅游服务贸易逆差和建筑服务贸易逆差是海南省服务贸易逆差的主要来源，2015 年旅游服务贸易逆差占当年服务贸易逆差的 72.90%，2020 年运输服务贸易逆差、旅游服务贸易逆差和建筑服务贸易逆差额之和为 16.47 亿元，占服务贸易逆差总额的 19.32%。海南省知识密集型服务贸易发展态势良好，但其服务进口额远高于服务出口额，且服务出口占比偏低。2015 年电信、计算机和信息服务出口额占服务出口总额的 0.77%，2018 年占比为 1.96%。2015 年知识产权使用费出口额占服务出口总额的 0.21%，2018 年占比为 0.45%。2020 年电信、计算机和信息服务出口出现较大增长，占比提升至 17.96%，知识产权使用费出口额占比也上升到 1.27%。[1]

（二）综合竞争力不强

参照孙秀丽和隋广军、徐娟和张梦潇在衡量服务贸易竞争力时的做法，本文构建海南省服务贸易竞争力（Trade Competitive，TC）指数，对海南省服务贸易总体竞争力和分行业竞争力进行度量和对比。[2] TC 指数公式如式（1）：

$$TC_t = \frac{EX_t - IM_t}{EX_t + IM_t} \tag{1}$$

其中，EX_t 指的是第 t 年海南省服务贸易出口额，IM_t 指的是第 t 年海南省服务贸易进口额，TC 指数的取值在 −1 ~ 1 区间，越靠近 1，竞争力越强，反之，竞争力越弱。通常来说，TC 指数在 0 ~ 0.3 区间，属于低竞争力水平；在 0.3 ~ 0.6 区间属于中等竞争力水平；在 0.6 ~ 1 区间属于高竞争力水平。经过测算，2015 年、2016 年、2017 年、2018 年和 2020 年海南服务贸易 TC 指数都低于 0，2019 年 TC 指数为 0.03。说明海南服务贸易的

---

[1]　海南省商务厅。

[2]　孙秀丽、隋广军：《中欧服务贸易竞争力比较研究》，《国际经贸探索》2015 年第 1 期；徐娟、张梦潇：《我国教育服务贸易竞争力与"十四五"时期提升路径》，《国际贸易》2020 年第 11 期。

竞争力较弱。

相较于其他行业，2015～2020 年海南省保险服务 TC 指数均在 0 之上，且 2019 年为 0.62，说明保险服务贸易具有一定的竞争力。金融服务 TC 指数一直低于 0，2015 年和 2018 年为 -1.00，说明其贸易竞争力处于较低水平。运输服务 TC 指数在正负数之间变动，且一直没有处于中等竞争力水平区间。电信、计算机和信息服务 TC 指数呈现先上升后下降的态势，说明海南省电信、计算机和信息服务的竞争力还需要进一步增强（见表 2）。

表 2　2015～2020 年海南省分行业 TC 指数

类别	2015 年	2017 年	2018 年	2019 年	2020 年
运输服务	0.29	0.04	-0.13	-0.14	-0.09
旅游服务	-0.84	0.19	0.34	0.47	-0.44
建筑服务	0.68	-0.97	0.42	0.32	-0.65
保险服务	0.25	0.65	0.32	0.62	0.49
金融服务	-1.00	-0.97	-1.00	-0.89	-0.61
电信、计算机和信息服务	-0.35	-0.11	0.15	0.47	-0.29
知识产权使用费	-0.91	-0.74	-0.96	-0.93	-0.96
个人、文化和娱乐服务	—	—	-0.87	—	-0.99
维护和维修服务	—	—	-0.93	—	-0.99
加工服务			0.95		1.00
其他商业服务	-0.23	-0.36	-0.77	-0.02	-0.74
政府货物和服务			-1.00		-0.63

注：因 2015～2019 年部分行业的官方统计数据无法获得，部分行业的 TC 指数无法计算。
资料来源：《海南统计年鉴 2021》和 2016 年、2018 年、2019 年《中国商务年鉴》。

（三）专业人才不足

海南高等教育规模小、层次低，本土人才培养能力弱，服务贸易专业人才、领军人才缺乏，人才流失率高，人才供给与需求不平衡，人才结构与经济社会发展的契合度不够，当前的人才供给数量和人才培养质量、人才结构等均制约海南服务贸易的长期发展。海南 2021 年共有本科院校 8 所、专科院校 12 所，其中专科院校中包括公办 6 所、民办 6 所。据中国校友会网（艾瑞深中国校友会网）发布的 2019 中国大学排行榜，海南省共有 5 所大学上榜，其中海南大学在全国排第 135 名（3 星级），海南师范大学排第 273 名（2 星级），海南医学院排第 401 名（2 星级）。2019 年海南本科毕业生人数为 25748 人，在全国各省（区、市）中排倒数第 4 名，倒数前 3 名分别是西藏、青海和宁夏。在海南省的高等教育层级中，2019 年本科毕业人数的比重为 0.65%，硕士研究生毕业人数的比重为 2.78%，博士研究生毕业人数的比重为 0.082%。

（四）营商环境有待提升

海南的营商环境距离法治化、国际化、便利化的目标有相当大的距离。根据《中国省份营商环境研究报告 2020》，海南省的营商环境在全国各省（区、市）中排第 12 名，其中，市场环境排第 13 名，政务环境排第 15 名，法律政策环境排第 13 名，人文环境排第 24 名，海南营商环境与北京、上海等地区的差距明显。2020 年中国特色营商环境指数对 31 个省（区、市）以及省会（首府）城市和 100 个地级市的营商环境水平进行评价，其中海口市的营商环境在 27 个省会（首府）城市中排第 24 名，海口市营商环境指数百分制得分为 68.96 分。前 3 名分别是广州、南京和成都，营商环境指数百分制得分分别为 92.92 分、83.75 分和 83.02 分。

四　海南服务贸易高质量发展的政策建议

（一）立足传统服务贸易实际，推动其转型升级

在旅游服务方面，要积极将海南打造成为富有世界影响力的国际旅游消费中心。一方面，优化旅游公共服务设施，加强公共信息资源整合，完善旅游交通、厕所、停车场等配套设施。注重规划引领作用，科学规划，保障规划的有效实施。在运行管理过程中，按照国际惯例规范海南旅游企业，从而提高海南旅游吸引力，通过开展多渠道宣传提升国际影响力和知名度，提升国际游客在游客总人数中的占比。另一方面，不断完善健全海南自贸港制度、离岛免税市场管理机制，建立并不断调整海南自贸港免税购物负面清单、跨境服务贸易负面清单、"零关税、低税率、简税制"制度，按市场化经营方式发展免税品经营主体，促进免税商品与国际实现同步，减少投机倒把现象的发生。同时，各类监管平台等需要强化监管，防止倒卖、走私等现象的发生。

在航运服务方面，为建立与海南自由贸易港相适应的现代化航运服务管理体系，海南省人大常委会、省政府在 2020 年初将《海南自由贸易港国际船舶条例》（以下简称《条例》）列入立法计划，2021 年 9 月正式实施。《条例》借鉴国外立法实践，系统搭建了涵盖航运业各类复杂要素的基本制度框架，有力提升了海南航运业综合竞争力。与此同时，还可以放开市场准入，降低或者取消国际船舶的登记主体外资股比，适当简化船舶检验登记流程，充分发挥航运枢纽作用。

（二）加快新兴服务贸易发展，形成竞争新优势

在数字服务方面，加快推进出口服务贸易基地建设，推动物联网、区块链等数字技术与实体经济深度融合，促进加快大数据等数字科技在海南落地。建立健全技术进出口管理制度，不断完善数字服务相关基础设施建设，比如通过建立跨境知识产权交易所畅通知识产权处置和变现通道，加快探索数据跨境传输试点，实现数据高效便利流通。

在金融服务领域，一是推动金融对外开放政策在海南率先落地。二是完善海南金融基础设施建设。三是在风险可控的前提下创新金融产品。运用应收账款质押、知识产权质押、股权投资、债券发行等方式支持服务贸易发展，积极探索离岸金融业务模式，为走向海外的中资企业、跨国公司等提供多渠道融资途径，实现境外业务境内操作、境外资金境内管理。

在医疗健康服务领域，一方面，稳步推进健康产业发展。建设养老服务设施，争取在养老服务业发展涉及的增值税、企业所得税、房产税、耕地占用税、行政事业性收费等方面，在现行优惠政策的基础上给予更多优惠支持，建立养老机构和医疗机构救治合作机制和绿色通道；鼓励医疗新技术、新装备、新药品的研发应用；逐步且全面落实、深化医疗领域对外开放，引进国际国内优质医疗资源。另一方面，不断加大中医药产品创新力度，根据国外游客的不同体质研发适合多样化需求的中医药产品。加快国家中医药服务出口基地建设，实现中医药企业"走出去"，面向全世界拓展中医药服务的受众群体，争取在更多的国家做到中医药产品的有力推广。

（三）实施更开放的服务贸易政策，充分释放政策红利

深刻理解《服务贸易总协定》（General Agreement on Trade in Service, GATS）等国际法律法规的内容及其制定底层逻辑并做到主动对标，积极参与国际服务贸易规则的制定并不断完善符合我国国情的特色服务贸易制度。逐渐放宽对跨境交付、境外消费、自然人移动的限制，支持企业"走出去"，探索重点领域资本、人员、信息、技术双向流动。在《关于建立更紧密经贸关系的安排》（Closer Economic Portnership Arrangement, CEPA）的基础之上，不断提高海南对港澳服务业的开放程度。

按照"放管服"的要求，建立极简的服务贸易审批流程。当前，海南境外游艇、金融服务、跨境电商等服务贸易管理试行纳入国际贸易"单一窗口"，在 8 个领域对境外游艇实施监控，接下来要将更多服务贸易领域纳入国际贸易"单一窗口"，积极探索设立服务贸易"专项窗口"。转变政府工作作风和服务方式，由市场监管转变为市场治理，努力打造市场化、公平化、国际化的营商环境，促进海南吸纳更多市场主体和项目入驻，助力海南招商引资，利用优惠的财税政策增强对外资的吸引力。打破服务业垄断并放开市场价格，发挥政府的杠杆和引导作用，吸引社会资本参与服务业，充分激发市场主体活力，打造海南服务贸易新高地。

（四）加大人才吸引力度，构建多层次复合型人才队伍

建立健全多元人才发展机制，支持鼓励引进、培养、奖励高端及紧缺人才，同时要建立健全奖励分配和人才激励制度。建立服务贸易人才的引入和奖励制度，在各方面制定相应的福利措施，全面吸引人才，提升海南在服务贸易领域的人才综合竞争力。同时，要充分利用海南省本地高校资源，促进其对人才的培养和供给，发挥海南的教育优势；积极鼓励结合理论与实践的创新，科研院所和高校等学术机构若能成功将成果转化应用，可为其颁发相对应的现金奖励或研究经费等。加大对国际型、创新型、服务型人才引进的支持力度。

（五）持续优化营商环境，提升整体吸引力

海南省的营商环境优化取得了很大的进步，但对标国内和国际一流水平的营商环境要求，海南省的营商环境建设还有许多短板要补。需要提高公务员招聘的学历、技能门槛，并从政策规定、岗位技能、业务创新等几个方面加强对现有公务员的培训，提升海南省公务员队伍的专业素养和整体素质。建议重点对招商引资部门的工作人员开展专题培训，提升其对政策、业务以及多种政策衔接的熟悉度，增强政府工作人员的服务意识，真正帮助投资主体解决实际问题。同时要做好各项利好政策的落地。

结　论

海南服务贸易发展既要借鉴国际自由贸易港的发展经验，又要创建带有独特创新性的中国特色自由贸易港。同时要充分发挥海南天然优势，借助国家政策红利，突出贸易和投资的自由便利性，重点发展旅游等海南特色服务业，积极增强海南国际竞争力。

参考文献

李猛、黄庆平、翟营：《论海南自由贸易港与国内国际双循环新发展格局的战略对接》，《经济体制改革》2021 年第 4 期。

裴广一、刘忠伟、黄光于等：《联通国内国际双循环重要枢纽：海南自由贸易港的时代定位与发展坐标》，《改革与战略》2021 年第 6 期。

王玉婷、袁永友：《海南自由贸易港建设背景下打造服务贸易新高地的探讨》，《对外经贸实务》2022 年第 1 期。

吴文豪、李国：《从国际竞争优势理论视角看我国服务贸易发展战略》，《国际经济合作》2008 年第 8 期。

谢申祥、高媛：《中国特色自由贸易港的服务业开放机制探索——以海南自由贸易港为例》，《暨南学报》（哲学社会科学版）2021 年第 6 期。

杨林、沈春蕾：《自贸区建设背景下海南提升服务贸易国际竞争力的路径》，《中国海洋经济》2020 年第 1 期。

张慧颖：《天津对外服务贸易现状分析》，《对外经贸》2018 年第 8 期。

中国（海南）改革发展研究院课题组：《海南探索建设中国特色自由贸易港的初步设想》，《改革》2019 年第 4 期。

朱福林：《海南自由贸易港高质量发展：阶段性成果、瓶颈因素与突破路径》，《经
　　济学家》2021 年第 6 期。

朱建铭、王丽娅：《自由贸易港背景下海南省服务贸易发展的制约因素与对策建议》，
　　《对外经贸实务》2020 年第 10 期。

基于自由贸易港建设的海南服务贸易政策体系的创新实践研究

王海文　方　朔[*]

摘　要： 海南服务贸易与其他地区相比，基础仍显薄弱。但在较短时间内，海南服务贸易已经成为支撑全岛经济运行的重要基础，全球影响力持续提升，这些成绩的取得，与中央和海南地方政府的政策引导有紧密联系。本文研究中央和地方指导海南服务贸易发展的各类政策，从中分析政策逻辑和思想脉络，认为政策实践对于海南服务贸易发展具有重要的推动作用，并通过分析政策体系的特点，对海南未来政策布局提出完善评估体系、加强行业监管、坚持可持续发展等建议。

关键词： 服务贸易　自由贸易港　海南

引　言

海南服务业经过多年发展，现已成为超越第一和第二产业的最大经济部门。海南服务贸易的壮大，与政府部门的多年施政和实践有密切联系，已有学者对海南省政府的服务贸易政策实施效果进行了相关研究。陈彦军

---

* 王海文，北京第二外国语学院经济学院教授、经济学院副院长、硕士研究生导师，研究领域为文化贸易、服务贸易、服务业、国际贸易；方朔，北京第二外国语学院中国服务贸易研究院 2020 级硕士研究生，研究领域为国际文化贸易。

通过研究海南自由贸易港，分析中国式政策的作用机理；[①] 左冰等利用数理模型进行研究，认为海南离岛免税政策能对该省旅游业产生较大积极影响。[②] 此外，大量学者针对细分行业政策进行深入研究，谢端纯梳理了海南金融领域政策的构建思路、框架与政策效果，并提出了提升跨境金融服务能力和聚焦创新业务等实践建议。[③] 童泽林等构建数理模型，分析海南离岛免税购物政策对海南旅游消费的影响，认为离岛免税政策对以旅游购物为目的的游客产生集聚性影响，促进了游客旅游消费，并为海南省的商业转型创造了良好的机遇，能加快全省商业服务业的转型升级，促进 GDP 增长。[④] 目前对海南服务贸易相关政策与实践进行系统梳理和分析的报告并不多见。本文试图全面梳理相关政策，并对其效果进行系统评价。

一 海南服务贸易政策现状

海南服务贸易领域的政策可以追溯到 21 世纪初甚至更早，但自 10 年前，相关政策实施力度开始加大。2018 年 10 月 16 日，《中国（海南）自由贸易试验区总体方案》（以下简称《方案》）正式由国务院印发并下达，在建设海南自由贸易试验区的道路上迈出了第一步。此后，海南服务贸易领域的相关政策不断落实，对其发展产生了巨大影响。

（一）中央谋篇布局

海南服务贸易政策的实施离不开中央政府的顶层设计。从 20 世纪中叶开始，中央政府调整海南省的发展定位，并于 21 世纪初正式确定当地的现代服务业发展布局，从而为全岛服务贸易深入发展奠定基础。

1. 自贸区建设为现代服务业奠基

近年来中央政府给予海南服务贸易大力支持。《方案》提出了较为具

---

① 陈彦军：《中国式政策试验的内在机理：以海南自由贸易港建设为例》，《湖南工程学院学报》（社会科学版）2021 年第 2 期。
② 左冰、谢梅：《离岛免税政策对海南旅游需求与消费影响研究——基于旅行与免税商品联合购买模型》，《旅游科学》2021 年第 2 期。
③ 谢端纯：《海南自由贸易港金融政策框架与实践》，《海南金融》2022 年第 1 期。
④ 童泽林、KURYN MARYNA：《离岛免税购物政策对海南旅游消费的影响研究》，《价格理论与实践》2021 年第 9 期。

体的建设要求,主要包括:充分发挥区位优势,衔接太平洋和印度洋,面向两区域进一步开放门户;以供给侧结构性改革为主线,争取更高水平的转型升级和制度开放;加强改革主动性,提高政府工作效率、监管效率和服务效率,全面改善营商环境和开放对外市场;确定现代服务业、高新技术产业和旅游业的核心发展地位,有效规划全省产业布局。《方案》相当重视海南现代服务业的建设,要求重点发挥现代服务业集聚功能、完善国际交通运输网络、提升旅游行业整体服务水平和加强科技领域的对外合作。除此以外,《方案》还要求提高本地知识产权保护和使用水平、建立健全贸易风险防控体系等。这都对海南现代服务业建设起到推动作用。

2. 自贸港建设成为现代服务业发展的强劲推动力

2020 年 6 月 1 日,《海南自由贸易港建设总体方案》正式出台。该方案强调了海南的经济地位,提出规则建设向国际看齐,政策制度体系应与高水平自由贸易港相适应,提高海关监管特殊区域的国际竞争力和影响力,将海南自由贸易港打造成重要的海上开放门户,引领全国新时代对外开放。在制度设计层面,海南应实现 2025 年前封关运作,依据"'一线'放开、'二线'管住"的方针,实现贸易、投资、跨境资金流动、人员流动等领域自由便利化以及数据安全有序流动;[①] 在产业发展层面,不断加强实体经济发展,提高国际竞争力水平;在税收制度层面,按照零关税、低税率、简税制、强法治、分阶段的原则,逐步形成更加开放、适应自由贸易港发展的税收体系。此外,海南自由贸易港也应在社会治理、风险防范等方面进一步深化改革。《海南自由贸易港建设总体方案》在《中国(海南)自由贸易试验区总体方案》的基础上,进一步放开现代服务业发展,这为海南对接国际、推动全产业链走向全球起到至关重要的作用。

3. 新一轮便利政策进一步推动降低开放门槛

2021 年 4 月 19 日,商务部等 20 个部门对外公布《关于推进海南自由贸易港贸易自由化便利化若干措施的通知》,大幅降低自由贸易门槛,为贸易自由化提供了更多可操作空间。在服务贸易领域,该通知提出了 15 条

---

① 《回顾"十三五"丨海南:打造开放型经济新高地》,新华网,2020 年 10 月 27 日,https://baijiahao. baidu. com/s? id = 1681691718310401044&wfr = spider&for = pc。

明确规定，包括支持海南自由贸易港建立国际文化艺术品鉴定、评估、仲裁规则和标准体系，推动海南自由贸易港特许经营模式进一步改革创新，吸引重点文化出口企业落户海南，支持建立政府级别的对外服务贸易合作关系等。① 这些政策的落实，将为海南现代服务业对外贸易带来更优越的投资和营商环境，促进海南与国内外企业进行深入合作与交流。

4. 服务业改革为发展提供坚实保障

2021 年 4 月 21 日，商务部印发《海南省服务业扩大开放综合试点总体方案》，对海南服务业对外开放提出了新的要求。该方案聚焦海南服务业市场，通过调节不同服务业市场垄断与竞争程度，以及完善市场规则、优化营商环境、加强数字保护、简政放权等，深化海南服务业改革创新，创造更优越的海南现代服务业市场。该方案的落实将通过建立更加完善的现代服务业运行体系，为海南服务贸易提供坚实的经济和制度保障。

（二）地方深入实践

在中央政策的统一指导下，海南当地政府积极响应中央号召，通过一系列具体措施，不断落实海南自贸港和自贸区建设的相关规划，在 3 年的时间里取得重要成果。在自贸港和自贸区背景下，海南服务业和对外服务贸易同样获得一系列政策红利，获得长足的发展。

1. 提出服务贸易具体发展思路

海南地方政府在《海南自由贸易港建设总体方案》的基础上，进一步研究规划海南服务贸易的具体发展路径，为确定各行业发展方向打下基础。2019 年 8 月 29 日，海南省实施服务贸易先导性行动计划，从着力扩大服务出口、继续扩大重点领域服务出口、加大政策扶持与保障力度 3 个方面，共提出 20 项措施推动服务贸易加快发展，具体包括：扩大旅游服务、运输服务、数字服务、医疗服务等 9 项服务出口;② 探索技术技能型人员输出模式，推进国内外知名高校合作办学机构和项目落地，吸引国际

---

① 《再迎政策大礼包！商务部等 20 部门联合印发 28 条措施推进海南自贸港贸易自由化便利化》，人民网，2020 年 4 月 26 日，http://hi. people. com. cn/n2/2021/0426/c231190 - 3469 6546. html。

② 《海南自贸港先导性项目之九 | 加快服务贸易创新发展》，海南自由贸易港网站，2020 年 3 月 6 日，https://mp. weixin. qq. com/s/VoaKbI7n - tHwigc8_MqBfw。

医疗机构落户等；完善入境旅游市场开拓扶持资金政策，研究出台促进数字游戏出口支持政策，着力引进国际知名人力资源服务机构等。

2. 政府部门针对性提供发展动能

各政府部门发展服务贸易不遗余力，在各领域出台优惠政策或推动市场改革，为服务企业发展添砖加瓦。2017 年 10 月，海南省启动进出岛人流信息管理系统建设工作，"4·13"重要讲话之后，按照省委、省政府部署，各单位密切配合，加速建立全天候进出岛人流、物流、资金流监管系统，同时该项目被纳入海南自贸区建设的先导性项目。海南自贸区建设提上日程后，海南省发展改革委员会与科研机构共同推出《海南旅游消费价格指数编制方案》，将百余种具有地区代表性的商品及服务纳入监测，精确反映海南旅游消费的实时动态，推动海南商业经济数字化监管运营。2019 年 3 月，《海南国际经济发展局设立和运行规定》出台，要求设立海南国际经济发展局，在国际招商引资、对外商务合作沟通、牵头市场对接、协助建设海南国际办事处、支持海南对外贸易政策研究等领域履行职责。海南国际经济发展局在服务贸易发展领域做出了巨大贡献，使得政府部门建制化工作更为有效，在由该局负责举办的 2021 年中国国际消费品博览会上，共完成约 2 万人次的接待工作，意向成交金额超过 1 亿元，合同成交金额超过 15 亿元。

二　海南服务贸易政策体系的目标

海南服务贸易政策自《中国（海南）自由贸易试验区总体方案》落地以来，已经形成较为完整的体系，针对海南服务贸易发展提出了具体发展目标，并在过去 3 年里认真落实。

（一）推动海南服务贸易自由便利化

中央和海南地方政府对于海南服务贸易的各类政策与相应实践，主要目标之一是促进海南服务贸易自由便利化。海南是中国南方的重要门户，从地理位置上来看，与广东、福建接壤，和港澳台地区联系紧密，同时是最接近南沙群岛的省份，在全国经济建设布局、国家战略规划方面都占据重要地位。如果实现海南服务贸易自由便利化，将能大幅促进中国南部地区的资源往来，推动国家建设整体布局的完善，并强化中国在领海区域内的主权保护能力，以及加强与港澳台地区的联系。

（二）引导海南服务业与国际接轨

中国自加入世界贸易组织以来，一直在为兑现逐步开放的诺言而努力，但从中国国情角度考虑，需要通过自由贸易试验区和自由贸易港模式来逐步探索全国经济开放的具体路径。海南作为中国最南端的省份，与处于东南亚、大洋洲等的数十个国家和地区经济往来便利，并且身处马六甲海峡北部，水运与空运都有不小的发展空间。因此如果海南首先开放门户，与世界接轨，将为全国发挥重要示范性作用。再从海南自身考虑，其农业和工业基础较为薄弱，除人力资源较为稀缺外，发展第三产业的难度相对较小，因此以服务业为发展主力军，推动其走向世界，产生强大国际影响力的可能性较大。

（三）加快海南现代经济体系建设进程

海南虽然地处国家版图的边界，但与西藏、新疆、云南等省（区）不同，其拥有不同寻常的地理优势，在对外开放领域有快速发展的潜力，能更快实现社会主义现代化。通过政府的一系列政策与实践，在服务业的带动下，海南资金、人力、科技创新、生产等各方面资源都逐步充足，现代经济运行体系将在短时间内迅速建立起来。这将带动海南社会高质量发展，使其成为新时代中国特色社会主义建设的重要成果。

（四）为全国自贸区建设提供海南方案

作为全国 21 个自由贸易试验区之一，海南的特殊性较为显著。一是其地理位置特殊，具备其他地区没有的国家战略优势；二是其发展基础特殊，和其他自贸区相比，第三产业是海南自贸区建设的重中之重，拥有不可替代的地位。如果海南服务贸易发展顺利，将会为其他自贸区建设提供宝贵的海南方案，在政府监管、改革创新、社会治理、环境保护、风险保障等多个方面起到至关重要的示范性作用。

三 海南服务贸易政策与实践的要点

海南服务贸易领域的政策与实践工作具有以下要点，这是海南省政府在最近一段时间内需要把握的方向。

（一）大力推动资源引进

海南省政府深刻认识到，海南岛现有资源并不足以推动服务贸易深入发展。以人才资源为例，海南全省人才缺口相当大，自《百万人才进海南行动计划（2018—2025）》公布与实施以来，截至 2020 年 12 月底，全省人才总量有 190.23 万人，但仍存在较大的人才缺口。① 因此，海南省政府多年来坚持加大各类资源引进力度，尤其是从国外引进机器设备、生产资源等，在这些领域形成了巨大的贸易逆差。目前海南的进出口形势与新加坡较为相似，第一产业和第二产业的大量资源需要靠进口。另外，海南大力吸引外资进入，尤其是国际资本，在服务业创新发展领域取得了不小的进展，推动服务贸易发展进一步加快。

（二）推动贸易与投资自由化

海南自贸区和自贸港建设，都对服务业与服务贸易发展做出了总体规划，大多数政策以降低门槛和提高开放水平为基本思路，适当放宽限制，例如在资金、投资、商品进出口、人员流动、数据流动等领域，给予了市场和企业相当大的自由发展空间。这主要是由海南自贸区和自贸港建设的整体思路决定的。目前海南服务贸易开放水平还有进一步提升的空间，并且实践证明，进一步开放有利于发展，因此海南政策的自由化特点，在较长时间内还会延续。

（三）战略性行业与重点城市集中发展

海南对服务贸易开放水平的关注度很高，施加的政策力度远远大于其他领域。从细分行业来看，海南省政府对旅游业、商业服务业、科技服务

---

① 《数说〈百万人才进海南行动计划（2018～2025 年）〉第一阶段成效》，海南省人民政府网站，2021 年 1 月 13 日，https://www.hainan.gov.cn/hainan/5309/202101/00e9abc396f84cdead3f3397a9ff46aa.shtml。

业、金融业的关注度很高，对医疗与康养服务业、电子体育行业、文化产业、教育行业、运输业等服务业的支持力度也较大。从地区来看，海南主要经济建设地区是海口和三亚两座城市，这两座城市的优惠政策也更加集中，其他地区则由于发展原因，虽然同样享有大量政策红利，但与这两座城市相比仍有较大差距。

（四）全面放开国际对接，建立外向型市场

中央和海南省政府对于服务贸易的政策与实践，主要目标之一是将海南打造成对接国际的重要服务城市，参与东南亚地区乃至全球经济活动，其政策和实践积极推动开放市场建设。2020 年 6 月 29 日，《关于海南离岛旅客免税购物政策的公告》发布，要求从 7 月 1 日起，海南离岛免税购物额度从每年每人 3 万元提高至 10 万元，且不限次数。作为这些政策落实的结果，海南服务市场活力被大范围激活，市场需求全面增加，间接为服务企业创造了巨大的发展空间，提供了良好的营商环境。

四 海南服务贸易政策与实践的建议

针对海南服务贸易当前的发展阶段以及相关政策与实践的实施情况，本文认为政府可以从以下几方面进一步完善和改进。

（一）加强内地与海南的经济往来

目前海南与全球的联系愈加紧密，尤其是与越南、新加坡等亚洲国家已经建立了较为全面的资源互通体系，但从国内角度看，海南与内地的经济联系还不够充分与紧密，主要表现在两个方面：一是与内地省份的资源交换能力有待加强，虽然人力资源引进效果可观，但众多基础性资源的流动能力较弱，尤其是资本的单一性较强，还不足以支持新一轮市场革新；二是与内地省份的交流活动多样性不足，主要集中在旅游、商业服务和房地产行业，暂时还没有全面带动海南经济发展。

建议海南省政府在未来政策的研讨中，更加重视与内地服务业的联动发展，可以通过引入内地资金的方式，加强本地服务市场的竞争力，与珠江三角洲地区、港澳台地区形成区域协同发展格局，进而推动全省经济体系的全面建设。

（二）建立长期政策评估机制

海南省政府已经在服务贸易领域深入实践多年，从海南自贸区建设开始，已经过 3 年时间，大部分政策初见成效，对于其是否具有可持续性、能否应对世界格局的演变，还应持审慎态度。以海南旅游业为例，2020 年新冠肺炎疫情导致全省旅游收入锐减，入境旅游业务大幅度萎缩，旅游市场结构重组，在这种突发事件的影响下，应重新评估过去的政策效果。

建议海南省政府建立长期政策评估机制，对于具体到行业的发展政策，应开展政策效果跟踪工作，在固定时间点对行业政策的效果进行评估，例如通过考察外地人才在本省的留职情况，来判断人才引进工作是否到位。通过这种评估机制，可以有效降低资源消耗，及时改变政策方向，准确把握发展脉络。

（三）深入提高市场监管能力

海南省政府发布并实施一系列政策，其目的之一是打造国际服务市场，在投资、金融、数据、物资运输、人员等方面实现自由流动，因此对合理的市场监管体系和明确的治理规则提出较高水平的要求。

建议海南省政府优先完善现有市场监管法律和规章制度，并加大对来岛商业主体和个体的宣传力度。在规则明晰的情况下，进一步加强监管能力和执法能力，明确各部门职能，加强监管体系改革创新，利用数字技术创新企业数据流动监管。要建设社会治理新格局，树立政府权威，以优化市场环境和保护社会安全为目的，坚决驻守在市场监管前线。

（四）打造全面协调发展格局

海南省政府多年来重点发展服务业及相关行业，在一定程度上造成发展的不平衡。一是行业发展失衡，海南服务业发展情况良好，正在逐步走向国际市场，但第一、第二产业发展则较为落后，本土企业支持力度不足，大量生产成品需要靠进口维持；二是地区发展失衡，三亚、海口和儋州发展水平较高，其他城市的发展情况不容乐观，企业投资数量、资金流动量、基础设施建设情况、劳动力流动情况等都处于较低水平。

建议海南省政府注重全面协调发展，在发展重点行业的同时兼顾其他行业的协调，形成更加全面的产业发展模式；重视岛内欠发达城市和地区的发展状况，给予一定的政策扶持，深入挖掘这些地区的价值潜力，形成全岛协同发展的良好局面。

结　语

海南服务贸易的良好发展局面，离不开中央和地方政府的共同努力。在十年间尤其是 2019 年至今，政府政策和深入实践为海南服务业提供了强大的支撑和推动力，指明了服务贸易的发展方向。在未来的深入发展中，政府应不断检视和评估现有政策的成效与不足，准确把握不断变化的世界格局，进一步在海南服务贸易发展进程中发挥政府职能。

参考文献

张燕：《强化政策支持引导和落地生效，扎实有序推进海南自由贸易港建设》，《中国发展观察》2021 年第 8 期。

海南国际医学港科技创新平台应用项目课题组：《海南国际医学港的初步构想与政策建议》，《今日海南》2021 年第 9 期。

海南服务贸易发展的影响因素研究

杨 修 方 朔*

摘 要： 海南作为全国地理位置最特殊的省份之一，其战略价值潜力相当巨大，未来应充当中国对全球开放的重要门户，因此其第三产业必须具备决定性的国际竞争力。2020 年海南"十四五"规划和《中国（海南）自由贸易试验区总体方案》，都对海南服务贸易给予了莫大的重视，也证明了其对服务贸易发展的培育具有重大意义。本文全面呈现海南服务贸易发展的影响因素，认为海南地理位置、自然环境、社会发展、经济发展、国内外交流等各个方面都会对服务贸易发展产生或多或少的影响，总体而言，各个因素对服务贸易会产生正面影响，有利于海南的进一步建设。

关键词： 服务贸易 资源流动 经济环境 海南

引 言

改革开放以来，海南结合国内外发展经验和本土优势，成为我国服务贸易大省，在世界范围内亦具有较高的知名度。近年来海南省对外服务业商品贸易额发展相对平稳，2020 年，海南省服务贸易进出口总额达到了 185.03 亿元，同比下降 15.80%。进口额约为 135.16 亿元，同比增长

---

* 杨修，经济学博士，科技部中国科学技术交流中心副研究员，研究领域为贸易经济、企业经济、经济体制改革；方朔，北京第二外国语学院中国服务贸易研究院 2020 级硕士研究生，研究领域为国际文化贸易。

26.84%；出口额约为 49.87 亿元。与海南省建立贸易关系的伙伴多达 119个。[①] 2021 年，海南省服务贸易进出口总额约为 287.79 亿元，与 2020 年相比增长了 55.54%，考虑到疫情影响，增速比过去几年更加明显。

学界认为海南之所以能在短时间内成为中国服务贸易领域的新生力量，是受众多因素影响。谢申祥等从海南自由贸易港的角度，分析自贸港区政策、规则建设、企业发展等对服务贸易的影响。[②] 王崴等利用 SWOT模型分析海南服务业的发展水平。[③] 童泽林等通过建立数理模型，分析了离岛免税店购物政策对海南游客消费行为的影响。[④] 胡樱宁运用 Stata 模型证明人力资本、城市化、货物贸易、服务业和经济的发展水平对海南自贸港服务贸易发展均有显著的正向影响，且城市化发展水平对海南服务贸易发展的推动作用最为明显。[⑤] 目前各领域的研讨还没有开展，所以不能就海南自身环境因素及国际影响进行考察，必须全面地剖析对海口地区服务贸易的影响原因。本文根据前人的研究，力求全面展示海南服务贸易的影响因素，为其发展提供参考依据。

一　地缘因素

按照传统西方经济学的看法，地方政府若想重点发展某一产业，需要先对区域特征有深入认识，并全面调研区域资源的稀缺性、分析区域的发展前景，基于此才能确定区域产业发展的方向。而大卫·李嘉图提出的比较资源优势论以及赫克歇尔提出的生产要素禀赋理论，则对此进行了佐证。海南地理位置特征较为明显，地理位置、土地资源、气候环境、生产

---

① 《2020 年海南新兴服务贸易快速发展 进出口额同比增长 1.1 倍》，国际旅游岛商报网站，2021 年 1 月 15 日，http://paper. hndnews. com/html/2021 - 01/15/content_1489. htm。

② 谢申祥、高媛：《中国特色自由贸易港的服务业开放机制探索——以海南自由贸易港为例》，《暨南学报》（哲学社会科学版）2021 年第 6 期。

③ 王崴、徐超静：《基于 SWOT 模型的海南省服务业发展水平研究》，《广西质量监督导报》2021 年第 3 期。

④ 童泽林、KURYN MARYNA，《离岛免税购物政策对海南旅游消费的影响研究》，《价格理论与实践》2021 年第 9 期。

⑤ 胡樱宁：《海南自贸港服务贸易发展影响因素研究》，硕士学位论文，北京邮电大学，2021。

性资源等都在中国各省份中具有特殊性，可以对其发展特定行业产生重要作用。

（一）地理环境

海南的地理环境较为优越，得天独厚，和国内其他地区相比具有特殊的地位。历史上的海南自然环境较为恶劣，如今人工环境治理能力大幅提升，海南的地理环境早已今非昔比，周边海域的国家战略地位更加突出，通商口岸建设可行性更高，海洋资源可开发性较强，旅游服务业及周边产业的价值挖掘潜力较大。

1. 周边环境

从国内角度来看，海南北邻福建、广东两省，与港澳台相距较近，水路运输成本较低。海南和中国大陆隔着琼州海峡，该海峡仅次于台湾海峡与渤海海峡，是中国第三大海峡。据湛江海事局统计，2022 年春运前 3 天，琼州海峡客运量达 15 万人次，车辆达 4.6 万台，该海峡现已成为国内最繁忙的水上客运路线之一。[①] 2020 年 9 月 26 日，广东客货滚装码头徐闻港正式投入使用，从此处到海口之间的航线距离缩短一半，大大加深了大陆与海南的地理联系。另外，海南省主岛紧连南沙群岛，周边海域气候较为稳定，发生海啸等重大自然灾害的概率较低，建设风险较小，对于国家进一步开发南沙群岛、进行海域保护和发展工作具有重要意义。

从国际角度看，海南位于南太平洋和印度洋的交汇处，南接海上要道马六甲海峡，临近印尼、菲律宾、新加坡等岛国，同时与越南、老挝、柬埔寨等国家隔海相望；东北角通过中国台湾可与日本形成一定的联动；东南方向还可向澳大利亚与新西兰延伸。总体而言，海南应该是中国南方的外联门户，在经济、政治、文化等层面均有条件开展较大规模的对外交流活动。

2. 岛内环境

海南本身地理环境是考量其是否合适发展部分特定产业的重要依据，尤其对于第一产业和第二产业来说，最终也会影响第三产业的发展。

---

① 《琼州海峡春运前三天客运量达 15 万人次》，湛江新闻网，2022 年 1 月 20 日，http://www.gdzjdaily.com.cn/p/2820057.html。

海南的行政区划分为海南岛、西沙群岛、中沙群岛、南沙群岛等。全省的陆地面积总计 3.54 万平方公里，周边海域的总面积约为 200 万平方公里。海岸线总长度达到 1944.3 公里（不含海岛岸线），自然岸线长度为 1272.61 公里，港湾数量总计 68 个，周边的等深地区面积约为 2330.55 平方公里。

从地形的角度来看，首先，海南岛内的地形大多是山地和丘陵，在全岛范围内的占比能够达到 38.7%。中部偏南地区大多是山地，山地中的丘陵盆地密布，海拔高度错落有致。丘陵的周围具有非常密集的台地和阶地，在总面积中的占比约为 49.5%。其次，平原环岛地形的总面积相对广阔，整体占比约为 11.2%。西沙群岛、南沙群岛、中沙群岛地区的地势相对平坦，平均海拔只有 4~5 米，其中海拔最高的是西沙群岛的石岛，海拔约为 15.90 米。海南岛上的河流共计 154 条，其中，有 38 条的水流面积能够达到 100 平方公里以上。南渡江、昌化江的集水面积超过 3000 平方公里，面积占比约为 47.0%。

气候方面，海南省地处热带地区，气候类型属于热带季风气候，2021 年平均气温为 25.1℃，较常年偏高 0.6℃，位居历史第 4 位高值。雷雨天气频繁，容易出现大风、暴雨等天气现象，一旦这种天气现象演变成为极端气候灾害，就会给当地造成较大的经济损失。2021 年海南省气象灾害总体偏轻，其他各类灾害影响较大。[①]

（二）自然资源

海南自然资源整体种类较为丰富，对于第一产业来说有较好的资源基础，对第三产业来说同样如此。通过将热带雨林、温泉、当地农作物景观等自然资源开发成乡村旅游、野外冒险等旅游项目，海南打造国际旅游服务中心的可行性将会更大。

因为海南四周环海，陆地部分海拔相对平均且偏低，而且终年多雨，受季风的影响很大，所以很多资源产量较高，物种丰富。海南岛上的土地总面积约为 361.91 万公顷，平均每人能够分到的耕地面积约为 0.08 公顷，

---

① 《2021 年海南气候与自然灾害总结》，海南众科环境检测有限公司网站，https://www.zok-hn.com/inpage/id/333.html。

耕地终年均可播种，经济作物的种植周期能够达到一年两熟到一年三熟。

从农业发展的角度来看，海南的经济作物种植面积相对较广，产出最多的粮油经济作物，一般有水稻、旱稻、番薯、小麦、粟等。根据我国统计部门的数据可以得知，2020 年海南省粮食种植总面积达到 406.1 万亩，同比下降 0.7%，全年粮食产量 145.4 万吨，同比增长 0.3%，单位面积产量创近 5 年新高，达 358.0 公斤/亩，同比增长 1.0%。[①] 根据中商产业研究院的统计，2020 年海南省粮食产量排名在 31 个省（区、市）中较靠后，仅为第 27 名（见表 1），生活资料主要依靠外地引入。

表 1　2020 年全国 31 个省（区、市）粮食产量排名

单位：万吨

排名	地区	总产量	增量
—	全国	66949	565
1	黑龙江	7541	38
2	河南	6826	131
3	山东	5447	90
4	安徽	4019	−35
5	吉林	3803	−75
6	河北	3796	57
7	江苏	3729	23
8	内蒙古	3664	11
9	四川	3527	29
10	湖南	3015	40
11	湖北	2727	2
12	辽宁	2339	−91
13	江西	2164	7
14	云南	1896	26
15	新疆	1583	56
16	山西	1424	62

---

① 《2020 年海南粮食单位面积产量创近五年新高》，海南省人民政府网站，2021 年 2 月 3 日，https://www.hainan.gov.cn/hainan/sjfx/202102/cab48f81d5e84ac19e871ddd29d6aac0.shtml。

续表

排名	地区	总产量	增量
17	广西	1370	38
18	陕西	1275	44
19	广东	1268	27
20	甘肃	1202	39
21	重庆	1081	6
22	贵州	1058	7
23	浙江	606	14
24	福建	502	8
25	宁夏	380	7
26	天津	228	5
27	海南	145	0
28	青海	107	1
29	西藏	103	−2
30	上海	91	−5
31	北京	31	2

资料来源：国家统计局、中商产业研究院。

从植被资源的角度来看，海南地区的植物生长相对较快，植被丰富，热带雨林和热带雨林植物使得当地的植被极为密集。维管束植物的种类达到 4600 多种，在全国范围内的占比达到 1/7，其中 490 多种植被只有在海南才能见到。

从动物资源的角度来看，海南岛上的陆生脊椎动物种类非常丰富，约为 660 种，其中包括 43 种两栖动物以及 113 种爬行动物，还包括 78 种哺乳动物。1998 年 5 月，海南野生动物调查结果中，有 7 种动物属于国家一级保护动物，有 22 种动物属于省级保护动物。

从药材资源的角度来看，海南地区拥有非常丰富的药材资源，被称为"天然药库"，能够入药的植物种类约为 2000 种，具有非常显著的医学价值。

从旅游资源的角度来看，海南地区的旅游资源经过多年的开发，已经展现出相对明显的优势，海南岛的海岸线总长度约为 1944.3 公里，其中有

50%～60%属于沙岸，海水温度适中，适宜开展海岸旅游项目。度假区总数为21个，景区总数为31个，还包括216处资源丰富的名胜古迹。此外尚有大量原始森林、飞瀑、死火山口、温泉、溶洞等天然地貌可供研究，还有北宋大文豪苏东坡居琼遗址、金牛岭烈士陵园等。

（三）社会人文因素

社会人文情况与文化资源的丰富程度有较为紧密的联系，文化资源的价值潜力越大，包括文化娱乐贸易在内的服务贸易发展潜力也会越大。海南的外来人口占比较大，丰富了文化的多样性；本地民族、宗教和风土习俗都有一定的特殊性，因此具有较大的文化价值潜力。

族群分布方面，海南的重要世居少数群体有黎族、苗族、回族，而其他民族则大多在新中国成立后迁徙而来。最早在海南居住的民族是黎族。但在后续的发展过程中，苗族和回族人民开始进入海南岛内的保亭、白沙、陵水、昌江等地。根据第七次全国人口普查结果可以得知：在海南省内，汉族人口的总数约为849.8万人，占84.30%；少数民族人口总数约为158.3万人，占15.70%。与上一次全国人口普查结果相比，汉族人口增加了125.2万人，少数民族人口增加了15.8万人。

语言方面，因为海口民族丰富，除使用人口超500万人的海口话之外，尚有黎语、苗话、儋州语、临高语等9种主要使用的方言，民族特色较为明显。

社会习俗方面，海南少数民族分布较广，居住时间较长，形成了特色鲜明的民族文化。例如海南苗族与黎族每年共度农历三月三节，黎族人民拥有特殊歌舞、织黎锦、食竹筒饭等。这些特色习俗都为旅游服务业的开发提供了一定的思路。

二 经济因素

海南服务贸易发展的重要影响因素是海南经济与社会发展情况，主要包括市场经济体系、经济与社会发展水平、产业结构、劳务构成、物资资源情况、人民消费水平、社会消费结构等。整体经济环境越来越好，各服务行业发展基础越深厚，未来服务贸易发展的动力就越强，未来就越值得期待。事实证明，海南现阶段经济发展情况较为良好，各方面资源整体充足，即使受到疫情影响，也能为服务贸易发展提供支持作用。

（一）整体经济环境运行情况

2021 年，在疫情防控常态化和海南自由贸易港建设的双重作用下，海南经济恢复工作平稳进行，农业平稳增长，工业持续性恢复，服务业市场前景良好。

2022 年 1 月 19 日，海南省统计局对各地区经济发展情况进行统计后得出结果，2021 年全省的地区生产总值达到 6475.20 亿元，与上年相比增长了 11.2%，平均增速约为 7.3%。从产业的角度来看，第一产业的增加值增长幅度相对较小，增加了 1254.44 亿元，与上年相比增长 3.9%，两年平均增速达到 2.9%；工业的增加值增长额度为 1238.80 亿元，与上年相比提升了 6.0%，在过去两年的时间里，平均每年提升 2.4%；服务业的增加值增长幅度最为明显，共计增长了 3981.96 亿元，与上年相比增长 15.3%，在过去两年的时间里，平均每年提升 10.3%。在此之上，海南整体经济环境表现出以下特点。

农业生产延续平稳态势，主要农产品产量较快增长。省内的农林牧渔产业增加值达到 1300.67 亿元，与上年相比增长 4.1%。蔬菜产量约为 588.92 万吨，与上年相比增长 2.8%。水果商品的产量约为 525.52 万吨，与上年相比增长 6.0%。

工业恢复性增长，企业效益稳步提升。省内的工业发展相对显著，工业产值增长幅度约为 10.3%，装备制造业的增长幅度相对明显，工业企业的总利润达到 176.15 亿元，企业的盈利能力有了显著提升。

固定资产投资结构优化向好，产业投资快速增长。2021 年，固定资产的投资额度增长了 10.2%，在过去两年的时间里，平均每年增长 9.1%。其中，非房地产项目的增长幅度相对明显，约为 14.9%，固定资产的投资比重与上年相比提升了 2.6 个百分点。第一产业投资的增速相对较慢，约为 4.4%；工业的投资增长幅度相对较大，约为 15.2%，其中，制造业占比约为 84.2%；服务业的投资增长幅度约为 9.6%。

居民收入稳步增长。居民的人均平均可支配收入达到 30457 元，与上年相比增长了 9.1%；城镇居民的人均可支配收入相对较高，约为 40213 元，增长幅度约为 8.4%；农村居民的人均可支配收入达到 18076 元，增长幅度约为 11.0%。①

总体而言，目前海南省经济运行环境较为良好，经济稳定升温，对于服务贸易的发展有较强的促进作用。

（二）服务行业发展情况

根据 2021 年全省经济运行情况汇报，海南省服务业发展在疫情防控常态化时期整体表现良好，复工复产工作顺利进行，提升较为明显。

2021 年，海南省的服务业发展迅速，整体增速约为 15.3%，与经济的增长平均值相比，明显更高一些，餐饮业和酒店住宿业的增长幅度约为 10.8%。

现代服务业较快增长。2021 年 1～11 月，与互联网相关的企业平均利润增速达到 11.2%，信息技术服务企业的平均利润增速约为 20.1%，现代服务业与信息技术产业发展向好。

流通领域总体恢复。2021 年，全省的物流领域以及货物周转体系得到显著修复，流通总量约为 8786.53 亿吨/公里，与上年相比增长了 137.7%，水运的增长幅度相对较大，同比增长 140.3%。除此以外，海南省内的邮政业务总量也有明显的增长，增长幅度为 17.9%。

服务领域总投资增长较快。从信息传输以及信息技术服务的角度来看，相关业务的整体增速约为 37.9%，与科学研究和技术服务相关的业务增速约为 27.2%。

商业服务业发展迅速。2021 年，海南省内的社会消费品零售总额约为 2497.62 亿元，与上年相比，增长了 26.5%，在过去两年的时间里，平均每年提升 13.1%。消费升级趋势明显，人们的消费偏好出现了显著的变化。化妆品行业的整体增速约为 59.5%；珠宝类产品的销售情况有了显著的突破，整体增速约为 43.6%；新能源汽车产业的整体增速约为 99.6%。

---

① 《2021 年海南省经济运行情况》，海南省人民政府网站，2022 年 1 月 19 日，https://www.hainan.gov.cn/hainan/jdsj/202201/48d47d2bcbba45c2949625e41400f1c5.shtml。

在消费升级背景之下，高端消费产品的需求量取得了显著突破。

旅游服务市场恢复良好。海南省全年接待游客总人数达到 8100.43 万人次，与上年相比增长了 25.5%。旅游业的整体收入额达到 1384.34 亿元，与上年相比增长 58.6%，在过去两年的时间里，平均每年增长 14.4%。[①]

（三）社会资源配置情况

在社会基础资源配置方面，海南拥有的总体资源量较为充分，具备一定的基础，分资源类型看，部分资源配置情况有待进一步优化。

1. 人才资源

人才资源是经济运行的核心要素之一，尤其对于服务贸易来说，人是进行交易和创造价值的基本动力，因此人才资源的数量和质量对海南服务贸易发展尤为重要。

从海南省制定的《百万人才进海南的行动计划（2018—2025 年）》中期绩效评价结果可以看出，2018～2020 年，海南省人才资源的总数量占总人口数量的 20% 左右，人才的总数量即将达到 200 万人，超过了中国"十三五"末的标准。3 年内共引进人才 23.3 万人，同比增长 675%，海南已经初步建立了一个科学有效的人才政策体系。

海南在引进外籍人才方面做出更大努力。海南省于 2020 年 3～10 月举办了面向全世界的"扬帆启航'海'纳百川"人才聘请活动，收到了 50 多万份求职简历，而线上"云招聘"网络平台浏览量达到 550 万次以上，正式签约人数达 50559 人，签约率高达 81.88%，外籍人才引进政策已取得初步成效。

2. 国外资本

一个国家的经济与国际经济的交融程度主要体现在国际贸易、国际资本、国际生产以及国际政策、体制和技术水平等几个方面。交融程度越高，国际资源的配置范围就越广，而国际化的水平也相对越高；相反，交融程度越低，国际资源的配置范围就越小，国际化的水平也就越低。由此

[①] 《2021 年海南省经济运行情况》，海南省人民政府网站，2022 年 1 月 19 日，https://www.hainan.gov.cn/hainan/jdsj/202201/48d47d2bcbba45c2949625e41400f1c5.shtml。

可知，国际化的程度是由上述几个方面的多个指标决定的。[1] 从资金流通角度考虑，可以分析海南服务行业可利用的现金资源是否充足，尤其是流入外资，其数目能作为海南服务业国际化程度的判断标准之一。

根据海南省商务厅统计，2020 年与 2018 年相比，其实际使用的外资增长了 50% 以上，达到了 30 亿美元以上。海南省总计使用的外资比建省设立经济特区前 30 年实际使用外资的总数量增长了 1 倍以上，在这 3 年内，该省共计实际使用外资达到了 52 亿美元以上。

外资市场主体增长迅速。截至 2020 年，全国新建设了 1000 多家外资企业，同比增长了近 2 倍，继 2018 年以来，海南新设立的外资企业数量占全国的 67% 以上，受疫情影响较小。2020 年下半年，新建设的外资企业占全年总量的 80% 以上，新建了 850 多家外资企业。

服务业外资合作成效显著。目前，现代服务业的十大领域都完成了外商投资。截至 2021 年底，现代商务服务行业、批发行业、信息与软件技术服务行业的实际使用外资居于前 3 位；现代金融行业、水利和公共设备管理行业等也实现了使用外资的零的突破。其中现代商务服务行业设立了 900 多家外商投资企业，同比增长了 3 倍以上，达到了全年新设外资企业总数量的 90%；实际利用外商投资近 27 亿美元，同比也增长了 3 倍以上，即将达到全年总数额的 90%。2020 年，10 个以上的重点地区新建设了 430 多家外资企业，即将达到全省新设外资企业的一半；而实际利用外商投资 24 亿美元左右，即将达到全省实际利用外商投资总数额的 80%。

国外投资主体日益多元。3 年的时间里，海南收到了近 90 个地区的外来投资，有 5% 来自大洋洲地区，20% 来自美洲地区，22% 来自非洲地区，25% 来自欧洲地区，28% 来自亚洲地区。其中中国香港、中国台湾、美国、新加坡、加拿大分别位于投资企业来源地的前 5 名。从国家战略层面来看，合作伙伴覆盖全部 G20 国家、10 余个 RCEP 成员国和近一半共建"一带一路"国家。[2]

---

[1] 《对我国经济国际化程度的基本判断》，《经济研究参考》1998 年第 19 期。

[2] 《海南实际使用外资连续 3 年翻番》，海南省人民政府网站，2021 年 1 月 22 日，https://www.hainan.gov.cn/hainan/tingju/202101/15314ca450464dd699a913abaaf1df06.shtml。

3. 土地资源

土地资源是企业发展的必要资源之一，随着互联网技术应用更为普及，大量服务业务已经开始从线下转移到线上，但土地的稀缺性仍是服务业企业发展必须解决的难题之一。

开发投资潜力初显。据海南统计局报告，2020 年全省房地产开发投资达到 1341.7 亿元，同比增长 0.4%。其中办公楼投资和商业营业用房投资增幅最大，分别达到了 105.5% 和 21.9%，但二者的基数占比还相对较小，分别为 5.3% 和 12.4%；住宅投资仍占主要地位，达到了 70.5%。

交易热度持续升高。根据海南省公共资源交易平台统计数据，2018 ～ 2020 年，住宅类土地交易量连续 3 年持续下降，商务/商业用地和工业用地交易量成为市场的主要部分（见图 1）。

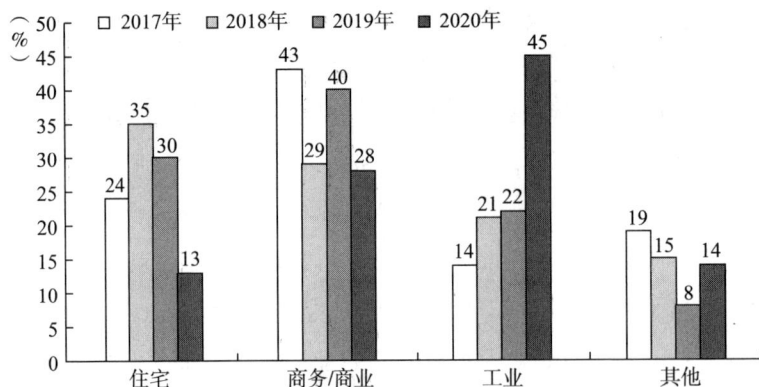

图 1　2017 ～ 2020 年海南土地交易用地性质占比
资料来源：海南省公共资源交易平台。

文化服务领域空间规划受到更多重视。在 2021 年 3 月，海南省颁布了《海南省国土空间规划（2020—2035）》，该省将构建国际旅行消费中心和国家重大政策服务保障区的"三区一中心"规划在内，对于服务业和相关行业将给予更多空间规划安排，包括但不限于以下几个方面：建立城市交通枢纽，打造现代城市的运输体系，形成"岛—陆—礁"城市快捷互联网；在 10 个以上的重点地区内推进旅游行业、高新技术产业以及现代服务行业的发展；将海口、三亚作为重点布局的省级文化设施建设中心，每个市（县、区）必须设立公立图书馆、文化馆、博物馆至少各 1 处。该规划将为海南文化服务及相关行业争取更多土地资源和发展空间。

4. 物流运输

近几年，海南全省物流运输服务业发展较快，基本建成完整的岛内外海陆空运输体系，为货物运输服务贸易、旅游运输服务贸易及其他领域服务贸易发展创造了条件。

2019 年海南省的货运量以营业性为主，全省货运量在上年的基础上增长了 13.5%，共计 23795 万吨。货物周转方面，在上年的基础上增长了 95.9%，共计 1682 亿吨。公路运输方面，货运量在上年的基础上增长了 9.9%，共计 13242 万吨。水路运输方面，货运量和上年相比增长了 18.3%，共计 10552 万吨。远洋运输方面，和上年相比，运输量增长了 500%。远洋运输将带动对外贸易量进一步增长。

相较货运而言，海南客运量则呈现萎缩态势。和 2018 年相比，2019 年营业性客运量在公路水路方面以 2.8% 的下降率完成了 11102 万人次的运输量；旅客方面以 0.9% 的下降率完成了 77.7 亿公里的周转量；公路方面以 2.8% 的下降率完成了 9366 万人次的运输量；水路方面以 2.9% 的下降率完成了 1736 万人次的运输量；另外，沿海和内河分别以 2.2%、11.8% 的下降率完成了 1618 万人次和 118 万人次的运输量。[1] 客运量的减少，会对以旅游业为首的部分服务业产生负面影响，同时是行业发展疲软的信号之一。

航空运输方面，2018 年海南全省客运吞吐量排全国第 11 位，与广东、上海、北京等主要地区差距明显。2020 年，疫情防控呈现常态化，海南三大国际机场（海口美兰、三亚凤凰、琼海博鳌）逐渐恢复运营，以 24 万架次的起降完成 3247 万人次的旅客运输量和 40.4 万吨的货邮吞吐量，属于疫情防控常态化时期生产运输比较高的指标。就三亚凤凰机场而言，客流量在 2020 年 8 ~ 12 月一直呈现增长趋势，其中 9 月和上年相比，吞吐的旅客量增长率为 16.1%，和其他千万级机场的恢复相比，其速度是

---

① 《海南省交通运输厅 2019 年度交通运输经济运行分析报告》，海南省交通运输厅网站，2020 年 3 月 31 日，http://jt.hainan.gov.cn/xxgk/0200/0202/202003/t20200331_2769064.html。

最快的。①

从政策角度看，海南省政府对于全省交通建设保持高度重视。2021 年 1 月 14 日，针对 2021 年交通发展重点方面的选择，海南省交通运输厅发布了相关公告，公告中对全省未来交通建设进行全盘规划，重点对自贸区交通枢纽方案进行详细解读，要求在深化交通运输供给侧改革的同时，加强运输领域的国际沟通能力，充分利用航运优势，成为连接太平洋和印度洋的桥梁。

三　政策因素

中央对于海南的政策支持，是促进海南服务贸易发展的动力，并为其发展指明了正确方向。中央政府相当重视海南对外贸易对全国总体经济建设的示范性作用，一方面大力推动海南积极开放门户，与世界接轨；另一方面充分给予其自由发展的空间，推动其利用地方政府和市场的协调作用自我实践。

（一）自由贸易试验区政策

关于海南自由贸易试验区的发展，国务院在 2018 年 10 月 16 日颁发了相关发展方案，并明确规定海南在建设自由贸易试验区的过程中，要把目标放在太平洋和印度洋，以供给侧结构性改革为主线，争取在短时间内形成具备法治和国际特征以及便利化的营商环境和公平开放、统一高效的市场环境，对海南岛以旅游、现代服务和高新技术为主的产业进行科学布局。方案相当重视海南现代服务业的建设，明确强调通过大力发展现代服务业和加强国际之间的科技合作来实现海南国际航运和高端旅游服务等能力的提升。此外，方案还针对相关机构和行政体制提出了深化改革的要求，同时在知识产权方面，提出了保护和运用体系进一步完善的要求。另外，还重视营商环境国际化的形成、贸易风险防控体系的建立健全等，对海南服务贸易产生较强的推动作用。

---

① 《海南岛内三大机场去年运输旅客 3247 万人次》，"金台资讯"百家号，2021 年 1 月 4 日，https://baijiahao.baidu.com/s? id = 1687913073151771654&wfr = spider&for = pc。

（二）海南自由贸易港政策

针对海南自由贸易港的建设，中国于2020年6月1日颁发了相关的建设方案。该方案强调了海南的经济地位，要求海南在国际高水平经贸规则的基础上勇于创新、大胆尝试，通过建立科学合理的政策体系、竞争力和影响力比较大的海关监管机构来实现海南自由贸易港的自由化和便利化，让其成为全国新时代对外开放的主要引领者。其中，在产业发展层面，在夯实实体经济的基础上高度重视旅游、现代服务和高新科技等主产业的大力发展，实现产业竞争力的提升。自贸港建设方案在自贸区建设方案的基础上，进一步放开现代服务业发展，为其对接国际、推动全产业链走向全球起到至关重要的作用。

（三）服务业扩大开放政策

2021年4月21日，商务部印发《海南省服务业扩大开放综合试点总体方案》，要求紧紧围绕国家赋予海南建设全面深化改革开放试验区、国家生态文明试验区、国际旅游消费中心和国家重大战略服务保障区的发展定位，进一步推进服务业改革，加快发展现代服务业，塑造国际合作和竞争新优势，力图通过放宽市场准入、改革监管模式、优化市场环境，努力形成市场更加开放、制度更加规范、监管更加有效、环境更加优良的服务业扩大开放新格局。该方案聚焦海南服务业市场，通过调节不同服务业的市场垄断与竞争程度，以及完善市场规则、优化营商环境、加强数字保护、简政放权等，深化海南服务业改革创新，创造更优越的海南现代服务业市场。该方案的落实将通过建立更加完善的现代服务业运行体系，为海南服务贸易提供坚实的经济和制度保障。

四　国际因素

海南与世界各国的经济与社会联系，是影响海南对外服务贸易发展空间和未来发展方向的重要因素。海南服务业必将迈向国际，时刻盯紧国际市场、向国际化方向看齐是其必要工作。

（一）产品进出口

根据中国海口海关统计，2020年，受新冠肺炎疫情影响，海南对外贸

易总体态势良好，但出口额明显下滑。海南全年在上年的基础上以 3.0%
的增长率实现了 933.0 亿元的进出口额；其中出口额共计 276.4 亿元，同
比减少 19.6%；进口额共计 656.6 亿元，同比增长 16.8%；贸易逆差持续
增大，已经达到 380.2 亿元。

分月份来看，海南对外贸易在上半年遇冷，受客观情况影响较大，但
复工复产速度较快，国际资源需求量在下半年明显攀升。另外，2020 年全
年出口情况都不够乐观，尤其是下半年，贸易额出现了大幅度下滑，仅在
12 月由负转正（见图 2）。

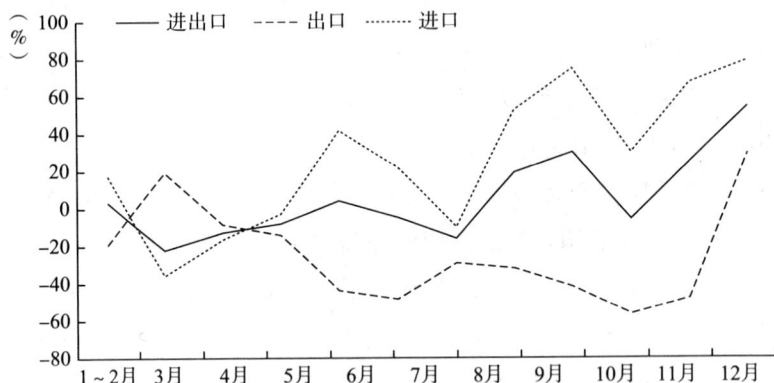

图 2　2020 年 1～12 月海南进出口贸易额同比变化幅度

资料来源：中华人民共和国海口海关。

按贸易地区划分，亚洲国家仍然是海南对外贸易的主要合作地区，全
年进出口贸易额达到了 436.2 亿元，同比减少 1.4%，占全部进出口贸易
额的 46.8%，基本维持不变；欧洲地区为第二大贸易地区，进出口贸易额
为 262.1 亿元，占比为 28.1%，同比增加 64.2%，增幅较大。按国际组织
划分，海南与 APEC 成员的贸易总量依旧保持最大比重，进出口贸易额为
588.4 亿元，同比减少 10.7%；与 RCEP 成员国和共建"一带一路"东南
亚 11 国的进出口贸易额分别位居第二和第三，分别为 394.9 亿元和 236.7
亿元，分别同比减少 2.1% 和 14.8%。

按企业性质划分，一方面，民营企业对外贸易情况良好，全年进出口
贸易额为 315.0 亿元，同比增加 61.0%，超过国有企业成为第一大类贸易
主体；后者进出口贸易额为 312.1 亿元，同比增长 54.6%，涨势同样惊人。

但另一方面，外商投资企业运营情况明显不乐观，外商独资企业进出口贸易额为 132.6 亿元，同比减少 38.8%；中外合资进出口企业贸易额为 165.4 亿元，同比减少 41.2%。

按产业划分，部分产业受疫情冲击较大，旅游业为典型代表。相关数据显示，2020 年，海南省旅游产业的收入高达 11192.00 万美元，同比减少 88.5%；接待入境过夜游客（包括港澳台地区）22.40 万人次，同比减少 83.7%。分城市来看，海口、三亚两市作为主要旅游城市，全年过夜游客总数分别同比减少 23.3% 和 24.1%，入境过夜游客数分别同比减少 86.8% 和 82.9%，在贸易总量明显下滑的同时，贸易结构出现剧烈变动，国内旅游业务成为主要收入来源。与旅游业相反，海南商业服务业则借势发展。通过中国海口海关统计的相关数据进行分析发现，海南离岛 2020 年的免税购物实际人次在上年的基础上以 19.2% 的增长率达到了 448.4 万人次；而免税购物件数和上年相比以 87.4% 的增长率达到了 410.0 万件，总金额达 274.8 亿元，同比增长 103.7%。疫情防控常态化下，商业服务业发展成果更加喜人，以海南 2021 年 5 月举办的中国国际消费品博览会来讲，该博览会不仅是我国举办的第一届消费方面的博览会，而且参加国家和地区共计 70 多个。参展企业的数量很多，共计 1505 家，参展的产品数量高达 2628 个，采购商和专业的参与者超过了 3 万人次。在展览过程中，采取线上和线下两种交易方式，达成交易额 6800 万元，卖出去的产品数量超过 96 万件。其中线下参加人数高达 3 万多人次，人们进场的次数高达 23 万多人次；而线上直播间观看人数超过 1600 万人次，此次博览会取得的成果远超预期。

（二）资金流动

近年来，随着海南自贸港区建设工作逐步落实，对外交流项目逐渐增加，海南省与其他国家和地区的资金往来也越发频繁，这对于省内资金循环有重要作用。

从外资整体利用情况来看，根据《海南统计年鉴 2020》，2019 年海南实际签订项目 343 个。其中外商直接投资项目 338 个，同比增幅均超过 100%；合同外资额为 128.2 亿美元，同比增长 148.9%，与 2017 年基本持平，其中外商直接投资占比超过 99%；实际利用外资为 15.2 亿美元，同比增长 85.7%，但与 2012～2017 年相比均有明显差距。

从外资利用方式来看，2019 年海南共签订中外合资企业项目 120 个，合同外资额 46.6 亿美元，实际利用外资 6.0 亿美元；外商独资企业项目 213 个，合同外资额 76.0 亿美元，实际利用外资 7.7 亿美元。这两类企业类型是海南外资投入的主要来源。

分行业看，2019 年签订的 338 个外商直接投资项目中，批发和零售业数量最多，达到 74 个；排在第 2 位的是租赁和商务服务两大行业，数量共计 64 个；排在第 3 位的是互联网相关行业，数量达到 32 个；而文化等和生活有关的娱教业的项目数量最少，为 19 个。合同外资额分布中，上述排名中居于第 2 位的两大行业占比最高，达到了 38.0%；科研技术等行业占比相对较少，为 19.4%；建筑业与制造业的占比分别为 8.1% 和 8.2%；文化、体育和娱乐业占比为 2.2%。

分地区看，在所有非大陆投资商中，中国香港占据绝大部分份额。以 2019 年为例，338 个外资项目中，香港共有 152 个，占比接近一半；其他外商直接投资额为 14.7 亿美元，占比超过 96.7%。欧洲国家投资额度波动较为明显，2015 年曾经达到峰值 1.5 亿美元，但 2019 年只有 32 万美元；美国投资出现显著增长趋势，2014 年以来，除了 2019 年投资额达到 660 万美元以外，其他年份均不超过 40 万美元。①

（三）对外贸易持续恢复

由于疫情，2020 年海南对外服务贸易受到较大程度的影响，尤其是旅游服务、文化娱乐、医疗康养、体育服务等，市场稳定性受到一定打击。2021 年，恢复工作持续进行，取得了一定的成效，海南与国际的服务贸易渠道陆续恢复。以旅游服务贸易为例，各国入境游客数量不再呈现全面下降的趋势，部分国家出现了明显反弹（见表 2）。

---

① 《海南统计年鉴 2020》，海南省人民政府网站，https://www.hainan.gov.cn/hainan/tjnj/202101/d403bfee32fe4f0db269f186dc7ec88a.shtml。

表2　2021年海南省旅游饭店接待外国游客情况

单位：人次，%

国家	累计变动	同比变动
日本	5858	35.5
韩国	9121	−18.1
印度尼西亚	418	−92.1
马来西亚	1943	−42.7
菲律宾	519	−20.9
新加坡	2720	−21.1
泰国	757	−44.3
英国	8334	40.4
法国	7467	49.0
德国	11912	33.7
俄罗斯	6417	−81.7
美国	21240	34.7
加拿大	7588	56.8
澳大利亚	4318	21.0

资料来源：海南省旅游和文化广电体育厅。

另外，十三届全国人大五次会议《政府工作报告》指出，2021年，海南离岛免税店全年总销售额度在上年的基础上增长了84%，共计601.7亿元；为了确保数据研究和评价的真实性，海南省建立了重点试验室，由博鳌乐城国际医疗旅游先行区负责，其中特许药械和特药险受到的影响最明显，前者增长了58.5%，购买后者的人数高达800多万人次，医疗旅游方面增长的人数占比为90.6%；在引进知名高校的过程中，陵水黎安国际教育创新试验区负主要责任，以签约方式引进的高校共计22所，分布在省内。商业服务、医疗服务和教育服务也成为带动海南对外服务进出口的新增长点，海南服务贸易与国际的商业联系将更加密切。

总　结

综上所述，海南服务贸易的发展，在一定程度上拥有较为优越的条件，这既是支撑海南服务贸易走到当今阶段的基础，也是决定其未来发展方向的根本依据。

海南的服务贸易发展优势，主要表现在四个方面：第一，由于地理位置和地域环境等因素，海南在国家发展战略中具有较为特殊的地位，需要执行不同于内地其他省份的发展方案；第二，海南基础性资源缺乏，大规模发展农业和工业的条件都不充分，决定了其必须通过服务业与服务贸易获得更多发展机遇；第三，海南自身的社会条件和劳动条件不足，但其与内地联系紧密，在资源流动过程中容易获得丰富优质的人力资源，这对于服务业发展意义重大；第四，海南国际化趋势较为明显，货物贸易和服务贸易进出口形势较为明朗，两者的互补性也逐步增强，借助 RCEP 签订和海南自由贸易港建设，全岛服务贸易将会迎来新的契机。

参考文献

王海飞：《海南省现代服务业发展现状及影响因素分析》，《品牌研究》2020 年第 14 期。

谢端纯：《海南自由贸易港金融政策框架与实践》，《海南金融》2022 年第 1 期。

海南国际医学港科技创新平台应用项目课题组：《海南国际医学港的初步构想与政策建议》，《今日海南》2021 年第 9 期。

海南服务贸易发展的优势与挑战分析

程相宾　方　朔[*]

摘　要： 服务业作为海南省经济贡献能力最强的行业，一方面影响着全省经济走向，另一方面推动构建海南对外贸易的新格局。研究海南服务贸易的优势与挑战，可为正确引导海南服务业与服务贸易发展理清思路。本文通过分析现有海南数据，总结海南服务贸易发展的特征，指出现阶段海南服务贸易具有重要岛内优势和国家优势，但同时面临发展失衡、治理漏洞等风险。以此为基础，本文对今后海南进一步推动服务贸易发展的总思路提出明确发展方向、加强区域平衡和协调发展、打造海南品牌等建设性意见。

关键词： 服务贸易　对外贸易　服务业　海南

海南因其独特的地理位置优势，服务业与服务贸易的发展条件相对于工业和农业更为优越，在政府多年的扶持下，服务市场已经逐步成熟，形成了良好的发展环境。众多学者针对海南服务贸易发展的现状特征提出了自己的思考。王崴等利用 SWOT 模型对海南服务业进行了较为全面的分析，认为其发展仍处于较低水平。[①] 詹联科等从国内国际双循环角度分析

---

[*]　程相宾，经济学博士，北京第二外国语学院经济学院副教授，研究领域为国际文化贸易、公共支出、宏观金融；方朔，北京第二外国语学院中国服务贸易研究院 2020 级硕士研究生，研究领域为国际文化贸易。

① 王崴、徐超静：《基于 SWOT 模型的海南省服务业发展水平研究》，《广西质量监督导报》2021 年第 3 期。

海南自贸港离岸贸易领域还需进行深入创新。[①] 杨林等利用贸易竞争优势指数进行分析，认为海南服务贸易国际竞争力还较弱。[②] 本文在前人研究基础上，进一步分析海南服务贸易的优势与面临的挑战，最后提出对策建议，为海南服务贸易发展提供新思路。

一　海南服务贸易发展的优势

2018 年 10 月 16 日，海南自由贸易试验区正式成立；2020 年 6 月 1 日，中共中央、国务院印发了《海南自由贸易港建设总体方案》，开始正式建设海南自由贸易港，为服务贸易发展创造更多有利条件；根据"十四五"规划，2025 年海南将实行封关运作，重点发展海南对外服务贸易。海南服务贸易发展至今日，已经形成了诸多优势，能支持产业进一步优化建设。

（一）地理环境优势

海南作为中国最南端的省份，四面环海，拥有便利的海上交通航线，舒适的气候环境，以及与众不同的岛内文化，与国内其他地区相比拥有独特的发展优势。

自然资源开发潜力较大。海南地处热带地区，形成了特殊的生态系统，包括自然风景、水产养殖、林业资源、农业生产等，并且经过多年的人工环境整治，已经比较适宜长期居住。自然资源丰富且特殊，可以带动海南休闲旅游服务业、医疗康养服务业、现代体育服务业和运输服务业发展，具有较强的开发价值。

周边交通特殊且便利。就国内而言，海南与广东、福建两省以及港澳台地区相距较近，已有深水港口较多，水路运输业务较为成熟，现阶段海南水路运输的主要商品为农产品、工业用品和机器设备等。目前海南机场

---

① 詹联科、夏锋：《国内国际双循环新格局下海南自由贸易港离岸贸易发展研究》，《经济与管理评论》2021 年第 3 期。

② 杨林、沈春蕾：《自贸区建设背景下海南提升服务贸易国际竞争力的路径》，《中国海洋经济》2020 年第 1 期。

总吞吐量在全国各省份中排名不算靠前，但主要机场的客运量已经位于全国前列，海上交通业务还有进一步开发的潜力。

地理位置培育人文特色。海南少数民族数量占比不小，入岛时间较长，已经形成独有的民族文化体系，结合特殊的环境优势，值得休闲旅游服务业深入挖掘。从社会风气角度看，海南各城市已经长期落实门户开放政策，形成了较为开放的社会风气，对吸引高质量人才有显著促进作用。

（二）产业基础优势

海南服务贸易发展同样具备一定的产业基础，这些基础源自海南整体工业现代化发展以及多年服务业发展形成的良性循环。

全省经济持续向好。根据海南统计年鉴，近年来海南经济发展总体持续向好，即使于2020年受到新冠肺炎疫情影响，疫情防控常态化后也快速实现了复工复产，在短时间内恢复至往年水平。根据地区生产总值统一核算结果，2020年全省地区生产总值5532.39亿元，按不变价格计算，比上年增长3.5%。分产业看，第一产业增加值为1135.98亿元，增长2.0%；第二产业增加值为1055.26亿元，下降1.2%；第三产业增加值为3341.15亿元，增长5.7%。服务业的经济贡献能力更强。

营商环境持续优化。在政府多年持续招商引资的基础上，外资企业大量入驻，海南服务贸易市场的供给能力持续增强，产品质量逐步提高；市场需求增长迅速，企业数量同步增加，进一步推动产品创新和市场改革。同时，市场竞争压力较小，国有企业数量较少，民营企业成为市场主体。海南服务贸易市场的规则更加清晰，导向性更加明确，自由便利水平稳步提高，企业自我发挥的优势更加明显。

国际竞争力逐步提高。海南服务业发展，促进服务贸易额增加，目前已经形成以休闲旅游服务业、科技服务业、商业服务业为主的出口体系，构成较强的出口竞争优势。其中休闲旅游服务业、医疗与康养服务业和文化娱乐服务业对国内游客吸引力较强，对内形成了较强的品牌效应。至于金融服务业和物流运输业，海南则形成了一定量的贸易逆差，前者通过吸引外企投资加强沟通，后者则主要进口支持服务业发展的必要资源。另外，近年来海南商务服务业发展迅速，随着离岛免税相关政策的出台，海南商品服务供给能力越来越强，将海南打造成奢侈品购物消费新天堂的计划逐步落实。

人才引进政策初见成效。海南服务贸易发展需要大量人才，由于本地资源不足，海南省政府于 2018 年发布《百万人才进海南行动计划（2018—2025 年)》，通过提高人才待遇、给予大额补贴等方式大力吸引外地人才，填补服务业及其他支柱产业的人才空缺。目前相关人才引进政策已经初见成效，在 3 年内吸收了大量人力资源。国家发改委指出，2020 年 6 月 1 日至 11 月 30 日，海南新增市场主体 19.1 万户，市场主体总量达到 115.9 万户，其中新设企业同比增长 169.5%；引进人才超过 10.3 万人，相当于过去两年引进人才的总和。

科技创新能力稳步提升。在 3 年内出台的相关政府文件中，海南越来越重视提高服务贸易领域创新能力，并通过各种途径促进部门与各级市场主体进行创新改革。主要表现为产品及服务的创新设计、企业运营模式创新、金融交易市场改革创新、市场自我治理能力创新、政府监管能力创新等。

（三）国家战略优势

国家战略优势是指从全国层面考虑，一个地区所具备的战略优势。早在 1988 年，海南已经成为国内最早的经济特区，全面加强经济建设和对外贸易能力，战略地位关键；"一带一路"倡议提出以来，海南的桥头堡作用更加不可替代。海南经济建设越成熟，对外贸易能力越强，为国家发展和外交政策提供的战略支撑越明显。

2018 年，国务院印发《中国（海南）自由贸易试验区总体方案》，对海南自贸区的建设路径进行了整体规划，提出应重点发展现代服务业，使其成为海南服务贸易的重要战略产业。该方案为海南留出了相当大的政策调整空间，目的在于推动海南结合实际情况与规划要求，寻找压力测试节点，寻找更具独特性的发展路径，探索出海南模式。

2020 年 6 月，中共中央、国务院印发了《海南自由贸易港建设总体方案》，推动建设海南自由贸易港，为海南服务贸易发展提供更多的创新空间。中央要求海南在 2025 年以前进行封关运作，实行"一线"放开、"二线"管住的制度,这意味着海南将成为独立于全国的贸易保税区。届时,境外商品与资本将会更加频繁地流入海南,海南也将以更加开放的姿态迎接世界,而作为全省最具潜力的行业,服务贸易也将获得更多创新发展的机遇,面临更加复杂的国际环境。

2021年1月,《海南省国民经济和社会发展第十四个五年规划和二〇三五年远景目标纲要》正式出台。在"十四五"规划的基础上,经过不断完善修改,政府对服务贸易提出了新的要求:打造国际服务贸易领军企业,打造海南服务品牌;依托重点产业园区发展特色数字贸易,加快传统服务贸易数字化转型;做好RCEP、CPTPP的试验田;探索琼港澳服务贸易自由化等。这些新要求正是针对当前阶段海南服务贸易的薄弱环节提出的,如果能严格落实,将会产生巨大的推动作用。

2021年12月,以"蓝色经济与可持续发展"为主题的共建蓝色经济合作伙伴关系国际研讨会在海南海口召开。海南作为国内为数不多的环海岛屿,发展蓝色经济的潜力巨大。会议指出,在全球抗疫和RCEP的背景下,中国与东盟国家共同发展蓝色经济的进程正面临全新契机,如果海南能率先与东盟各国实现蓝色经济共治共建共享,将对亚太地区服务业的深入合作交流、区域性国际服务市场的打造产生深远的影响。

(四)国际对接优势

国际对接优势是指地区与其他国家紧密连接的优势,通过密切的贸易往来,可以实现跨国境双赢。对周边国家来说,与海南进行贸易往来可以获得众多利益;对海南来说,吸引周边国家前来贸易就是其国际对接优势。

市场环境优势。改革开放初期,海南发展较为落后,人口基数小,市场供需不足,即使地理条件优越,也不具备大规模开展对外贸易的条件。随着战略地位不断提升,海南已成为不同于内地的巨大国际市场,为海南服务贸易发展提供了巨大的发展空间。另外,随着海南省政府的市场监管和治理能力逐步加强,市场规则逐渐清晰,基础设施建设和科技发展水平不断提高,海南的营商环境已经较为优越;目前海南服务贸易市场竞争压力不大,垄断情况不明显,对外国企业直接投资和交易起到了较大的推动作用。

制度开放优势。海南服务贸易获得了政府的全力支持，政策陆续落实已经形成了明显的制度优势，对于外国企业来说，是重要的投资和贸易利好。制度优势主要表现在以下方面：产品进口关税极低，在海南封关运作时期，还有进一步降低的空间；在外资引进政策的推动下，投资门槛降低，外企自主进入的机会更多，还可能享受各种优惠政策；资金、人力等各类资源流动自由便利化，运营成本全面降低；政府牵头的投资项目、国际交流展会等，主动寻求外企加入，增加外企进入海南市场的机会。

资本流动优势。在前列所有优势的基础上，海南服务贸易市场已经形成国际化发展的局面，大量外资涌入、大批外资企业落户、众多外籍人才上岗，为海南打开了国际视野，对接国际能力更强，立体化关系网络更为成熟。在这种情况下，外国企业在海南可以获得明显的经济优势，从而获得更多进行企业交流、寻求国际合作的机遇。基于境外资本流动优势的扩大，海南服务贸易正逐渐形成良性循环。

二　海南服务贸易发展的挑战

除海南具备的独特发展优势外，现阶段海南服务贸易仍面临一系列难题和挑战，在深化海南服务贸易发展过程中需加以重视。

（一）产业联动效果不显著

虽然海南服务贸易已经成为全岛的支柱型产业和战略支撑产业，经济贡献能力远超农业和工业，但是行业联动效应不明显，以服务业为核心的全产业发展格局还有待优化。产业链上游，目前海南机器设备、人才引进、资金引入等都较为依赖进口，本地资源难以支撑服务贸易要素市场需求；产业链下游，以旅游服务业、医疗康养服务业和商业服务业为核心的现代服务体已经基本构建完成，而金融服务业、教育服务业等还未完全融入该体系，协调发展的影响力还不够明显。这种缺陷进一步影响海南经济发展全局的建设进程，因为目前海南各地区发展失衡情况较为明显，除三亚和海口外，其余地区新基建工程进度较为落后，服务业发展基础不足。如果不能形成产业链联动效应来为这些地区提供发展出路，发展失衡现象将会进一步加剧。

（二）政策评价体系仍需完善

海南服务贸易快速发展已经经历了十余年，而以《中国（海南）自由贸易试验区总方案》为基本依据的服务贸易扶持政策体系，落地时间只有三四年，《海南省"十四五"贸易发展规划（征求意见稿）》的出台时间更短。这些新一批政策的试点，短期内已经初见成效，但从长期来看，如何正确评估其实施状况，还需要慎重考虑。

针对各行业提出的具体政策效果与落实情况，目前海南还不能做到全面评估。对于人才引进政策，海南缺乏对人才流动情况的后续追踪，如外籍人才的留岛工作时长、人才市场是否出现供求不匹配现象；对于教育行业发展政策，其对师资情况、教材选择等细节问题没有做出明确规定；对于政府牵头的投资项目的完成情况没有进行完整评估。如果政府不进一步改进政策评价体系，不能进行全盘评估，则可能会出现各种风险隐患，导致政策实施效果低于预期。

（三）企业竞争力难以凸显

海南服务贸易发展较为成功，拥有较强的国内外竞争力和较大的潜力。但从产业本身来看，海南缺少影响力较大的服务贸易企业，缺乏拥有强大竞争力的国际性品牌，虽然产业集群的竞争力可观，但品牌优势并不突出。对于服务贸易未来走向国际的目标来说，目前还缺乏实现的基础。海南本土服务企业体量大多较小，在政府持续招商引资的情况下，与外资企业或内地企业相比优势更加难以显现。

（四）市场监管存在隐患

一方面，海南省政府大力推动服务贸易领域自由便利化，包括资金流动自由便利化、人员流动自由便利化、数据流动自由便利化等，目前服务市场已经较为开放，向着预期的方向发展。但另一方面，自由便利化会对海南省政府的工作能力提出更高要求，主要集中在市场和社会治理方面。资源和资金大规模自由流动可能会突破市场自我调节能力的上限，引起市场交易混乱，并可能引起资本外逃，从而加大监管和保密工作难度；人员自由流动也可能加重各地人事处理压力。对于这一系列挑战，海南省政府已经提出完善市场监管规则、改革市场监管机制、创新社会治理等政策，但目前实施时间较短，政策效果还难以评估。

（五）"双循环"格局还未形成

海南目前还未以服务贸易为基础，形成较为健全的国内国际双循环新发展格局。从国内角度看，海南商品和服务流出大多是在休闲旅游服务业和商业服务业领域，而商品流入则主要为农产品、工业产品，产品较为单一，对外依赖性较强；地区协同发展方面，海南虽与广东、福建及东北地区有较密切的经济往来，但贸易覆盖面过窄，除基础资源和资金流动外，并未形成更深入的地区协同机制，如产业联动、科技融合、政策协调等。从国际视角看，海南对外服务贸易整体出口水平较高，但并未形成良好的资源双向流动，主要体现在教育服务贸易、金融服务贸易、商业服务贸易、文化服务贸易等领域。以东盟国家为例，海南对这些国家形成了较大的教育服务顺差，进口额很小。资源流动的失衡将可能会对海南本地市场和企业的发展产生长期影响，海南本地市场和企业未来可能面临市场发展活力不足的风险。

三 海南服务贸易发展的对策建议

针对海南服务贸易发展具有的优势与面临的挑战，在此提出几点建议，为海南省未来的政策制定提供思路。

（一）明确发展方向

海南在加强服务业对外贸易能力、推动海南门户开放、建设全球性资源集中地的过程中，应始终明确海南的发展方向和服务贸易的发展方向，坚持海南自贸区建设和自贸港建设的总方针，将国家利益和海南利益放在第一位。海南对外开放的目的是推动海南社会主义现代化建设，为全面深化改革开放寻找可行性路径，因此应重点培育旅游服务业、现代服务业等，培育服务贸易国际市场，大力引进外资和吸收资源。海南在未来设计政策时，应注意把控对外开放的力度，注意开放与监管相协调，以国际力量带动本地经济发展，为本地企业提供发展的新路径，形成国内国际资源自由流动、信息充分共享、利益共存的经济形态。

（二）依托资源优势

海南服务贸易发展需要以本地优势为基础，进一步彰显海南特色，在对外贸易方面形成进出口双向突破，实现国际经济外循环。海南应重点扶持具有潜力的本地服务企业，为其提供更大的资源利用空间、更多的商业运作可操作性、更多可把握的商业机遇，并通过市场改革、技术创新、优惠政策制定等手段，推动其产品对外出口；利用政府职能为其开辟国际市场，拓宽海外融资渠道，提供国际交流合作机遇。同时，进一步改进完善现有制度，凸显自由贸易便利化特色。注意降低外资企业和本地企业的投资门槛，扩大企业自由运作的空间。进一步优化跨境负面清单，加强出口扶持，提高本地企业的出口能力。

（三）完善评估机制

海南应注意提高政策的有效性，保证出台的政策能正确指引服务贸易发展，并能确保政策顺利实施。政府应根据海南自贸区建设方案、自贸港建设方案以及"十四五"规划，结合海南自身特点，结合 RCEP 具体条款和蓝色经济发展规划，时刻注意调整政策方向，为服务贸易发展提供最优制度设计和引导方案，并不断完善政策评估机制。政府应进一步明确各部门职能，在各级单位建立政策效果追踪评价体系，对已经实施的具体政策进行创新评价。在获得足够的反馈数据后，要及时进行政策评价，为新一轮政策的出台和落实提供依据。

（四）平衡各领域发展

海南应注意各领域的平衡发展，充分利用珠江地区和港澳台地区的资源，发挥地区协同发展的优越性，挖掘岛内自然资源价值，实现南海地区协同发展。海南应不断优化以服务业为核心的产业联动发展体系，通过服务贸易带动周边产业同步发展，提高资源供给能力，并提高服务业创新能力。发挥本地资源优势，创造更大的资源利用空间。同时，加大欠发达地区建设力度，以基础设施建设、人口结构调整为基础，通过设立各级投资项目、扩大招商引资范围等途径，提高欠发达地区的建设水平，推动地区性产业联动，实现全省经济协调发展。

参考文献

李曾遥：《海南与"一带一路"沿线国家贸易量下降的原因探究》，《现代商业》
　　2021 年第 9 期。

杨凤莲、徐超静：《自贸港背景下海南服务业与服务贸易协同发展研究》，《广西
　　质量监督导报》2021 年第 2 期。

海南自由贸易港现代服务贸易发展趋势研究

于　涛　李婕臣希*

摘　要： 国家高度重视服务业的发展，海南作为岛屿经济体，在发展服务业方面得到了中共中央、国务院前所未有的政策支持。此外，海南正在形成特色突出、体系完整、国际竞争力较强的现代产业体系。基于政策优势、产业基础与发展趋势，海南实现以贸易投资自由化便利化、创新创业环境达到国际先进水平、成为"现代服务业的发展天堂"为特征的发展目标指日可待。

关键词： 现代服务贸易　技术创新　外资引进

引　言

服务业包括两类，分别是现代服务业和传统服务业，二者定义不同。传统服务业在生活中随处可见，我们的饮食、交通、出游、消费等都在传统服务业的范畴内。从广义上看，现代服务业分为四类，包括基础服务、生产和市场服务、个人消费服务、公共服务。从狭义上看，根据信息技术所处的定位及发挥的作用，可将现代服务业分类两类。一类以信息技术为

* 于涛，海南自由贸易港研究中心主任、经济师，研究领域为自由贸易港政策和制度体系、海洋经济、营商环境和招商引资等；李婕臣希，北京第二外国语学院中国服务贸易研究院 2020 级硕士研究生，研究领域为国际文化贸易。

核心，如计算机和软件服务、移动通信服务、信息咨询服务等；另一类以信息技术为工具，如现代金融业、房地产业、中介服务业等。2012 年，国家科技部发布《现代服务业科技发展"十二五"专项规划》，社会对现代服务业的重视程度提高，现代服务业在市场中开始占有重要地位，政府、企业、消费者三足鼎立，共同推动现代服务业发展。

海南自贸区从创立伊始，就得到国家、当地政府和人民的重视。特别是在全球经济下行压力与经济全球化并存的时期，国际服务贸易在经济增长和文化交流中的重要地位凸显。作为中国最重要的自贸区之一，海南自贸区将发展服务贸易提上日程。[①] 海南自贸区在国家政策支持和已经积累的优势的基础上，应同步发展服务业和服务贸易。[②] 然而，海南自贸区是发展服务业和服务贸易的全新平台，但不足以迅速提高二者的国际竞争力，要想提高核心竞争力，需继续完善政策指导、巩固产业基础，同时从营商环境、品牌数量、研究开发等多方面进行优化。[③] 海南地理位置的特殊性使得推动海南自贸区高质量发展具有重要的战略意义，海南服务贸易创新试点的成功不仅有利于当地经济社会的发展，还对国内经济大循环有积极影响，对我国其他自贸区的发展具有十足的借鉴意义。[④]

一 政策优势和产业基础

（一）政策优势

《中共中央 国务院关于支持海南全面深化改革开放的指导意见》（以下简称《意见》）以及《海南自由贸易港建设总体方案》为加快海南服务业发展提供了政策支持，中央明确要求海南自贸港加强第三产业的建设，大力发展旅游业、现代服务业和高新技术产业。海南自贸港作为首个中国

---

① 万琳：《海南自由贸易区旅游服务贸易自由化研究》，《旅游纵览》2021 年第 16 期。

② 杨凤莲、徐超静：《自贸港背景下海南服务业与服务贸易协同发展研究》，《广西质量监督导报》2021 年第 2 期。

③ 杨林、沈春蕾：《自贸区建设背景下海南提升服务贸易国际竞争力的路径》，《中国海洋经济》2020 年第 1 期。

④ 郭达：《打造以服务贸易为重点的高水平开放新高地》，《国际商务财会》2020 年第 10 期。

特色自由贸易港，发展模式既要对标全球最高水平的自贸港，又要不失中国特色，建设全面深化改革开放试验区、国家生态文明试验区、国际旅游消费中心、国家重大战略服务保障区。基于政策优势，海南应在巩固完善第二产业的同时加快第三产业发展。以制度型开放为核心，全面促进资金、人口、货物、数据的自由进出、安全流动。《中华人民共和国海南自由贸易港法》的出台实施使海南根据自身特点，积极探索、不断改进，在对标国际高水平经济贸易规则的基础上，遵守相关法律法规，与不同国家和地区进行贸易往来与商业交流，推动服务贸易发展。

（二）产业基础

推动海南服务贸易形成良好发展态势的一个关键因素是政策支持，另外一个关键因素是找准服务贸易的发展方向，同时依托海南现有的产业基础。鉴于此，只有打造特色突出、体系完整、国际竞争力较强的现代产业体系，才能够形成具有特色的服务贸易国际竞争力。未来海南的服务贸易不仅应该在国内发挥引领示范作用，而且应在国际服务贸易高水平发展的国家和地区中一马当先。在海南现代产业的体系内容方面，2020年6月颁布的《海南自由贸易港建设总体方案》提出其定义，涉及三个领域：现代服务、旅游以及高新技术领域。2021年2月公布的海南省《政府工作报告》将热带特色高效农业纳入其中。如今，海南现代产业体系形成了"3＋1"产业共同发展的新格局。其中，现代服务业在产业体系中起主导作用。海南省统计局公布的数据显示，2021年，服务业创造了3981.96亿元增加值，同比增长15.3%，占GDP的比重达到61.5%。

（三）贸易制度体系自由化、便利化

判断一国或一个地区的营商环境是否能够为贸易投资等商业活动提供便利，关键衡量指标之一就是通关便利化。通关便利化对人口、货物、数据等资源自由安全流动具有至关重要的意义，不仅关乎当下贸易能否顺利进行，从长期来看，还能够对一国或一个地区的风险进行规避。因此，建立健全通关便利化制度是一项极其紧迫的任务。海南自由贸易港建设以来，从两方面展开工作：一方面，建立健全贸易便利化制度，实现贸易便利、贸易自由、贸易高效；另一方面，在遵守法律法规和贸易便利化制度的基础上，推动国际贸易对标国际经贸规则。当然，贸易便利化制度对营商环境的优化也有间接作用，其使多方市场主体活跃起来，参与市场合作与竞争。市场实现便利与充满活力对海南自由贸易港的长远健康发展具有积极影响，其既为国内其他省市的自贸区提供了借鉴，又在对标国际一流自贸区（港）、跻身国际一流自贸区（港）行列的过程中迈出了至关重要的一步。

（四）吸引要素流入，鼓励创新创业

2014 年 9 月，李克强总理第一次提出了"大众创业、万众创新"的号召，自此，全国掀起一股创新创业的浪潮。人才往往趋向于流向经济发达、收入水平高、发展前景广阔的地区，如北上广深这样的一线城市及东部地区沿海城市，这些地区形成人才聚集，加剧了我国经济社会发展过程中的地区不平衡，不利于整体发展。在这样的大环境中，具有产业基础优势但人才聚集度较低的海南得到了国家重视，海南国际离岸创新创业（三亚）试验区于 2019 年 12 月成立。自成立以来，该试验区在科技管理、国际合作体制、数字经济开放、区块链等多方面进行创新，促进人才流入，推动创新创业环境向国际先进水平迈进。

二 现代服务业发展趋势研判

现代服务业不单独发展，往往是两个或多个行业集聚发展。海南现代服务业发展势头强劲，创造的 GDP 在全省全行业所创造的 GDP 中占绝大部分，促进了政府税收增加，降低了失业率。海南自由贸易港的设立为海南现代服务业如医疗健康产业、现代金融服务业、会展业等的发展提供了良好的营商环境。得益于国家和省政府的政策指引，基于企业的创新实践和自然资源的优越性，海南打造"现代服务业的天堂"并非幻想。相反，海南在发展现代服务业的过程中所做的努力，完全有可能让其成功对标美国、英国、日本等发达国家。

（一）现代服务业人才培养

现代服务业与知识密集型产业概念类似，依托信息技术与现代管理理念发展，相较于传统服务业来说，现代服务业对人才的综合素质要求更高，因此人才培养对于海南发展现代服务业来说格外重要。人才培养与教育密不可分，教育可从服务知识、服务能力和服务情感三方面开展，利用专业化的知识为消费者提供专业化的服务、维持稳定的关系。如果说产业基础决定了海南现代服务业能否发展，那人才基础就决定了海南现代服务业能否长远发展。人才培养角度全面、培养系统完整，可以为其长远发展奠定基础，应加大力度做好当地院校人才培养工作，加大力度做好外地院校人才引进工作。

（二）现代服务业创新发展

自 2018 年 4 月 13 日，特别是《海南自由贸易港建设总体方案》出台以来，海南面向新的发展阶段，不断贯彻新的发展理念，实行新的发展模式。各类市场参与主体积极响应，生态环境持续改善，商业环境逐步优化，现代产业格局形成，人们的利益意识持续增强。现代服务业成为促进经济增长的新引擎。2021 年海南服务业（第三产业）增加值同比增长15.3%，比经济总量高 4.1 个百分点，对经济增长的贡献率为82.5%。除了大力引进与现代服务业有关的项目，用优厚的待遇和事业平台引进一批现代服务业高端人才，还要注重旅游产品的本地化与国际化，既体现海南特色，又满足国际游客的需求，提高旅游产品质量，促进现代服务业与旅游业结合。除了推动现代服务业同旅游业结合，还要注重其与"互联网＋"的融合，充分利用互联网平台与资源，使国内外核心现代服务业资源通过远程的方式参与行业发展。

（三）现代服务业外资引进

外资引进是一国经济贸易发展的关键举措，高效引入外资的重要前提是营造优良的环境，让投资者看到发展潜力。2018 年，全球经济受到重创，整体上看，短期内经济下行压力加大。我国在引进外资的效率方面呈现地区不平衡态势，东部最佳，中部其次，西部的提升空间最大。自 2018年起，海南不断引进外资，4 年间达成合作的投资方累计来自全世界 100多个国家和地区，其中 RCEP 成员国除老挝外均在海南进行了投资，在全部投资国家（地区）中，设立企业数量最多的是中国香港、中国台湾、美国、新加坡、加拿大。根据海南省统计局的数据，2021 年，海南引进外资共计 35.2 亿美元，其中现代服务业占比超九成，共计 32.2 亿美元，迎来现代服务业开放新突破。

参考文献

王珲：《居民感知视角下海南国际旅游消费中心建设路径优化研究》，硕士学位论文，安徽财经大学，2020。

李文才：《海南自由贸易港税收政策对旅游业的影响研究》，硕士学位论文，海南热带海洋学院，2020。

中国（海南）改革发展研究院课题组：《国际消费品博览会助推海南国际旅游消费中心建设》，《中国发展观察》2021 年第 C2 期。

刘涛、王微：《国际消费中心形成和发展的经验启示》，《财经智库》2017 年第 4 期。

范士陈、邓颖颖：《海南国际旅游消费中心建设探析》，《南海学刊》2018 年第 2 期。

杨振之：《海南国际旅游消费中心的发展路径》，《南海学刊》2018 年第 2 期。

包亚宁：《以消费者的视角思考国际旅游消费中心建设》，《今日海南》2019 年第 1 期。

王岚：《服务经济全球化背景下面向现代服务业的人才培养研究述评》，《中国职业技术教育》2022 年第 3 期。

刘雨宵、张丽娜：《海南自由贸易港通关便利化制度的推进路径》，《海南热带海洋学院学报》2021 年第 6 期。

马建峰、陈晓婷：《我国外资引进环境与引进效率的评价研究——基于主成分分析与两阶段 DEA 方法》，《国际商务》2018 年第 1 期。

海南服务贸易创新发展的路径选择

林建勇　李婕臣希[*]

摘　要：1988 年，海南建立经济特区，从此海南的经济发展水平逐步提高，社会发展取得进步。作为我国改革开放的前沿窗口，海南的服务贸易发展也逐步推进，产业结构不断完善和优化，服务贸易建设持续加快。本文以与新加坡自由贸易港的对比作为切入点，提出要在出台《海南跨境服贸负面清单》后继续推动海南自贸港高质量发展，提升对外资企业税收优惠的针对性以吸引内外资企业入驻，提升信息化技术水平以保障安全和效率，深入探索服务业开放机制。

关键词：服务贸易　对外开放　经济特区

引　言

我国在维护国际贸易秩序上付出努力，与各国在不同程度上产生了贸易往来，在当前以国内大循环为主体、国内国际双循环相互促进的新发展格局背景下，贸易方式、贸易标的等发生了巨大变化。根据国家统计局统计，2021 年我国出口总额为 21.73 万亿元，进口总额为 17.37 万亿元，贸

---

[*] 林建勇，国际贸易学博士，北京第二外国语学院经济学院讲师，研究领域为国际贸易、对外直接投资；李婕臣希，北京第二外国语学院中国服务贸易研究院 2020 级硕士研究生，研究领域为国际文化贸易。

易顺差为 4. 37 万亿元。

《"十四五"商务发展规划》中特别提出，"十四五"时期，我国需要高水平、高标准、高质量建设海南自由贸易港。海南自贸港在我国具有重要的战略地位，是目前中国唯一在建的具有中国特色的自由贸易港，在对外开放中具有重要作用，对构建"双循环"新发展格局具有重要意义。海南有得天独厚的地理优势，四面八方均是贸易往来的重要国家和地区，货物贸易和服务贸易都对当地及中国经济发展具有重要意义。

一 文献综述

分析服务贸易发展的路径，可以从其影响因素着手，当前研究基本上从创新、人才培养、知识产权保护和对外直接投资等方面进行分析。夏杰长等从生产性服务贸易的影响因素着手研究，认为创新可以促进生产性服务贸易能力的增强，因为创新既可以夯实基础，又可以促进服务业实现高水平对外开放的良性循环。[①] 汤婧等通过分析国内和国外服务业贸易市场，同样认为创新是影响生产性服务贸易发展的因素之一，另一个因素则是人才培养，重视人才培养在一定程度上可以影响生产性服务贸易的发展水平。[②] 代中强等同样认为创新对服务贸易存在影响，这一观点是从知识产权保护的角度出发来谈的，他们通过实证研究发现知识产权保护可以影响服务贸易出口技术的复杂度，进而影响服务贸易发展水平，但二者的关系在发达国家和发展中国家之间存在差异，发达国家呈现正相关关系，其他国家则呈现倒 U 字形关系。[③] 尹忠明等和邢彦等从对外直接投资的角度进行研究，前者认为对外直接投资会阻碍服务贸易出口的技术进步，后者认

[①] 夏杰长、肖宇：《以服务创新推动服务业转型升级》，《北京工业大学学报》（社会科学版）2019 年第 5 期。

[②] 汤婧、夏杰长：《我国服务贸易高质量发展评价指标体系的构建与实施路径》，《北京工业大学学报》（社会科学版）2020 年第 5 期。

[③] 代中强、梁俊伟、孙琪：《知识产权保护、经济发展与服务贸易出口技术复杂度》，《财贸经济》2015 年第 7 期。

为对外直接投资会对服务贸易出口的技术进步产生促进作用。[①]

在新时代背景下，如何发展服务贸易成为一个值得聚焦的问题，当前研究主要存在以下观点。对于发展服务贸易，石荣认为，国家在优化服务贸易的过程中同样需要对自身"扮演"的角色进行微调。其一，从基本服务贸易的角度发挥作用，在规则构建、贸易协调、降低壁垒上进行优化；其二，在传统服务贸易的基础上进行数字化的创新，构建新的数字服务贸易规则，在进行风险控制的同时充分利用数字平台进行优化。[②]刁德荣认为，海南自贸港在本身的发展长河中，要进一步把自己的建设目标置于中国的全球资源流动配置规划中，从而进一步提升国际竞争力。[③]

二　海南服务贸易创新发展的优势

近年来，海南服务贸易创新发展，成为全国服务贸易发展的模范。这得益于其具备的多重优势，其中既包括天然形成的优势，如得天独厚的地理环境和自然资源，又包括外界赋予的优势，如产业基础优势和国际交流优势。这些优势的叠加使得海南服务贸易在发展中创新、在创新中发展。

（一）地理环境和自然资源优势

海南省位于中国最南边，四面环海，已有港口和适建区域较多，水路运输业务较为成熟。海南属于热带季风气候，日温差大，全年无霜冻，冬季温暖，有利于粮食作物和蔬菜水果的生长，可以保证其全年供应，再结合优越的地理位置，促进了贸易发展。海南地理条件优越，具有极其丰富的自然资源，土地、作物、动植物、药物、矿产、水利、旅游资源均存在明显的优势，带动海南休闲旅游服务业、医疗康养服务业、现代体育服务业和运输服务业发展，具有较大的开发价值。

[①] 尹忠明、龚静：《服务贸易出口技术复杂度及影响因素研究——基于80个国家（地区）面板数据的实证分析》，《云南财经大学学报》2014年第5期；邢彦、张慧颖：《生产性服务业FDI与制造业出口技术进步——基于知识产权保护的门槛效应》，《科学学与科学技术管理》2017年第8期。

[②] 石荣：《国家治理现代化环境下服务贸易的发展路径》，《北方经济》2021年第5期。

[③] 刁德荣：《新发展格局下的海南自贸港建设》，《中国外资》2021年第13期。

（二）产业基础优势

海南服务贸易创新发展在一定程度上依赖已经形成的现代服务业基础。2020 年，海南地区生产总值为 5532.39 亿元，其中三次产业增加值分别为 1135.98 亿元、1055.26 亿元和 3341.15 亿元，服务业贡献突出。海南服务业发展迅速，离不开市场供需能力的增强。在供给方面，政府持续招商引资，吸引企业入驻，提高服务质量；在需求方面，相关政策的出台对消费者产生较大的吸引力，比如离岛免税相关政策促进海南成为奢侈品购物消费新天堂。在此基础上，海南优越的地理位置促进物流运输的发展，进而促进服务贸易的发展。

（三）国际交流优势

自古以来，海南作为中国重要的港口城市，其优越的地理位置使得海南在国际往来中占据着重要的地位。古时候，海南是"海上丝绸之路"的途经地之一，如今，海南在港口、机场方面的建设逐步推进，海南在海运、空运方面的能力逐步增强，促进了贸易发展。此外，海南对外贸易具有各方面的制度优势，包括低进口关税、低投资门槛、高资源流动性、丰富的国际项目等。这些制度优势为中国本土企业和海外企业搭建了自由交流、自由合作的平台，对双方影响力的提高和效益的提升具有较强的正面影响。

三 海南服务贸易创新发展的问题

海南服务贸易得以创新发展，得益于上文提到的优势，但若想走得更加长远，还需要对已经存在的一些问题加以解决。

（一）制造业、新基建发展不迅速

如前文所述，海南省三次产业中，服务业的经济贡献能力居于首位，是全省的支柱型产业，具备战略支撑作用。然而，服务业不是一个能够单独存在的产业，大多数时候，其发展还要依靠以制造业为核心的其他产业，而海南服务贸易发展的最大问题就是服务业与其他产业的连接还有待加强。目前，海南机器设备的生产在很大程度上依赖进口，由于教育资源在全国不具有优势，人力资源也需要靠具有吸引力的政策来引进。此外，海南大多数城市的新基建发展进程缓慢，在当前科技水平影响社会进步的大环境下，会影响海南服务业水平的进一步提高，也会影响海南服务贸易的发展。

（二）对大型企业的吸引力较小

海南凭借自身优势吸引了不少企业入驻，招商引资取得了一定成效。然而，入驻海南的基本是小型企业，具有较高知名度的大型企业更倾向于在北京、上海、广州、深圳等一线城市落脚，这种情况带来的问题就是长远来看，当地经济增长很难得到维持，经济要想长久发展下去，一个方法是产业联动，另一个方法则是大企业带动小企业发展。

（三）服务出口领域较为单一

海南服务贸易出口流向较为单一，多集中在休闲旅游服务业和商业服务业领域，而在教育、金融、文化等领域的服务出口较少。这种状况可能造成资源流动的失衡。休闲旅游服务贸易和商业服务贸易一般通过线下活动来实现，而疫情防控常态化背景下，外国游客入境旅游和购物受到一定程度的限制，阻碍贸易量和贸易额增长。若想促进贸易发展，必须同时大力发展教育、金融和文化贸易。而当前情况显示事实并非如此，从总体上看，出口贸易不会有太大的优势。

四 海南服务贸易创新发展的国际借鉴——基于新加坡的经验分析

新加坡在东南亚地区具有重要的战略地位，作为东南亚地区的金融中心、航运中心和国际贸易中心，对整体经济社会的发展发挥着重要作用。新加坡服务业发展水平位居世界前列，新加坡与中国的服务贸易金额和服务贸易量居于领先地位。新加坡服务业发展具备的优势，为中国提供了一定程度的借鉴意义和赶超空间，并在金融、保险等现代服务业领域具有较强的国际竞争力，服务贸易结构总体优于中国。新加坡于 1969 年设立了全世界首个自由贸易区，后来该自由贸易区慢慢发展成一个高度开放的自由贸易港，为运输货物和发展服务贸易方面提供了巨大便利。新加坡软硬件建设水平一流、法律法规完备，为自贸区（港）的商业发展赋能，这两方面的优势为中国发展自贸区（港）提供了借鉴意义。

（一）保证各类设施完备齐全

新加坡政府充分利用可利用的资源，将生产设施和基础设施聚集起来，通过招商引资，吸引了很多本地企业和全球跨国企业入驻。除了提供道路、跑道和仓库等"硬基础设施"，新加坡政府还为入驻企业充分提供了完备的"软基础设施"，包括无线与宽带接入、智能电网、数字应用、金融网络等，为企业办公提供更大的便利。

（二）开通电子窗口提高效率

新加坡自由贸易港内的企业与全球贸易往来频繁、信息繁杂，在经济效益提升的同时产生了一系列安全隐患，若不对这些隐患进行有效预防，就会造成不可估量的损失。因此，新加坡政府开通了一系列电子窗口来方便企业处理各类复杂的信息，同时避免了与政府相关的腐败和权力寻租行为，促进贸易以更安全、高效的方式进行。

（三）坚持制造业和服务业并重

新加坡重视服务业的发展，但没有因此忽略制造业的发展，反而相当重视制造业发展。政府规定制造业在本地 GDP 中贡献的比例至少要达到15%，从而在国际上具备较强的竞争力。在全球所有炼油基地中，新加坡炼油基地的规模可以排第三位，在石化产品供应上发挥着举足轻重的作用。其制造业基本属于高附加值的先进科技产业，拥有不少具有强劲国际竞争力的尖端科技产品，因此也被称作高新产业制造中心和技术服务中心。

五 海南服务贸易创新发展的路径选择

（一）《海南跨境服贸负面清单》出台后继续推进自贸港高质量发展

2022 年国务院《政府工作报告》提出："要深入实施外资准入负面清单，落实好外资企业国民待遇。"《海南跨境服贸负面清单》（以下简称《清单》）作为中国跨境服务贸易领域的首张负面清单，放宽了服务贸易领域的准入限制，在专业服务、交通服务、金融、运输、教育等领域做出水平较高的开放安排。此次对跨境服务贸易采取负面清单的模式，是对现有服务贸易管理模式的一项重要改革，将为今后负面清单模式的开展积累经验。

《清单》的出台为继续推进自由贸易试验区高质量发展指明了方向，应从以下几方面巩固和加强《清单》的正面意义，促进自贸港的高质量发展。第一，确保外资能够依法平等进入这些负面清单以外的领域，确保不出现损失；第二，扩大试点领域，巩固制度创新；第三，对标高标准国际经济贸易规则，把自贸港打造成高标准国际经济贸易规则的先行区；第四，服务经济高质量发展要求，强化基于特定产业或特定领域的制度创新。

（二）提升税收优惠的针对性，吸引内外资企业入驻

首先，合理先进的税收制度是吸引跨国公司的重要因素之一。海南目前的宏观税负比全国平均宏观税负高 6～7 个百分点，在国际自由贸易上与先进自贸港的差距更大。税制要保证我国自由贸易港的国际竞争力，发挥带动产业现代化的特殊区域功能，支持科技研发。同时，要注重集聚目标的先进性要素，确保税收收入的稳定性。其次，海南优惠的财政政策是聚集资源的重要手段。自由贸易港税收优惠的设计一般取决于经济依存度。大多数发展中国家有吸引外国投资的强烈需求，往往需要采取更多的税收激励措施。海南的开放是政策差异和支持差异之间较为极端的案例，有避免攀比、避免扩张的天然意图。最后，出台税收优惠政策是长期增加税收的重要途径。近年来，新加坡财政政策以减税为主，减税优惠幅度同比增大。但是，税收总额呈现逐年稳步增长的趋势。这表明，长期来看，只要税收和关税减免政策改革产生积极影响，政府的税收收入就会增加。

（三）提升信息化技术水平，确保安全和效率

第一，新加坡在加强基础设施建设方面起到了带头作用，对仍处在服务贸易发展初期的海南来说，有十足的借鉴意义。因此，海南应在基建方面做出努力，加快自由贸易港互联网基础设施建设，增加 5G 基站的数量，建立自由贸易港物联网，为港口实施"市场准入承诺即入"等信息化服务奠定基础。第二，加强信息技术在海关和行政程序中的应用，利用 5G、物联网和大数据分析等信息工具，为自贸港内部货物、资金和人员流动提供便利，同时确保货物运输、资本流动和人员交流的安全。第三，服务贸易的主体是多元的，只有提高每个主体数据的安全性，才能保证整个贸易过程的安全性。因此，要提升跨境贸易监管中的信息化系统共建及流通数据共享水平，切实保障国际跨境贸易联合监管。

（四）深入探索服务业开放机制

由于独特的地理位置，开放服务行业的政策正在自由贸易港进行试点。作为中国服务业的先锋，自由贸易港必须在试点中发挥主导作用。如上文所述，海南在金融、教育、文化等方面的服务贸易发展进程缓慢，因此，要采取措施提高服务贸易发展水平，可通过在海南自贸港实施金融、教育、文化等服务业的开放政策，预估开放风险，总结开放经验，逐步试点，逐步推广，为国内、国际建设其他自贸港、发展服务业提供借鉴。

参考文献

罗霞、李鹏：《海南服务贸易发展加速提质》，《海南日报》2021 年 7 月 29 日。

李祥：《海南跨境服贸负面清单出台　高水平开放服务高质量发展》，《中国商报》
2021 年 7 月 29 日。

冯其予：《推动服务贸易高水平制度型开放》，《经济日报》2021 年 7 月 27 日。

吴方彦：《建设海南自由贸易港社会治理共同体的现实路径》，《南海学刊》2021
年第 2 期。

王亚婵：《海南自由贸易港发展数字经济的创新路径探析》，《对外经贸实务》2021
年第 7 期。

朱福林：《海南自由贸易港高质量发展：阶段性成果、瓶颈因素与突破路径》，《经
济学家》2021 年第 6 期。

海南服务贸易发展的经验分析

顾国平　杨　彤*

摘　要： 十九大以来，我国高度重视服务贸易的发展，国务院专门召开常务会议，多次就新兴的服务业、服务产业和数字文化贸易的发展等一系列问题展开讨论，为了加速建立有利于服务贸易发展的政策体系和机制，建立健全发展模式，我国出台了一些相应的服务贸易发展指导意见。结合对海南服务贸易发展和特点的研究，以及对服务贸易强国发展经验和做法的借鉴，本文认为可以提取具有实际意义的启示，从而优化和完善国际贸易、国际服务贸易的结构，实现服务贸易和货物贸易相辅相成、齐头并进的发展，加速我国贸易结构平稳转型，实现对外经济的可持续发展。

关键词： 服务贸易　自由贸易港　海南

一　坚持创新为主，形成国际竞争

始终坚持创新在我国现代化建设中的核心位置，创新驱动国家科技发展，科技是发展任何产业的支柱，发展服务贸易离不开创新战略与体系，所以要将科技发展到时代前端，还应重视科技发展带来的联动效应，如科

---

* 顾国平，北京第二外国语学院英语学院教授、硕士研究生导师、学院外事助理，中华美国学会理事，研究领域为美国政治与外交、中美关系、国际组织研究等；杨彤，北京第二外国语学院中国服务贸易研究院 2020 级硕士研究生，研究领域为英语国家国际文化贸易。

技带动下经济的大幅增长、民生健康问题的改善、科教兴国和人才强国战略的实施等，加快建设科技强国，形成服务贸易的国际竞争力。

（一）重视科技创新

科技创新是社会发展的第一生产力，是首要战略支撑。科技带动了创新发展，创新也在不断驱动科技高速发展，因此应加强基础研究、注重原始创新。科教方面，应从优化学科布局和研发布局入手，推进学科交叉融合，将服务业与经济贸易完美地融合，并完善共性基础技术供给体系。此外，国家应制定实施战略性科学计划和工程，推进高校、科研院所乃至相关企业科研力量优化配置和共享资源，将交叉学科瞄准大数据、人工智能、生物医药、生命健康等前沿领域，实施一批具有前瞻性、战略性的国家重大科技项目，推进国家实验室建设，重组国家重点实验室体系。从大的方面来讲，布局建设综合性国家科学中心和区域性创新高地，可以海南发展服务贸易的经验——海南全岛建设自由贸易试验区为借鉴，以制度创新为核心，赋予海南更大改革自主权。

（二）发展新兴服务业

创新的驱动往往伴随着新兴事物的产生，新兴服务业的发展对服务贸易有显著推动作用。以金融服务贸易为例，传统国际贸易、基础设施建设和产业投资离不开金融业的大力支持。海南的金融业基础相对薄弱，2020年金融业增加值仅 397.91 亿元，与香港、北京、上海三地相比还存在明显差距，但海南省短期内聚焦发展与航运相关的特色金融服务，包括航运保险、融资租赁等，逐步向发达地区靠拢的成果显著。且海南立足自身自贸港特色，大力发展了物流、信息服务、商贸会展等行业。

由此，我国亟待调整服务贸易的内部结构，细化服务贸易的管理体制，完善服务贸易的法律法规，培养新兴服务贸易人才，从而为新兴服务业提供良好的发展条件，使全球服务业的结构朝着科技型、知识型方向转变，同样会使我国在国际服务贸易中所发挥的作用越来越大。

（三）深化人才培养

新兴服务业的发展离不开人才的储备——服务贸易本质上是一种智力密集型产业，从全球商贸发展趋势看，服务业正处于由劳动密集型向技知识密集型转变的阶段，特别是知识型服务业和新兴服务业，这一转变更需要外向型高级专业人才。所以，我国在加强服务创新型、应用型和技能型人才培养的同时，应实施学科交叉，培养出技能时效性更强、人文素养优异、将理论与国际实际相结合的高水平工程师和高技能人才队伍，而这需要国家支持发展高水平研究型大学。《中共中央关于制定国民经济和社会发展第十四个五年规划和二○三五年远景目标的建议》中指出，为加强此类研究人才的培养，应实行更加开放的人才政策，构筑集聚国内外优秀人才的科研创新高地。

另外，综览我国发展不平衡的问题，可先取消经济欠发达、教育水平相对不高的西部地区相应课程的开设，优先在经济发达、教育水平较高的地区大力实施服务贸易人才培养计划，以此达到教育学习足以和实际相结合、提高人才质量和培养效率的效果，培养出货真价实、适用于国际服务贸易的人才后再慢慢投入欠发达地区的人才培养，从而达到事半功倍的效果。

二 探究协同发展，提高综合效益

根据海南发展实际，我国可确立服务贸易差异化发展定位，将特色发展与协同发展相结合，加强全国各地区的资源整合，形成特色鲜明、重点突出、相互支撑、协同并进的服务贸易发展新格局。

（一）增强协同发展

第一，将市场主导与政府引导相结合。一方面，有效发挥市场在资源配置中的决定性作用，充分调动市场的主导作用与服务贸易的创新发展试点工作；另一方面，发挥政府在规划引领、政策扶持、制度建设和环境营造等方面的引导作用。

第二，将创新发展与融合发展相结合。正如上述海南对创新发展的坚持一样，我国应不断深化服务贸易体制机制的创新，推动服务贸易企业技术创新、业态创新和服务模式的不断创新。坚持融合服务贸易与我国其他产业的发展，推动服务贸易与服务业和货物贸易融合的进程。

第三，"引进来"与"走出去"相结合。海南省"走出去"一站式服务平台等综合服务得以保障，我国可以"一带一路"建设为引领，吸引外资企业在我国落户，发挥大国优势，支持国家服务贸易企业对外投资。

（二）提高综合效益

第一，完善服务贸易管理体制。我国服务贸易管理体制存在些许不合理的地方，如管理体制不顺。并且由于缺乏充分论证和实践检验，我国服务管理体制欠缺高效能机构的设置。同样，中央和地方在服务业的政策制度方面不甚协调，问题的根源在于缺少统一推进服务贸易的管理协调机构。

面对此问题，我国首先应加强宏观指导和区域的协调。促进各地方在市场扩张、产业培育、资源利用、环境保护、社会监管等方面的政策相互协调，形成完整的地区经济环境治理体系，从而以小见大地探索与国际标准、国际规则相衔接的法治环境和市场环境，推动有利于服务贸易要素跨境流动的管理体制。其次应强化服务贸易创新发展试点工作领导小组机制，形成地方政府和中央政府全方位结合的服务贸易促进监督机制。最后应完善重点服务贸易企业联系机制，畅通服务贸易企业与相关部门的沟通交流渠道。

第二，坚持开放为先。海南发展的成功经验之一，是通过创新开放政策将国内外优质资源引入本土，充分发挥贸易投资自由便利、要素资源自由流动的优势，在为境外资本提供生长环境的同时，带动本土经济发展。放眼全球亦是如此，在经济全球化的趋势下，逆流而上、抵制对外开放和全球互联互通，必然会导致封闭与落后。而相较之下正确的做法是，充分利用一切机遇，合作应对一切挑战，构建人类命运共同体。[①]

第三，深化供给侧结构性改革。海南充分利用其优势，培育壮大了服务贸易市场主体，集聚了创新要素，积极发展了新一代信息技术产业和数字经济，同时推动了高新信息技术同实体经济的深度融合，整体提升了海

---

① 《民银智库〈区域发展周报〉》，搜狐网，2018 年 8 月 10 日，https://www.sohu.com/a/246361742_618573。

南综合竞争力。① 此外，建设海南的南繁科研育种基地，以其独特的地理条件，打造了国家唯一的热带农业研究科学中心，海南建设全球动植物种质资源引进中转基地也得到了支持。海南布局建设了一批重大科研基础设施和条件平台，培育了一批创新活力强、全方位发展、竞争优势明显的服务贸易企业，例如建设航天领域重大科技创新基地和国家深海基地南方中心。海南国际离岸创新创业示范区的设立符合创新科技管理体制，建立符合科研规律的科技创新管理制度，树立国际科技合作机制的理念。② 借鉴海南的案例，我国应下大力气调优结构，继续瞄准国际标准以提高水平，大力扶持中小服务贸易企业，重点发展旅游、互联网、技术服务、融资、会展等现代平台，提高自主创新能力，加快服务贸易创新发展，深化供给侧结构性改革，促进服务业优化升级，形成以服务型经济为主的产业结构。

第四，创新服务贸易发展模式。可将北京、上海、天津等城市列为服务贸易重点培养地区，在体制机制等诸多方面开展全面探索，突破发展瓶颈，为我国在服务贸易领域全面深化改革、先行先试积累经验。③ 此外，根据海南服务贸易的多年发展情况，我国应重点发展信息化，在各地区打造国际智慧旅游城市，发挥"互联网＋"计划、"云服务＋"计划与政府服务的作用，探索跨境交付模式创新。

第五，提升服务贸易便利化水平。首先，我国可建立与国际对标的"单一窗口"，以有效提高贸易投资便利化水平。通过统一平台，推动服务贸易相关事项纳入国际贸易"单一窗口"，为与服务贸易相关的货物提供贸易申报和信息许可服务。其次，搭建海关合作平台，使国内企业以及外国政府、国际组织、外国法人等之间的合作更为顺畅。最后，建立自由贸易园区。通过设立自由贸易园区，我国可实施"境内关外"的管理模式，简化转口贸易手续，不受海关限制，提升贸易效率。

---

① 《党中央决定支持海南全岛建设自由贸易试验区》，浙江新闻网，2018 年 4 月 13 日，https://zj. zjol. com. cn/news/916432. html。

② 《在庆祝海南建省办经济特区 30 周年大会上的讲话》，光明网，2018 年 4 月 14 日，https://news. gmw. cn/2018 - 04/14/content_28321562. htm。

③ 《提升"中国服务"在全球价值链地位》，中国贸易报网站，2020 年 8 月 18 日，https://www. chinatradenews. com. cn//epaper/content/2020 - 08/18/content_67605. htm。

第六，完善人才政策。同创新带动国际竞争一样，提高服务贸易综合效益也离不开人才的培养。应围绕服务贸易发展重点方向，制定文旅、国贸、金融甚至科技等可相互融合的领域政策。提供服务贸易发展引导基金，加大服务贸易企业的技术研发和人才引进投入力度。在培养中加强人才对服务贸易战略研究和智库建设的思考，为服务贸易发展提供强有力的智力支撑。

三　完善区域发展布局，促进区域服务贸易发展更加协调

在发展的同时应重视区域贸易优势的发展，本书的前半部分细致研究了海南服务贸易的区域发展，从中可以探寻对我国区域性服务贸易发展的启示。

（一）分类有序

为加快形成全区域发展的新格局，我国应按照要素有序自由流动、主体功能约束有效、基本公共服务均等、资源环境可承载的总体要求，以各地的经济发展基础、人文条件及地理资源禀赋为依据，明确区域的功能战略定位和发展方向。此外，我国应以划分出的区域主体功能为引领，有序分类以制定实施差别化的精准政策，着力解决区域发展不平衡的问题，从而推动全国各地优势互补，协调各区域存在的差异，实现差异化发展。

（二）突出重点

我国应坚决实施区域协调发展战略，区域的平衡发展有利于服务贸易协调发展，故应以缩小区域发展差距为目标，突出重点，持续发力，推动区域板块之间的融合互动，使区域发展协调性不断增强，持续提高发展平衡性和增强区域发展协调性。优化调整东、中、西、东北四大地区发展战略的重点任务，强化城市群在推进新型城镇化中的主体地位，为主体功能区在市县层面有效落地提供有力支撑。

（三）强化统筹

区域的建设需要强化统筹与精准实施。注重各系统的谋划、统筹兼顾，推动共建共享、协同处置，推动我国城镇环境基础设施一体化，逐步

形成基础设施网络，提高基础设施水平。统筹区域产业布局和要素资源配置，我国应完善基本公共服务均等化机制，建立区域战略统筹机制、区域服务调控机制和区域发展保障机制，深化区域各产业的合作机制，同时完善市场一体化发展机制，优化区域互助机制，[①] 健全区际利益补偿机制，强化人才、资金、土地和创新等政策的支持，加快形成统筹有力、竞争有序、绿色协调、共享共赢的强有力的区域协调发展新机制。

（四）综合施策

加强区域的建设不能失去人民这一牢固底线，我国应牢牢守住生态、民生和安全政策的底线，发展服务贸易时坚持遵守生态优先、民生为本、系统安全的发展要求，强化政策制定和实施的系统性和协同性，推动各区域在共同的发展底线上各尽其能、各显所长、各得其所。

四 完善各服务行业发展，促使服务贸易发展更加协调

服务业包含的门类众多，旅游、教育、文娱、金融、体育、医疗康养和商业服务等的发展情况差别较大，我国应完善各服务行业的发展，促使国家服务贸易发展更加协调。

（一）加强对外贸易和外商投资

习近平总书记在庆祝中华人民共和国成立 70 周年大会上强调，以开放促改革、促发展，是我国现代化建设不断取得新成就的重要法宝。[②] 推进外资领域的"放管服"改革，简化不必要的程序，破除生产和流通领域存在的结构性、机制性和技术性障碍。结合海南自贸区建设的讨论，我国应加快实施自由贸易区战略，推动形成高标准的自由贸易网络，拉近我国与国际市场的距离。搭建学习平台，不断学习，改善投融资环境，更高效地加强与外商合作时的便利度。加强对营商环境和国际外商企业的宣传引

---

① 《省委省政府印发意见 构建"一核一带一区"区域发展新格局 促进全省区域协调发展》，广东省人民政府网站，2019 年 7 月 19 日，http://www.gd.gov.cn/gdyywdt/gdyw/content/post_2540205.html。

② 《习近平总书记在出席庆祝中华人民共和国成立 70 周年系列活动时的讲话》，求是网，2020 年 9 月 30 日，http://www.qstheory.cn/dukan/qs/2020-09/30/c_1126556581.htm。

导，提升对外贸易成功率。

（二）加强数字基础设施建设

当前，人尽皆知的新业态便是新型数字基础设施这一行业。数字经济的快速发展，离不开高质量推进新型数字基础设施的建设。中国经济迈向高质量发展新阶段，对支撑创新发展、金融投资、内外贸易、安全绿色等现代化基础设施建设体系的需求增加。故一方面，我国应进一步支持交通、管网等传统基础设施建设；另一方面，5G 网络、大数据中心、物联网、人工智能、边缘计算、工业互联网等新型数字基础设施构建的加快，也为中国经济发展和转型升级提供新动能。我国应不惧挑战，培养相应人才，寻求突破口，扩大企业规模，充分发挥全栈数据中心产品和方案的组合优势，大力架构起一套与时俱进的动态新算力和新储存技术。

（三）深化金融改革开放

金融是现代经济的核心，服务行业的发展在很大程度上离不开金融的支持。深化金融业改革，应大力支持实体经济的发展。我国近几年来外商实体经济投资发展明显加速，我国应重点发展旅游业、现代服务业和高新技术产业，大力支持海洋产业、旅游会展、医疗健康、现代农业、交通运输以及服务外包等重点领域的发展，建立开放型、服务型和生态型产业体系，从而推动服务业优化升级，促进经济高速发展。[①] 要稳定大局，抓主要矛盾，提高我国金融业整体竞争力，夯实我国金融市场平稳健康发展的基础。另外，完善风险防控体系建设，使监管能力和开放水平相适应，在保证金融风险可控的情况下扩大金融对外开放。

除此之外，大力发展金融行业，也应鼓励创新面向国际市场的人民币金融产品及业务，稳步推进人民币国际化，扩大境外人民币使用及投资我国的金融产品的范围，支持跨境电子商务人民币计价结算，扩大境外与我国境内的金融合作。在依法合规的前提下，优化金融生态，重点支持文娱体育、商业服务、旅游会展和医疗健康等产业发展。支持符合条件的保险机构在我国设立保险资产管理公司，提升金融服务实体经济的能力和水

---

① 《央行等四部门发布〈关于金融支持海南全面深化改革开放的意见〉》，新浪财经网，2021年 4 月 9 日，https://finance.sina.com.cn/china/2021 - 04 - 09/doc-ikmyaawa8725443.shtml。

平，并在账户独立、风险隔离的前提下，向境外发行人民币计价的资产管理产品。① 支持我国保险机构开展境外投资业务，积极发挥债券市场的作用，持续推动债券市场基础设施互联互通，鼓励保险机构加强创新，围绕医药、教育、旅游、养老和健康等领域，研发适应我国需求的特色金融产品，为构建新发展格局提供强劲动能，为服务贸易的发展提供最有力的保障。

参考文献

牛园园：《自贸区建设背景下海南高职院校国际化人才培养模式探究》，《湖北开放职业学院学报》2021 年第 8 期。

张浩东：《自贸区背景下海南省物流通道建设发展研究》，《中国水运》2021 年第 7 期。

---

① 《四部门：支持符合条件的海南企业首发上市》，中国经济网，2021 年 4 月 9 日，http://finance. ce. cn/stock/gsgdbd/202104/09/t20210409_36457876. shtml。

行业研究

RCEP 背景下海南旅游服务业
国际化前景分析

江新兴　方　朔　许婉玲[*]

摘　要: 海南作为我国最大的经济特区和重点旅游区,在国内外享有盛名。随着中共中央、国务院《海南自由贸易港建设总体方案》的印发,海南省旅游产业迎来发展利好,旅游服务业将成为海南最具优势、最具特色、最具潜力和竞争力的支柱产业。随着《区域全面经济伙伴关系协定》(RCEP)正式生效,海南作为自由贸易港建设示范区,将在服务贸易领域先行先试,而其旅游服务业将面临诸多全新机遇与挑战。本文基于海南旅游服务业发展现状,分析 RCEP 生效带来的利弊,针对旅游服务业提出了提高旅游服务业国际化水平、深入进行旅游服务创新、健全以旅游服务为核心的现代服务体系等建议。

关键词: RCEP　旅游服务业　海南自贸港

引　言

在《海南自由贸易港建设总体方案》的指导下,海南现代服务业已经

---

* 江新兴,博士,北京第二外国语学院日语学院教授、硕士研究生导师,研究领域为中日家族制度、日本社会发展史、中日文化比较研究;方朔,北京第二外国语学院中国服务贸易研究院 2020 级硕士研究生,研究领域为国际文化贸易;许婉玲,北京第二外国语学院中国服务贸易研究院 2020 级硕士研究生,研究领域为日本对外文化贸易。

进入全新的发展阶段，成为全省的支柱型产业。其中旅游服务业拥有深厚的发展基础和成熟的经验，在国内外形成了颇具影响力的服务品牌，是海南省重要的收入来源和政策着眼点。

对于海南旅游服务业，国内已有众多学者进行深入分析研究。谢雷星等以迪拜康养城为借鉴，分析海南自贸港打造国际医疗旅游目的地的具体路径，认为当前阶段，应重点建设医疗康养产业集群、构建全面医疗服务体系。[①] 胡翔等以白沙县为例，利用耦合模型分析旅游产业与县域经济的协调作用，对基础设施建设和市场机制构建提出了更高要求。[②]

虽然学界对海南旅游服务业的研究较为深入，但将其放入 RCEP 框架下进行研究的成果不多。2022 年 1 月 1 日，RCEP 正式生效，海南率先与成员国进行合作交流，国际市场全面开放，岛内旅游服务业面临众多机遇与挑战，需要政产学研各界加以重视。本文基于 RCEP 背景，分析海南旅游服务业的具体特征，考量其在时代变革中存在的优势与问题，并提出了相应的建设性建议，供制定相关政策时参考。

一 海南旅游服务业发展基础

海南旅游服务业目前总体发展态势良好，市场规则较为成熟，供需基本稳定，创新能力较强，政策引导效果显著，国际影响力较大，是海南省的支柱产业之一。

（一）宏观政策体系较为完善

国家和海南省政府重视当地旅游服务业发展，对其经济贡献能力和战略价值寄予厚望。多年来，各项扶持政策陆续落地，逐步构建起多层次、全方位、有深度的宏观政策体系，对海南旅游服务业发展起到了重要推动作用。

---

① 谢雷星等：《海南自贸港打造国际医疗旅游目的地的路径——以迪拜健康城为借鉴》，《南海学刊》2021 年第 4 期。
② 胡翔、付红桥：《基于耦合模型的旅游产业与县域经济协调发展研究——以海南白沙县为例》，《现代商贸工业》2021 年第 34 期。

  2017 年，海南省政府发布《海南省旅游发展总体规划（2017—2030)》，要求将海南打造成我国旅游业改革创新试验区，创建全域旅游示范省。预计到 2025 年，建成世界一流的海岛休闲度假旅游胜地；到 2030 年，建成世界一流的国际旅游目的地，建成成熟的国际高端休闲度假旅游项目体系，实现旅游产品体系全面升级，以及全面实现世界一流的旅游休闲环境和服务环境。该规划基本描绘了海南旅游服务业的发展蓝图，明晰了旅游服务业的发展方向。

  2020 年，中共中央、国务院印发的《海南自由贸易港建设总体方案》中，明确提到大力发展旅游业、现代服务业和高新技术产业，不断夯实实体经济基础，增强产业竞争力。具体在旅游业方面，坚持生态优先、绿色发展，围绕国际旅游消费中心建设，推动旅游与文化体育、健康医疗、养老养生等深度融合，提升博鳌乐城国际医疗旅游先行区发展水平，支持建设文化旅游产业园，发展特色旅游产业集群，培育旅游新业态新模式，创建全域旅游示范省。[①] 该方案进一步明确了海南旅游服务业的具体发展路径，在海南自贸港建设的背景下，对海南旅游服务业发展起到了关键的指导作用。

  为落实《海南自由贸易港建设总体方案》的精神，2021 年 5 月，海南省人民政府办公厅发布《海南自由贸易港投资新政三年行动方案（2021—2023 年)》，提出旅游业发展的主要任务，明确以海口国际免税城、博鳌乐城国际医疗旅游先行区、海南岛国际电影节、海南国际旅游岛欢乐节等项目和节庆赛事为牵引，带动海南免税旅游、医疗旅游、文化旅游和体育旅游等特色旅游的发展，吸引不同消费层级的人来海南，推动海南文旅产业转型升级。

  同年 7 月，海南省人民政府办公厅印发《海南省"十四五"旅游文化广电体育发展规划》，明确要求将旅游服务业打造成国民经济支柱型产业，并将其与国家文化对外贸易、"一带一路"共建国家文化交流等相融合，

---

  ① 《海南自贸港建设总体方案落地浅析海南"体育 + 旅游"产业发展前景》，东方财富网，2020 年 6 月 2 日，https://baijiahao.baidu.com/s? id = 1668357024351488180&wfr = spider&for = pc。

推动建设国家对外文化贸易基地。该规划与《海南自由贸易港建设总体方案》互补，确定了海南旅游服务业新的建设使命，为其带来了更多可能性。

（二）市场恢复情况较为乐观

2020年，海南旅游服务业受到疫情较大影响，国内外客源大量流失，直到第三、四季度才逐步回暖。2021年，旅游服务业进入持续稳定期，基本恢复至2019年同期水平，市场供需逐步向平衡状态靠拢。海南省旅游和文化广电体育厅数据显示，2021年海南省共接待游客8100.43万人次，同比增长25.5%，低于2019年2.5个百分点；接待国内游客8080.72万人次，同比增长25.6%，低于2019年1.1个百分点；旅游总收入1384.34亿元，同比增长58.6%，比2019年增长30.87%；国内旅游收入1379.29亿元，同比增长59.4%，比2019年增长39.1%。

相较于国内旅游市场，海南旅游服务贸易出口仍未从疫情中恢复，国际入境游客数量持续减少，收入持续下滑。2021年海南入境游客总数为19.72万人次，同比减少12.0%；国际旅游收入为7743.34万美元，同比减少30.8%，比2019年减少92.0%。不同国家的游客数量均有不同程度的变动，其中亚洲国家游客数量普遍减少，大部分欧洲和美洲国家的游客数量增加（见表1）。

表1　2021年海南省旅游饭店接待外国游客情况

单位：人次，%

国家或地区	累计变动	同比变动
日本	5858	35.5
韩国	9121	−18.1
印度尼西亚	418	−92.1
马来西亚	1943	−42.7
菲律宾	519	−20.9
新加坡	2720	−21.1
泰国	757	−44.3
英国	8334	40.4
法国	7467	49.0
德国	11912	33.7

国家或地区	累计变动	同比变动
俄罗斯	6417	-81.7
美国	21240	34.7
加拿大	7588	56.8
澳大利亚	4318	21.0

资料来源：海南省旅游和文化广电体育厅。

总体而言，海南旅游服务市场稳定恢复，在市场规模整体扩大的同时，市场结构持续调整，国内市场已成为最主要的收入来源。

（三）对外出口贸易具有潜力

相较于面向国内游客的市场，国际旅游市场虽然在疫情中客源损失较大，但仍具备较大潜力。按地区分析，欧洲和美洲市场已经成为国际市场的支柱，与疫情发生前的情况出现明显差距，预计该市场在未来仍会保持较长时间的增长态势；亚洲市场活力较为不足，游客持续减少，这与周边地区的疫情状况存在一定联系，考虑到 RCEP 生效和《海南自由贸易港建设总体方案》实施，入境门槛将进一步降低，对亚洲地区游客的优惠力度更大，理论上将形成更强的吸引力。

海南省人民政府办公厅印发的《海南省"十四五"建设国际旅游消费中心规划》，提出到 2025 年基本建成国际旅游消费中心的方案，从积极承接海外消费回流、营造便利的消费环境、积极培育新型消费等方面进行了部署。随着海南现代化基础设施和配套现代服务体系的全面完善，海南国际旅游市场将具备更强的国际竞争力，主要表现在以下方面：海南致力于打造更多高质量文化旅游项目，树立更知名的海南文化品牌；现代服务体系更加完善，以旅游服务业为核心，将能提供更全面的文化体育娱乐服务；在自贸港建设过程中，旅游服务贸易更加便利化和自由化，服务成本更加低廉，更容易形成国际竞争力。

（四）基础设施建设较为完备

目前海南省与旅游服务业相关的基础设施建设情况良好，已经形成较为完备的高质量服务体系，主要表现在以下三个方面。局域网建设方面，海南在 2019 年就已实现县级层面的 5G 网络全覆盖，2020 年前三季度，全省固定互联网累计流量为 53 亿 GB，同比增长 37.8%；移动互联网累计流量为 9.9 亿 GB，同比增长 37.0%；5G 基站总数为 5929 个，比上年末新增 4795 个，信息化水平在全国领先。① 地区餐旅服务方面，截至 2021 年 5 月，全省共评定椰级乡村旅游点 206 家，同比增加 55 家，增加五椰级乡村旅游点 6 家、四椰级乡村旅游点 5 家、三椰级乡村旅游点 9 家、二椰级乡村旅游点 13 家、一椰级乡村旅游点 22 家；截至 2021 年 9 月，全岛共有星级饭店 114 家，其中 5 星级饭店 20 家、4 星级饭店 41 家，占比达到 53.6%；截至 2021 年 2 月，全岛民宿中共有金宿 7 家、银宿 32 家、铜宿 15 家。② 交通运输方面，海南省将按照"十四五"规划，打造交通强国建设先行区，实现"一个总目标"、构建"两个交通圈"、打造"三类综合枢纽"、建设"四张网络"、完善"五大支撑体系"，以三亚、海口为核心，建成海陆空全方位交通网络，旅游服务业也将受益于此，服务质量会有明显提高。

（五）产业联动发展情况良好

随着各行业市场陆续成熟，以海南旅游服务业为核心的产业融合现象越发明显，共同构成成熟全面的现代服务体系，从而推动各行业协同发展。率先实现融合的行业包括：现代体育服务业，海南通过引进国际性体育赛事，推动体育旅游项目陆续落地，2021 年 12 月，首届中国（海南）体育用品和装备进口博览会召开，进一步扩大海南体育旅游的国际影响力；文化娱乐业，海南通过乡村旅游、红色旅游、热带雨林旅游等，全面丰富旅游服务内容，并持续建设影视中心、演艺平台、电竞场馆等项目，吸引国内外游客；商业服务业，以消费品销售为主要内容，吸引国内外游客入境消费，在餐宿和旅游服务链条的作用下，带动旅游服务业发展，随着离岛免税额度进一步提高，商业服务业的影响力越发突出；医疗康养服务业，海南在自贸港建设方案中提出打造海南自贸港医旅融合康养胜地，

---

① 《2020 海南 5G 网络建设情况怎样？快来了解》，澎湃新闻，2020 年 10 月 17 日，https://m. thepaper. cn/baijiahao_9604446。

② 《全省 A 级景区名录》，海南省旅游和文化广电体育厅网站，2022 年 10 月 13 日，http://lwt. hainan. gov. cn/hdjl/ywzsk/jq/。

目前已拥有包括博鳌乐城国际医疗旅游先行区在内的众多康养旅游项目，充分利用本地环境优势和人才优势，满足更多旅游市场需求。

二 RCEP 背景下海南旅游服务业的优势与机遇

RCEP 大大降低了跨国服务贸易的门槛，如在部分服务相关领域降低进出口关税，自然人流动免签的范围和力度加大，免税商品数量扩充，推动开启成员国新一轮服务项目合作等，这些条款对海南旅游服务业影响较大，加快了国内国际资源流动，提高了跨领域融合创新的可行性，并为国内外投资提供了便利。随着 RCEP 正式生效，海南旅游服务业全面迈向国际市场将成为必然，海南如果能尽快成为国际休闲旅游中心，将为岛内其他服务业、国内其他地区产生关键的示范作用。因此，海南旅游服务业应立足自身优势，充分认知国际环境的风向变化。

（一）海南旅游服务业的优势

1. 宏观指导优势

海南旅游服务业是国家格外重视的支柱型行业，多年来已经拥有较为清晰的发展方向和可行性较强的发展路径。在这种情况下，市场规则成熟度较高，营商环境较为优越，企业发展预期良好，更容易凭借政策助力形成较强的国际竞争力。随着建设外向型市场的目标逐步落实，海南旅游企业对外出口的门槛也在逐步降低，面向东南亚地区的旅游服务项目将迎来新的机遇。另外，在宏观政策的指导下，海南旅游服务业更容易实现技术创新和产业转型，应对国际形势的能力也将同步提高。

2. 制度开放优势

制度开放优势是海南的独有优势，是国内大部分地区无法享有的，主要基于以下三点而存在：海南既是我国经济特区，也是改革开放试验区；海南既是自由贸易试验区，也是自由贸易港；海南既位于"海上丝绸之路"航线，在"一带一路"倡议中作用突出，也受 RCEP 的重要影响。2021 年，为践行我国在 RCEP 中所做出的承诺，海南推出全国首张跨境服务贸易负面清单，极大地降低了 RCEP 成员国与海南进行服务贸易进出口的门槛，为全面实现跨区域服务领域贸易和投资便利化自由化做出巨大贡献。在此基础上，海南旅游服务业也将享受制度开放红利，本地市场建设和贸易投资进出口都将受到推动。

3. 地理位置优势

海南位于中国最南端，地处南太平洋与印度洋的交界处，南接海路要道马六甲海峡，毗邻印度尼西亚、菲律宾、新加坡等岛国，同时与越南、老挝、柬埔寨等国家距离较近；东北角通过台湾可与日本形成一定的联动；东南方向还可向澳大利亚与新西兰延伸。在"一带一路"倡议和RCEP的作用下，海南与周边国家的联系大大加强。从交通运输来看，海空运输便利，成本较低，是吸引国际游客的一大重要优势；从地理环境来看，海南热带雨林和天然海岸众多，是理想的度假旅游胜地。

4. 资源流动优势

海南岛的本土资源并不丰富，但港口众多，客运与货运量充足，凭借与内地以及周边地区的联系，现已形成较为成熟的资源流动渠道。旅游服务业发展的主要资源包括四种：市场需求资源，国际市场需求还相当具有潜力；人力资源，海南通过人才引进政策，正持续从国内外引进高端人才；资金资源，海南通过国际招商引资，每年吸引大量国际资本进入，已推动众多高端项目建成，而海南金融服务领域也将与东盟国家深入合作，进一步开拓东南亚市场；技术创新资源，通过实施《智慧海南总体方案（2020—2025 年）》，岛内将着力增强国际化通信服务能力、健全智慧海南体系架构、提升社会智能化治理水平、创新国际一流高端服务体验、培育壮大外向型数字经济和现代服务业。综上所述，海南旅游服务业具备充分的资源流动优势，发展动力较为强劲。

5. 基础建设优势

海南旅游服务业拥有较为深厚的建设基础，是在长期发展中逐步确立起来的不可或缺的特殊优势，主要包括以下四个方面：第一，交通优势，岛内现有交通网络体系已经较为完善，对外交通路线也基本构建完成，地理位置特殊性更促进了这一优势形成；第二，基础设施优势，海南旅游服务业发展带动了一大批餐宿和相关服务业的发展，形成了完善的现代服务体系，基础设施建设成熟；第三，建设经验优势，政府部门、市场运行、企业经营长时间累积的经验，可以为未来发展提供理论支持，海南旅游服务业发展历程较长，具备这一优势；第四，关系网络优势，企业开展对外业务可以借此铺设长期关系网络，最终成为海南旅游服务品牌的一部分，为持续运营打下基础。

（二）海南旅游服务业面临的机遇

1. 国内资源深度协调

RCEP 生效后，海南的国家战略地位进一步提升，在自由贸易港建设和深化对外经济合作过程中，势必需要引入更多资源，尤其是基础生活物资、生产建设资源和高水平人力资源，各级政府相当重视这一点，必将进一步加大资源引进力度，其中国内资源在短期内还将处于主要地位。考虑到海南旅游服务业在国内的持续吸引力，如果海南省政府推出更高水平的人才、资金和技术引进政策，将很可能取得明显成效，为旅游服务业发展提供强大活力。

2. 东南亚市场进出口门槛降低

RCEP 生效后，随着各成员国陆续践行开放承诺，我国与东盟各国的经济合作关系将会更加紧密，资源跨境流动的阻力会全面减小。届时，海南旅游服务业将迎来以下发展契机：第一，国际旅游市场需求量会增长；第二，入境人力资源会持续增多，尤其是自然人流动；第三，国际资本进入难度降低，跨国企业会推动本地市场发展；第四，其他融合服务业的国际市场需求量增长，在现代服务体系的共同作用下，旅游服务业同样会获得新一轮国际业务；第五，对外贸易、资本进出和国际交流过程可以促进技术创新和市场转型升级，增强旅游服务市场稳定性和竞争力。

3. 国际业务需求潜力较大

海南旅游服务的国际市场需求拥有较大的潜力，该判断主要基于以下现实：第一，在疫情发生前，海南拥有较大规模的入境客源，并呈现逐年递增的态势，随着疫情逐步好转，这部分客源有回归的可能，尤其是东南亚地区的客源；第二，入境门槛降低和海南交通网络铺设情况良好，都降低了周边国家旅客入境游的成本；第三，海南旅游服务业及其他融合服务业的业务水平不断提高，尤其是医疗康养服务业、文化娱乐服务业和商业服务业，可以形成更强的国际影响力；第四，国际资本扎根海南，可以形成较强的联动效应，对于推动大规模商业合作有潜在作用；第五，东南亚地区即将形成人民币跨境支付全覆盖，在较大程度上推动东南亚一体化旅游市场的构建。

4. 地区政策协调性增强

RCEP 生效后，海南与东盟国家的旅游服务业贸易往来会逐步增长，长期合作交流必将推动市场机制协调发展，最终可能推动旅游服务市场规则与政策完全一体化，实现多边市场资源无障碍流动，实现互利互惠、共商共建共享。目前通过海南自贸港建设规划和跨境服务贸易负面清单，海南已经实现更高水平的自然人流动准入和多项服务业务进出零关税，如果周边国家也如期采取相同措施，共同建设亚洲旅游市场的目标将会快速实现。

三　海南旅游服务业的发展隐患与面临的挑战

虽然海南旅游服务业拥有众多的发展优势，前景较为良好，但在国际化的过程中，仍然存在部分发展隐患，面临一定的国际环境挑战，如果处理不慎，将可能延缓国际化进程。

（一）海南旅游服务业的发展隐患

1. 专业人才需求缺口较大

目前海南旅游服务业的人才缺口还未填满，而考虑到国际业务的进一步开拓，实际人才需求量更大，人才缺口更加难以填补。海南旅游服务业所需的高水平人才至少应在以下方面具备较强的实践技能：熟练掌握英语乃至多国语言；对不同国家的文化风俗有较深刻的认知与理解；能熟练使用最新科技，并将其应用在业务中；拥有较广泛的业务网络和较强的业务能力，能为境外游客提供全方位服务。这样的高水平复合型人才在国内较为稀缺，培养难度较大，因此短期内难以满足海南旅游服务市场的需求。

2. 服务体系国际化水平有待提高

海南旅游服务业虽然形成了较为全面的服务体系，能满足国内市场绝大部分实际需求，但能否大量满足国际市场需求还存在未知数。例如上文提到高水平人才稀缺，不足以供应国际市场，会对服务质量产生一定影响；海南现存的部分旅游项目可能难以对国际游客产生较强吸引力，如红色旅游项目，这一部分空缺需要进一步弥补。另外，目前国内市场仍占比较大，本地企业可能在国内游客接待方面经验丰富，而缺乏涉外业务处理经验，随着国际市场的逐步开放，可能会产生更深层次的隐患。

3. 市场抗风险能力有待进一步评估

海南旅游服务市场的抗风险能力可能不足，市场保障体系是否完善，还需要进一步评估。目前海南省政府对如何在重大卫生事件中保障旅游服务企业的发展已有较好的解决方案，但随着国际市场的开放，面临的市场风险更加多样化，市场稳定性的考验更加严峻。短期内，海南同时面临境外疫情控制和保障旅游服务贸易出口顺利进行两大工作难题，需要慎重解决。

（二）海南旅游服务业面临的挑战

1. 双边国际市场还未建设完成

海南旅游服务业在对外开放的过程中，旅游服务出口占比较高，进口占比较低。除去海南人口较少带来的影响，旅游服务领域的境外资本、人力资源也不足，贸易顺差较为明显。在服务业融合深入发展阶段，在商业服务业、金融服务业、教育服务业和文化产业等的作用下，服务业整体贸易顺差问题有所缓解，但旅游服务领域的国际双边资源流动渠道还未建设完成，不足以推动区域性旅游市场建设。

2. 流动资本提高金融风险

在省政府持续招商引资、资金入境门槛降低和旅游服务影响力日益扩大三重作用下，旅游服务领域的外资进入会在短期内增加，预计增幅较大，但这种情况会给海南金融稳定性带来冲击。外资进入带来的旅游服务市场供应水平上升必须与市场需求相匹配，否则会产生一系列市场波动，最终影响未来投资；但前文已指出，包括人力资源在内的部分生产要素供给存在较大缺口，此时如果无法合理使用外资，对市场供应产生的影响将更加难以预期。如何控制资本流动速度、调节流动方向是海南省政府亟待解决的重要难题。

四 针对海南旅游服务业国际化的相关建议

综上所述，海南旅游服务业拥有较为充足的发展基础，拥有特殊的发展优势，但面对国际化，还未做好完全的准备，可能面临一系列阻力。因此，海南省政府应充分考虑自身特殊性，慎重选择具体的国际化路径。

（一）持续进行市场监督和政策调整

海南省政府应持续发挥统筹协调职能，联动产学研各界，持续进行市场监督，积极与旅游服务企业进行沟通，及时调整扶持和规范政策方向。应对国际市场环境和省内行业建设情况有即时全面的了解，加强防范旅游市场风险。充分发挥地方行业协会作用，持续建设政企交流平台和企业信息管理平台，重视企业和民众的市场监督作用与意见。

（二）积极有序引进国际资源

海南应更加重视引进国际资源，尤其是国际技术资源和人才资源，重视引进以英语或其他语种为母语的人才。鼓励开设职业培训机构，发动市场力量填补人才缺口。对引入外资进行合理管控，通过调整政策引导资金流向，保证旅游市场结构稳定。建议完善资金管理平台，加强海关监管工作，升级资金流动监督机制。

（三）努力提高旅游服务国际化水平

海南应以旅游服务业为核心，进一步健全现代服务体系，并持续提高国际化水平。积极开展和引进国际性会议与赛事，鼓励高层管理人员开展国际化业务培训工作，利用资金扶持的方式推动企业开展对外业务。积极与东盟国家进行合作交流，引进多边企业合作方案，促进本地企业进行国际对接。

（四）推动市场自主转型升级

海南应重点培养旅游服务业转型升级能力，进一步推动智慧海南建设，实现旅游服务业信息化、职能化应用。鼓励企业转型升级，扶持创新型旅游服务企业，积极推动旅游服务业与其他行业深度融合。

结　语

综合全文所述，在海南自由贸易试验区建设、海南自由贸易港建设和"十四五"规划的支持与引导下，海南旅游服务业已经拥有较为稳定的市场基础，政策与资源优势充分，营商环境较为理想，市场潜力较大。在RCEP 生效的背景下，海南旅游服务贸易将获得更多优质的国际机遇，拥抱更广阔的市场前景。海南应深入挖掘本土和国际资源，进一步扩大市场开放，通过创新升级提高服务质量，早日打造国际旅游消费中心。

参考文献

童泽林、KURYN MARYNA：《离岛免税购物政策对海南旅游消费的影响研究》，《价格理论与实践》2021 年第 9 期。

刘璐璐、杨秀侃：《海南旅游形象传播优化策略》，《采写编》2021 年第 12 期。

孙苏苏：《海南茶文化旅游创新营销策略探讨》，《福建茶叶》2021 年第 12 期。

袁迎蕾、陈亮、林俊汝等：《智慧气象赋能海南全域旅游建设探究》，《科技传播》2021 年第 21 期。

朱金悦、唐睿、冯学钢：《区域旅游贸易引力模型的构建及实证检验——以海南入境客源市场为例》，《广西社会科学》2021 年第 10 期。

海南国际教育创新岛发展现状及对策研究

侯 越 刘 昂[*]

摘 要： 海南教育服务业的发展得到了中央和地方一系列政策的扶持。在海南建设自由贸易试验区的背景下，中央政府将海南视为落实我国教育现代化"四点一线一面"战略的关键，鼓励海南持续推进教育改革从而获取源源不断的动力支持。随后，海南省遵循教育部指导，提出全力创设国际教育创新岛的发展规划，希望成为我国教育开放活动的践行者，并制定了一系列规划和实施方案。经过两年的努力，海南国际教育创新岛建设工作取得了符合预期的阶段性成果。只是从客观视角来看，也存在基础教育优质资源供给结构性矛盾突出、高等教育服务产业发展的能力不足、教师队伍整体水平亟待提高、学校及教育资源布局结构需优化调整等问题。本文通过分析海南建设国际教育创新岛的现状，研究海南发展教育服务业的政策红利优势、区位人文优势和人才优势，并针对其中存在的薄弱环节提出加快建设高质量的教育体系、推进教育供给侧改革、实现制度集成创新、借鉴海外的优秀经验、持续丰富教育服务内容等诸多改进建议。

关键词： 国际教育　服务业　教育改革　师资培养

---

* 侯越，文化人类学博士，北京第二外国语学院日语学院教授、硕士研究生导师，研究领域为中日文化传承与文化创意研究、跨文化交际；刘昂，北京第二外国语学院中国服务贸易研究院2020级硕士研究生，研究领域为日本国际文化贸易。

引　言

2020 年末，随着《教育部海南省人民政府共同加快海南国际教育创新岛建设合作协议》的颁发，我国教育部与海南省政府就如何促进海南国际教育创新岛建设工作展开深入讨论，并形成相关指导意见，为海南省通过改革创新，确立中国教育开放发展新标杆做了良好铺垫。经过两年的努力，海南国际教育创新岛建设工作取得符合预期的发展成果，不过也存在一些问题。

在国内学术研究领域，国内专家学者结合自由贸易港建设时代背景，纷纷围绕海南国际教育创新岛建设进行深入研究。有些专家学者聚焦高职院校发展问题发表自我观点，譬如岳藤对海南自由贸易港建设及海南高职院校之间的影响与被影响关系进行梳理；[①] 曾婷则在来琼留学生趋同化管理模式的背景下，深入探讨了课程趋同化管理在化解留学生语言障碍、化解中西文化冲突、提升教育成果等方面所具有的实践意义。[②]

综上所述，目前尚未有学者从全局角度来探讨海南国际教育创新岛建设的发展情况以及存在的问题。本文以海南自由贸易港建设为背景，梳理相关政策条线，通过分析海南建设国际教育创新岛的现状，研究海南国际教育创新岛建设的优势，并针对其中存在的薄弱环节提出建议。

一　海南国际教育创新岛建设的政策背景

（一）地区战略定位：中央顶层设计，自贸港区定位

2018 年 4 月 13 日，习近平总书记在庆祝海南建省办经济特区 30 周年大会上发表重要讲话（以下简称"4·13"讲话）时强调，党中央决定支持海南全岛建设自由贸易试验区，支持海南逐步探索、稳步推进中国特色

---

① 岳藤：《海南自由贸易港建设背景下高职院校"双高"建设路径探析》，《林区教学》2021 年第 7 期。

② 曾婷：《来琼留学生课程趋同化管理研究》，《新教育》2021 年第 26 期。

自由贸易港建设。①

随后，中共中央联合国务院推出《中共中央　国务院关于支持海南全面深化改革开放的指导意见》（以下简称《意见》），此举为海南持续深化改革开放政策、促进改革开放新格局形成和步入良性循环提供了更多可能，有助于海南省可持续发展目标实现。

2020 年 6 月 1 日，为深入贯彻 "4·13" 讲话精神，落实《意见》要求，中共中央与国务院正式印发《海南自由贸易港建设总体方案》，旨在为创设高质量中国特色自由贸易港提供精准指导。结合该方案内容可知，预计到 2025 年，我国能够通过自由贸易港政策制定体系的确立，为贸易和投资自由提供更多支撑；预计到 2035 年，愈加成熟的自由贸易港制度体系的存在价值能够得到进一步体现；截止到 2050 年，纵观国际市场，我国能够全面建成拥有国际知名度和世界影响力的高质量自由贸易港。

（二）教育功能定位：中央教育规划，赋能港区建设

"4·13" 讲话后，我国于 2018 年末拟定了《中国教育现代化 2035》《加快推进教育现代化实施方案（2018—2022 年）》，在我国教育现代化 "四点一线一面" 的四大战略中，将海南省视为不可或缺的支点，且鼓励海南省本着循序渐进的原则持续深化改革开放，继而获取理想的实施效果。

2019 年，在中央十二号文件精神指引下，我国教育部和海南省政府基于海南省发展概况，就如何深化教育改革开放工作展开深入讨论，通过《关于支持海南深化教育改革开放实施方案》的颁发，为海南创造国际教育创新岛指明了努力方向，即成为我国教育改革开放新标杆，为其他省份提供学习样板。

（三）教育政策制定：海南教育政策，落实中央战略

《海南省国民经济和社会发展第十三个五年规划纲要》在 "构建特色产业体系" 章节中提到，为推动海南省民办教育事业发展，应加强中外合

---

① 《习近平：在庆祝海南建省办经济特区 30 周年大会上的讲话》，共产党员网，2018 年 4 月 14 日，https://www.12371.cn/2018/04/14/ARTI1523660364597311.shtml？t=636595780047187500。

作办学，为留学生来琼提供便利，赋予教育服务更多定制化和个性化特点，深挖教育消费能力。同时，通过"互联网＋教育"模式，实现对境外优秀教育培训资源的引进和应用，推出考试培训、技能培训、职业研修等服务项目，基于线上宣传和线下体验促进教育培训体系确立。借助"互联网＋"，为旅游会展、文化出版等产业提供更多内在驱动。

"4·13"讲话后，海南省推出了一系列与教育有关的政策方案，其中包括《海南教育现代化2035》《海南加快推进教育现代化行动计划（2019—2022年)》，并针对学前教育、高等教育、中小学教育等进行统筹规划，能够从长远视角出发，为该省中长期教育改革活动持续推进奠定基础。

2021年7月，在《海南省"十四五"教育现代化规划》中，海南省政府提出，"十四五"期间，应迎合自贸港建设需求，通过教育现代化发展和教育对外改革开放方式多元化发展，保质保量地完成国际教育创新岛的打造。

二 海南国际教育创新岛建设现状

(一) 整体概况

基于《海南自由贸易港建设总体方案》可知，海南省提出了"允许境外理工农医类高水平大学、职业院校在海南自由贸易港独立办学，设立国际学校"的规定，这是目前国内唯一的教育准入政策，是一项重大突破。该方案提到，海南省政府及相关部门应鼓励和引导国内外重点高校进行合作，并在海南自由贸易港创建具有独立法人资质的教育机构，持续深化中外教育机构合作力度。另外，《关于支持海南深化教育改革开放实施方案》鼓励境外知名高校来海南寻找办学合作伙伴，海南省相关部门应持续优化现有办学审批流程。同时，海南自由贸易港也出台《引进知名高校补助资金管理办法（暂行）》，旨在吸引国内外知名高等学府将分支机构安排在海南，并且为其提供资金补助及其他便利条件。在一系列优惠政策的支持下，"十三五"期间，海南国际教育创新岛建设取得了阶段性成果。

1. 大力引进全球优质教育资源

海南省教育系统内拥有将近120个已完成签订流程的教育项目，400

多个处于开工状态的教育项目，其投资金额接近 300 亿元。在陵水黎安国际教育创新试验区坐落着 11 所境外知名高校，其中包括密歇根州立大学、考文垂大学等；海口江东国际教育新区迎来了哈罗公学（知名国际学校）；德威公学、卫斯理安学院等国际名校处于建设状态。来自欧洲的洛桑酒店管理学院、比勒费尔德应用科技大学为莘莘学子提供了更多求学机会。全省教育系统累计新增人才 16057 人，其中有 1098 人为高层次人才（港澳台人才 6 人、外籍人才 38 人），柔性引进人才 1129 人（港澳台人才 12 人、外籍人才 59 人），高等学校本土培养院士、"长江学者"特聘教授、国家杰出青年科学基金获得者皆打破了零的纪录。[①]

2. 重点园区建设开局顺利

在当前阶段，陵水黎安国际教育创新试验区处于如火如荼的建设状态，首批入驻高校一共有 16 所，有 11 所国外高校（包括考垂文大学、密歇根州立大学等）和 5 所国内高校（包括南方科技大学、南开大学等）。在三亚崖州湾科教城内则分布着 8 所知名高校，其中包括武汉理工大学、上海交通大学、中国海洋大学等。北京语言大学、北京外国语大学则选择入驻海口江东国际教育新区。2020 年，哈罗公学已正式运营，德威公学、卫斯理安学院等国际学校依旧处于建设状态。[②]

3. 重点项目扎实推进

据了解，德国比勒费尔德应用科技大学作为我国首个境外独立办学项目早已完成签约工作，来自欧洲的洛桑酒店管理学院将三亚作为签约落户地点。基于上海交通大学医学院和英国爱丁堡大学所形成的中外合作办学项目（医学院）将博鳌乐城国际医疗旅游先行区作为首选。乌拉尔学院作为海南省首个高职层次的中外合作办学机构，一时之间成为社会舆论关注焦点。

（二）海南教育行业结构现状

1. 基础教育

2016 年初，海南省通过"一市（县）两校一园"项目实施，为省内

---

① 《海南省"十四五"教育现代化规划》。
② 《海南省"十四五"教育现代化规划》。

各市县通过联合办学等方式引进教育资源和提升教育质量提供了更多可能，且硬性要求能够达到省级水平的学前教育机构、小学和中学需要做到各市县至少各1所。在这一工程中，海南省各市县纷纷将教育扶贫工作视为重点，希望通过对口帮扶、联合办学、委托管理等方式促进教育扶贫目标实现。此外，海南省通过启动"好校长，好教师"工程，持续丰富当地教育资源。

截至2020年12月，以清华大学附中、人大附中、华东师大二附中等为代表的国内外知名中小学纷纷落户海南省，其数量达到103所，能够为社会提供13万个优质学位，其实践意义不容小觑。

如今，在海南省优惠教育政策吸引下，以德威公学、卫斯理安等为代表的国际学校和以北京海淀外国语学校等为代表的国内知名学校纷纷涌入海南省，希望迎合时代发展要求，抓住国际教育机会实现快速发展。

2. 职业教育

自2010年以来，职业教育逐渐成为海南省政府关注的焦点，且连续3年出现在《政府工作报告》中，其重要性可见一斑。自"十三五"以来，该省教育厅本着重本弃末的原则将职业教育改革放在首位，当地职业教育步入蓬勃发展阶段。

海南职业教育连续10年就业率在95%以上，这一数据远远领先于全国平均水平。由官方提供的相关统计数据可知，该省拥有63所职业学校，就读学生数量达到14.2万人。早在2020年，该省中职招生数量一度达到5.5万人，在高中阶段教育中其比重为46%。据悉，该省现有职业学校实训设备价值总计11.05亿元，生均仪器设备价值为9423.10元。该省职业院校以产业结构及岗位需求为导向进行设置，中职教育拥有16大类118个专业，高职教育则拥有19大类169个专业。除却护理、烹饪、旅游等特色专业，还包括新能源汽车、传统（黎族）文化等专业，为学生提供了诸多选择空间。该省职业院校的办学模式一方面能够迎合一二三产业发展趋势，另一方面独具海南特色。2015～2020年，海南省为社会提供了18.19万名各类技术型人才，为服务业、制造业等提供了源源不断的人力支持。在该省一线新增从业人员中，有70%的从业人员拥有职业学校学习经历。

职业教育所具有的社会意义能够得到充分体现。① 海南省在中央政府的指导下，具有强烈的开拓意识和与时俱进的发展能力，通过分析国家战略和服务区域发展路径，结合海南自贸港建设要求，将培养技能型人才视为现阶段重点。

自 2014 年以来，针对职业教育事业，海南省推出了一系列切实可行的改革项目，其中包括高职连读（高中和职业学校，即 "3 + 2"）、中职与普通本科结合（"3 + 4"）等举措，希望通过这种方式丰富人才上升路径，力求为人才打造 "学习立交桥"。上述项目为 9.79 万名学生实现持续性学习提供了诸多便利条件。

职业教育能够依托人才培养和招生试点项目推进顺势激发人才链活力，加上各类校企合作形式演变，职业教育不仅不再止步于内通，而且能够实现外联，通过人才链驱动产业链。该省职业院校以餐饮、服务、汽修等产业为重点，通过产学研协作、定制化培养、顶岗实习等方式持续丰富人才培养策略，该省有 1024 家企业与省内职业学校建立了长期合作关系。在《关于深化产教融合的实施意见》中，省教育厅鼓励省内企业在联合办学项目中发挥主导作用，希望通过产能融合项目拉近企业与学校之间的距离，一方面能够为企业培养品学兼优的技术型人才，另一方面能够为高职院校调整教学内容提供参考，且有助于提升学生就业率和促进省内产业结构优化，有一举多得之效。

3. 高等教育

在国际教育创新岛的建设过程中，海南省肩负不容推卸的职责。在各方利好政策推动下，海南不仅拥有 "全国最开放的教育发展政策"，而且能够结合该省实际情况，鼓励国内外知名高校入驻洋浦经济开发区、海口江东国际教育新区、陵水黎安国际教育创新试验区等，随着 "三面两点" 教育发展路径形成，当地所拥有的高等教育资源逐年攀升。自 2018 年以来，先后有 63 所国内外知名高校涌入该省，寻求新的发展空间。

由三亚崖州湾科教城打造的产学研发展平台，为种业安全、深海科技

---

① 《海南职业教育春潮涌》，海南日报网站，2021 年 5 月 12 日，http://hnrb. hinews. cn/h5/html5/2021 −05/12/content_58475_13366087. htm。

发展提供了专业支持，这是国内外知名高校之所以在此设置研究院的关键。2020 年，中国海洋大学三亚海洋研究所正式启用，在电子信息研究、海洋生物科学等方面为 174 名研究生提供了探索和学习空间。截至 2020 年末，以中国农业大学、上海交通大学、哈尔滨工程大学为代表的国内知名高校陆续入驻，已有 5 所高校正式启用。

陵水黎安国际教育创新试验区立足当下，以教育开放为导向，旨在通过中外联合办学、独立办学等项目实施，为当地服务业、高新技术产业提供更强的推动力量。陵水黎安国际教育创新试验区被中共中央喻为"新时代中国教育开放试验田"，在发展高等教育实践工作中，其重要性不容小觑。如今，该区拥有 15 所国内外高校，其中包括考文垂大学、南方科技大学、南开大学等。

此外，来自欧洲的比勒费尔德应用科技大学于 2020 年入驻洋浦经济开发区，这也是国内首个境外独立办学项目，具有极为深远的影响。

（三）重点园区教育产业建设情况

1. 陵水黎安国际教育创新试验区

在海南自贸港 11 个重点园区中，陵水黎安国际教育创新试验区拥有举足轻重的地位，其规划面积达到 12.72 平方公里。在该试验区，教育项目以中外办学项目为主，旨在吸引留学生前来深造，办学项目涉及本科、硕士、博士等，办学规模预计达到 3 万人。起步区办学规模则是 1 万人，如今首批招生活动已全面启动。

自 2019 年海南国际教育创新岛建设项目正式启动后，一共有 16 所国内外知名高校完成了签约和入驻工作，其中包括中国传媒大学、南开大学、考文垂大学、阿尔伯塔大学等。为大力发展高新技术产业，切实满足相关企业的岗位需求，陵水黎安国际教育创新试验区通过中外联合办学和出台优惠政策，鼓励国内外知名学校将合作办学项目落户该区。如今，基于电子科技大学和格拉斯哥大学所形成的合作机构逐渐受到陵水黎安国际教育创新试验区的吸引。

据了解，该区在引进教育项目时提倡选用"大共享＋小学院"的发展模式，为学生提供"学在海南、留学海外"的发展路径，鼓励他们打破学科束缚，实现对不同知识点的融会贯通，做到学以致用，在彰显自身存在价值的同时，为产业发展贡献一己之力。

2. 三亚崖州湾科教城

三亚崖州湾科教城规划面积达 4.54 平方公里，它以深海、南繁科研产业为重，通过打造高等院校、科研机构来实现科研教育目的，为公共科技研发活动提供技术支持，且鼓励创新创业孵化工作持续推进。经过了解发现，该科教城拥有包括中国海洋大学、上海交通大学、武汉理工大学等在内的 8 所国内知名高校，且推崇"研究生院 + 研究院"的发展模式，着重培养本地人才，提升产学研一体化服务水平，促进产业结构持续优化。三亚崖州湾科教城将培养热带农业、海洋、南繁育种专业人才视为现阶段重点，着重引进中国海洋大学、中国农业大学等高校。希望以此为契机，为国家相关产业的建设储备重要力量。

"十四五"期间，三亚崖州湾科教城计划完成一期和二期建设工作，能够为 7000 多名学子提供求学机会。随着高校专业优势逐步体现和涉海、涉农专业的发展，加上"一校入学、多校选课"等教学理念的实施，科教城在优化教学资源、产学研蓬勃发展方面表现可圈可点，为其他省份创设科教园区提供了学习样板。

3. 海口江东国际教育新区

该区坐落于江东新区东部，毗邻海口美兰国际机场，拥有 22.16 平方公里的规划面积，其中有 17.53 平方公里属于建设用地，只有 11.81 平方公里是净开发建设用地。根据规划可知，其人口规模预计达 15 万人左右。这里聚集着海口大学城、哈罗学校等。

2020 年，该区建设项目包括 3 所学前教育机构（幼儿园）和 4 所中小学，能够为当地提供 8370 个学位。如今，随着哈罗学校、枫叶国际学校、江东寰岛实验学校等教育机构的入驻、建设和使用，该区所具有的国际教育资源得到进一步强化，为当地教育事业的发展、基础教育目标的实现提供了诸多利好条件。就目前来看，该区加大了对教育环境和基础教育资源的关注和应用，希望能够通过这种方式，为当地居民接受优质教育提供更多便利。

2 月 21 日，该区正式启动招商工作，鼓励国内外兼具知名度和综合实力的高等学府、知名学前教育机构（幼儿园）、K12 学校等来该区"安营扎寨"。同时，该区能够结合入驻学校实际需求为其提供面积在 100～1000 亩区间的教育用地。随着招商工作的持续推进，海口江东国际教育新区内的教育体系、各类教育机构类型愈加丰富，当地所具有的教育实力得到进一步巩固。

4. 洋浦经济开发区

1992 年，在国务院首批国家技术开发区名单中就有洋浦经济开发区，且该区依法享受保税区政策。2007 年，该区在得到国务院支持的前提下完成了洋浦保税港区的建设工作。经过多年开发建设，洋浦经济开发区已成为海南工业发展龙头和对外开放高地。

2020 年 8 月，海南省政府与比勒费尔德应用科技大学就职业教育发展问题展开深入讨论，并达成共识且签订了战略合作协议，将德国职业教育体系引入海南省。作为首个独立办学项目，洋浦经济开发区集结多方参与力量，促进了新型产教协同发展体系的确立，其招生范围辐射海内外。

在当前阶段，处于该区的中德产业园处于如火如荼的建设状态，当地政府希望通过这一项目持续深化校企合作，通过定制化人才培养、提升科技成果转化率等方式，为德国大学伙伴企业到洋浦经济开发区发展创造更多利好条件。在优化办学环境的实践过程中，该区政府将主要精力集中在基础设施建设、医疗机构增设、人才落户流程优化、教师个人所得税优惠政策等方面，且取得了相对理想的实施效果。

三　海南建设国际教育创新岛的优势

（一）政策红利优势

中央关于海南自贸港区的顶层设计和战略定位，教育部与海南省联合部署的国际教育创新岛规划，以及在此基础上制定的一系列优惠政策，均为该省服务业发展夯实了政策基础。

为了支持海南教育服务业的发展，国家出台了前所未有的宽松条件和优惠措施。海南省是国内首个也是唯一允许理工农医类职业院校及高校直接入驻和独立办学的地区，为推动我国教育开放式发展做了大胆尝试。与此同时，该省为吸引国际知名企业及高等学府来琼发展，专门推出了具有独立法人特点的办学项目，为中外合作提供了诸多支持。另外还出台了简化办学审批流程、给予资金补助等政策。

这一系列政策红利的支持，极大地推动了海南教育服务业的发展，为海南教育的国际化发展注入了强大动力。

（二）区位和人文优势

海南区位优势独特，拥有其他省份难以复制的离岛优势。从整体视角来看，海南岛与雷州半岛隔海相望，海南岛与大陆之间相对独立的特点明显，为当地发展自由贸易港和实施特殊关税、制定海关监管举措提供了必要前提。海南物理空间与外界分割这种独特的区位优势为海南建设商品、资金、人员自由流动的特殊区域积累了经验。

海南处于北纬 18°~20°，四面环海，拥有丰富和类型多样的热带海洋资源，热带雨林气候特点显著，年平均气温 25 摄氏度，全年日照充足，降水量充沛，加上优越的地理区位优势，海南省拥有鲜明的国际教育创新优势。海南省拥有 3.54 万平方公里的陆地，海域面积达到 200 万平方公里，是国内知名的旅游城市。根据第七次全国人口普查结果，海南省常住人口突破 1000 万人，人口基数为该省大力发展国际教育提供了必要支撑。此外，海南属于知名侨乡，为海外华人"留学海南"和了解中国教育提供了重要路径。

（三）人才优势

近年来，海南自贸港区相关政策的颁发和实施，为人才流动和良性循环提供了重要驱动。譬如，海南省对 59 个国家实施了免签政策，此举为国内外学术会议举办创造了诸多利好条件，有助于国内外人才自由流动。截至 2021 年末，有来自 100 多个国家和地区的 1559 名境外人员依法获取该省提供的工作许可，其中有 267 名拥有 A 类工作许可（属于高端人才），有 970 名拥有 B 类工作许可（属于专业人才），有 322 名拥有 C 类工作许可（属于其他类人才）。据悉，上述人才多来自美国、俄罗斯、韩国、泰国、加拿大，活跃在旅游、文化、商务、交通等领域。

四 海南建设国际教育创新岛的薄弱环节

海南国际教育创新岛建设成果显著，但对标高质量教育体系建设新要求，尚有一些突出问题亟待解决。

（一）基础教育优质资源供给结构性矛盾仍较突出

学前教育短板明显，市面上的早教机构普遍存在教学场所简陋、教学模式混乱、教师综合素质较低等问题。另外，学前教育和早期教育并未得到应有的关注，所获得的政府支持有限，幼教从业人员的社会地位和薪资水平并不高。

义务教育区域及城乡发展差距较大，城镇学校存在学位数量过少（56人及以上大班比重居高不下），偏远地区学校存在学生寄宿难、寄宿生活条件较差、校园安全防范设施不完善等一系列问题。

当地普通高中尚未实现充分的特色化发展，片面应试教育倾向仍然存在，在选课走班教学管理机制、考试招生制度等方面存在客观短板，新技术在教育上的应用还不够充分。

（二）高等教育服务产业发展的能力不足

海南省高等教育发展水平在全国各省区市中处于相对落后的位置，全省仅有海南大学1所"211大学"。结合官方数据可知，该省高校毕业生就业率尚未达到预期，在人力资源市场中所拥有的竞争力和选择权有限，该省人才培养质量有必要加以提高。从科研视角来看，虽然该省科研项目数量持续攀升，所获科研经费金额增幅明显，但是相较于其他省区市，在论文数量、科研成果转换、省级科研成果等方面，海南省仍具有较大的发展空间。

（三）教师队伍整体水平亟待提高

教师管理体制及激励机制不够健全，部分教师基础能力亟须提升，国际教育教师素养普遍偏低，拔尖人才和领军人物相对匮乏，不能很好地引领教育教学改革和适应教育对外开放新需求。就目前来看，随着该省办学规模的持续扩大，现有教师数量和质量无法满足客观需求。在师资队伍中，高学历教师比重过小。在高等学府中，拥有组织能力和学术研究水平的学术领头人数量不多，且研发型人才、科技转化型人才数量皆较少。对此，该省高职教育需要调整其战略规划，加强对教师队伍专业水平的关注及培养。

（四）学校及教育资源布局结构仍需优化调整

近年来，我国逐步放开了生育计划。不过随着国民生育观点转变，当地生育率并未出现显著提升，尤其是农村生育率不升反降，适龄儿童数量逐年递减，加上农村学生涌入城镇，导致农村学校设施闲置，教育资源未得到充分利用，办学效益难以得到真正改善。海南在教育资源分配上存在城乡之间师资、政府投入、公用经费等方面的不平衡。另外，教育供给体制机制不够灵活、有效，教育治理体制机制仍需进一步完善。

五　进一步完善海南国际教育创新岛建设的对策建议

（一）加快建设高质量的教育体系

海南的教育服务业应充分对标教育服务业发展水平较高的国家和地区，引进国内外先进的办学理念，明确目标和方向，加快推进海南省的教育现代化改革。同时，继续将教育信息化基础建设工作视为重点，激发新技术赋能教育，优化和培育学习者全面而有个性发展的环境，推进教育观念更新、模式变革和体系完善，以先进技术和教育信息化推进海南教育现代化。另外，对现有的教育体制机制以及人才培养体系进行改革和创新，基础教育应逐渐摈弃片面应试教育的倾向，注重学生能力的全方位培养与发展；高等教育则应加大优质高校的建设力度，大力引进高端师资，提升整体科研能力。

（二）推进教育供给侧改革

为契合海南产业发展的实际需要，应大力推进教育供给侧改革，在整体提升急需人才供给数量的同时，立足当下，持续调整高等教育结构，改进职业教育布局，赋予学科专业结构更多科学合理性，注重提升人才培养质量，以此助力产业发展，推进人才链对接产业链、创新链，并同步加速培育教育服务产业。

（三） 实现制度集成创新

在尊重海南发展概况及其教育发展阶段特点的前提下，兼顾教育发展规模和教育质量，本着循序渐进的原则落实好补齐发展短板和满足新发展需要的双重任务，深化体制机制改革，发挥自贸港建设的制度优越性，实现对现有教育资源的优化配置，集结社会力量，将重要改革举措落实到位，赋予教育工作更多内在驱动力量。同时，应对外部环境的不确定性，需要注重防范化解教育领域重大风险，建立灵活应变机制，全面提升应对风险冲击的能力。

（四） 借鉴海外的优秀经验

发达国家的教育服务业发展拥有很长的历史，如美国、英国、澳大利亚、日本、新加坡等国家的教育服务业都拥有相对成熟的产业体系，积累了相当丰富的经验。尤其是在吸引海外留学生方面，有很多值得学习和借鉴的地方。比如新加坡在欧美留学越来越困难的背景下，从 2003 年开始着力打造亚洲教育之都。从现在的结果来看，该计划取得了比较显著的成果，吸引了大量亚洲地区尤其是中国的留学生。再加上新加坡本身作为自由贸易港，与现在的海南有很多的相似之处。从这一点来看，这些国家发展教育服务业的先进经验具有很高的学习和借鉴价值。

（五） 提供高质量多样化的教育服务

一是深化教育供给侧结构性改革，统筹规划、合理布局、有效供给各级各类教育资源及服务。二是建设一流的教师队伍，促进个性化学习资源增加，促进学习氛围向着多元化方向发展，以切实满足教师追求为导向，不断优化现有教育策略。

参考文献

牛新文：《以信息化为支撑构建海南特色教育体系》，《海南日报》2021 年 5 月 19 日。

牛园园：《自贸区建设背景下海南高职院校国际化人才培养现状及思考》，《海外英语》2021 年第 4 期。

王欢欢：《来琼留学生教育管理现状研究综述》，《大众标准化》2021 年第 3 期。

海南文化娱乐服务业发展趋势研究

田　嵩　胡心怡*

摘　要： 在海南迈向国际化的过程中，随着社会政治经济的发展，海南全岛建设自由贸易试验区和中国特色自由贸易港的工作也在不断推进，为海南的休闲生活方式和文化娱乐服务业带来了巨大的发展契机。海南的文化娱乐服务业采用以旅游业为核心的发展模式，并形成了一定的规模，文化娱乐服务业经营走向现代化，自由贸易港的优惠政策吸引了许多文化企业入驻。海南文化娱乐服务业的发展影响着城市民众的意识观念，并促进了海南城市国际化的转型。为促进海南文化娱乐服务业的更高质量发展，本文从介绍发达国家的文化娱乐服务业出发，分析海南文化娱乐服务业目前存在的问题和差距，为提高海南文化娱乐服务业的质量和海南人的精神文化氛围提出相关建议。

关键词： 自由贸易港　文化娱乐服务业　文旅融合

引　言

文化娱乐服务业是近代工业文明的产物，它不仅生产文化物质产品，还提供文化服务，丰富居民的精神文化生活，提升居民的生活质量。事实

---

* 田嵩，北京第二外国语学院副教授，基础科学部硕士研究生导师，研究领域为计算机技术、现代教育技术、网络新媒体技术；胡心怡，北京第二外国语学院中国服务贸易研究院 2020 级硕士研究生，研究领域为国际文化贸易。

上，文化娱乐服务业占据着居民的闲暇生活，其服务于消费者闲暇时间内基本生活之外的需求。西方国家的文化娱乐服务业发展较快，且规模不断扩大，涉猎的领域非常广泛。当前，我国许多文化娱乐服务是从西方引入的。现阶段，我国居民的温饱问题已经得到解决，人民的物质生活水平明显提高，越来越注重精神生活，文化消费活动呈现多样化的发展趋势。随着改革开放的深入，人民群众对于美好生活的追求越来越高，新的消费观逐渐形成，居民越来越关注闲暇生活的质量。

一 海南文化娱乐服务业现状分析

海南省始终坚持新发展理念，推动全省各产业高质量发展。面对新冠肺炎疫情的冲击，海南省政府有条不紊地统筹疫情防控工作，稳定海南省经济社会发展，海南自贸港建设顺利开局，带动现代化经济体系取得新进展，海南省各项经济指标保持稳中向好的趋势。

（一）多项政策支持海南文化娱乐服务业发展

1. 顶层设计重视在海南发展文化娱乐服务业

2018 年 12 月，《海南省建设国际旅游消费中心的实施方案》印发，其中要求"提升重要旅游城镇和休闲度假区的商业配套水平"，并允许在重点旅游区内设置通宵酒吧和娱乐演艺场所，海南省一直在逐渐放开旅游消费领域做探索，这不仅是体制机制的创新，而且优化了海南省的旅游、休闲环境，为构建一个更加丰富多元的文化消费新业态打下基础。

2021 年 4 月经国务院同意，商务部印发了《海南省服务业扩大开放综合试点方案》（以下简称《试点方案》），目的在于进一步优化海南服务业的发展，规范、完善已有的服务业发展规则体系，持续深化"放管服"改革，使海南省的服务业更加开放。例如，在设立拍卖企业方面，探索取消审核许可以及商业特许经营备案等规定，提高拍卖行业在海南省运营的灵活度。《试点方案》为海南提供了更加完善的体制机制，不断探索新的、先进的发展模式，积极推动传统行业转型，探索新的业态和新的发展模式，以期凸显区域聚集效应。《试点方案》还鼓励在海南建设特色服务出口基地，发展数字贸易并且优化审慎监管体系，以促进海南服务业的发展。服务业是海南的主导产业，已经有强有力的政策支持和保障海南的服务业发展，海南省应加快推动各项政策举措落地见效，促进海南自由贸易港服务业高质量发展。

2. 海南省注重自身文化娱乐服务业发展

海南非常重视文化产业发展，早在 2011 年，海南省政府就印发了《海南省人民政府印发关于支持文化产业加快发展若干政策的通知》，该政策要求发展"战略性、先导性、带动性强的新兴文化产业"，政策还支持"在海南举办的国内一流、国际著名的大型文化活动、体育赛事和填补我省产业空白的文化产业项目等"。政策在土地、财政税收、融资、市场、人才等方面都对海南发展文化产业给予了支持，如"为组建省文化产业集团注入资本金，省财政通过注入资本金，支持省综合性传媒集团、文化产业投资控股集团、出版文化集团、演艺集团和影视集团等发展壮大"，此政策给予文化产业更多资本金，促进文化产业快速发展。"将文化产业信贷融资纳入区域信贷政策重点支持领域，鼓励金融机构进一步创新金融服务方式，对文化产业项目实行利率优惠贷款等融资政策"，扩宽了海南省文化企业的融资渠道，有利于文化产业的振兴和繁荣发展，使金融服务业支持文化产业的发展，并大力支持文化产业领域培养和引进人才，支持文化产业的国际化发展，提高文化企业的国际竞争力水平。

2018 年，数娱港湾在海南数据谷成立，这是海南首家泛娱乐垂直众创孵化空间，它致力于整合海南省电子竞技产业资源，在打造电竞比赛平台和论坛上寻求突破。数字娱乐产业作为互联网产业的一部分，既不会破坏海南的生态环境，也能给海南带来巨大的经济效益，是适合海南发展的绿色产业。

2021 年，《海南省"十四五"旅游文化广电体育发展规划》（以下简称《发展规划》）指出"促进文化娱乐产业与旅游融合。积极培育旅游演艺、数字动漫、工艺美术、创意设计等文旅消费业态"。海南引进了一批具有国际影响力的世界顶尖演艺团体和经纪机构，举办世界级的艺术博览会、文化艺术节庆，创新沉浸式、交互式主题旅游演艺，培育具有国际影响力的音乐节、嘉年华、狂欢节等文化娱乐 IP。与国内外著名的电影传媒公司合作，在海南取景拍摄电影、电视剧、微电影等作品，并且举办"海南岛国际电影节"，不仅吸引来众多国内知名艺人，而且提升了国际知名度，借助电影节实现营收和营销。《发展规划》中还强调要"高质量发展文化演艺"，要根据海南特色推出主题演出，并支持将海南打造成世界街头艺人基地，支持演艺集团在海南设立总部，共同推动海南文化产业的发展。不仅如此，《发展规划》还支持海南"做大夜间文化休闲"，这条规定能够发挥海南气候优势，精准对接文化休闲需求。《发展规划》中强调需要加强海南自由贸易港政策优势宣传，吸引影视娱乐企业来琼投资拍摄，汇聚头部影视文化企业和综艺节目专业团队等落户海南。这些政策的推出无一不进一步推动了海南文化娱乐服务业的发展。

海南省设立了多项资金来支持企业创新、提升国际化水平。例如，支持外经贸事业发展的专项资金，该资金的名称为"外经贸区域协调发展促进资金"。这项资金主要支持企业进行各项创新活动，并对自身进出口结构进行调整和对外进行技术合作，以拓展企业的国际合作。文化产业发展专项资金主要支持演艺精品的创作演出，资金可用于舞台建设，并且支持演出舞台多运用数字技术来提升观众的观感体验。该资金还支持影视产业的发展，支持开展各项电影活动、支持在海南自贸港建设演艺基地，拍摄能够体现海南之美的影视作品，并且鼓励制作主旋律精品，也支持影视行业衍生品如网络电影的制作。省服务专项资金是鼓励引进国外的文化企业和支持本土文化企业举办国际性会展、体育赛事和演出的资金，意在提升海南文化行业的国际化水平，让本土的企业能够学习海外优秀文化企业的发展经验，提升本土文化企业的国际影响力，促进文化行业的高质量发展。

电子竞技项目是近年来备受年轻人追捧、能创造高收益的文娱项目，海南非常支持举办各项重大的电子竞技赛事，海南有充足的条件建设专业的电子竞技赛事场馆。此外，海南还支持动漫产业的发展，支持动漫游戏的创作和生产，也支持建设具有特色的动漫游戏体验馆。不难看出，海南十分支持将科技创新运用于文化娱乐服务业，这十分有利于传统的文化娱乐服务业转型升级，也有利于海南省文化资源的智能升级。

海南文化产业发展起步较晚，还没有充分利用文化娱乐资源，还不能完全满足广大人民群众日益增长的文化需求。在开发各项文化娱乐资源时，难免会遇到承办大型文娱活动的场所建设较为缓慢等问题，但其仍有较大发展空间。海南具有许多发展文化娱乐服务业的优势：第一，文化娱乐服务业在海南的整体规模不断壮大，文化产业的结构也不断更新并日趋合理；第二，海南的生态环境非常适合居民和旅客休闲娱乐，优越的气候条件支持海南在一年四季开展文化娱乐活动；第三，海南各项基础设施逐渐完善，海陆空等交通逐渐便利，营商环境日益优良，不论是省内居民还是外地游客都能在海南享受休闲服务。总体来看，海南文化娱乐服务业具有广阔的发展前景。

（二）海南文化娱乐服务业保持稳步增长的态势

1. *海南文化产业保持稳步增长趋势*

2021 年，海南省第三产业增加值为 3981.96 亿元，同比增长 15.3%，增长率远超 2020 年。居民消费价格比上年上涨 0.3%，其中 2021 年教育文化和娱乐消费价格下降 0.7%。2021 年，海南在文化文物事业方面有重要的发展成果，《红旗不倒》《黎族家园》《呦呦鹿鸣》3 部剧目入选庆祝建党 100 周年优秀舞台艺术作品展演。在 2021 年，海南十分注重非物质文化遗产的保护工作，有 4 个项目入选第五批国家级非物质文化遗产代表性项目名录，并且使用"线上 + 线下"模式吸引广大人民群众关注我国的非物质文化遗产，提升大家对传统文化的关注度。海南省十分重视重点文化产业和重大文化活动的建设，支持演艺产业的发展，希望能够创作出更多具有思想性和艺术性的演艺精品。

2. *各项资源加速注入海南自贸港，吸引文化企业入驻海南*

2021 年，大量影视公司在海南注册，截至 2021 年 9 月，明星工作室存续量为 853 家，明星相关企业存续数量为 6387 家。比如，阿里成立海南阿里巴巴影业有限公司，完美世界、唐人影视、华谊兄弟、光线传媒等产业龙头影视企业也纷纷入驻海南，开始在海南布局。吴京、沈腾等一批著名导演、演员和出品人到海口注册公司。

据了解，为了推动海南自贸港建设，政府提供一系列税收优惠政策是吸引各大文娱公司和艺人到海南建立工作室的原因。首先，海南注册企业所需要的税负大幅下降，企业所得税税率从25%降至15%；其次，个人所得税大幅下降，最高边际税率从45%降至15%，艺人能够获得更多的收入；最后，海南实施"零关税"政策，对影视产业的发展十分利好。同时，海南的自然风光是吸引影视公司来海南取景并且落户的一大重要原因，海口市人民政府印发了《海口市促进影视产业发展若干规定》，对在海口落户的影视企业给予力度较大的税费优惠和奖励，进一步激发了影视公司落户海南的兴趣。

据悉，在海口市注册登记的影视企业，自缴税年度起，按其形成的地方财力贡献市级留成部分（企业所得税、增值税）给予100%奖励。如果在1年内形成地方财力贡献市级留成部分在500万~2000万元，分别奖励100万~400万元。以上种种，都是海南为引进影视公司制定的一系列税收优惠政策，吸引了大量影视公司入驻海南。

海南还努力营造良好的互联网产业环境，海口市在全国"产业＋创新创业领先GDP排名的黑马城市"中排名第二，很有发展潜力。海南省将互联网产业纳入省十二大重点产业，海口市也出台了一系列产业政策及发展规划，除市财政每年安排互联网发展专项资金外，还通过发起互联网股权投资基金、众筹等方法，为"双创"企业提供金融支持。作为全国唯一的岛屿型、热带滨海北岸省会城市，海口有美丽的自然风光和得天独厚的生态环境，是中国发展新型文化娱乐服务业的宝藏之地。

二 海南发展文化娱乐服务业存在的不足之处

（一）我国文化娱乐服务业整体发展较为落后

从产业经营运作模式特点来看，我国当前文化娱乐服务业虽然经营主体数量较为庞大，但是从发展整体来讲仍然处于管理比较简单、粗放且低效的状态。尤其是一些中小规模经营的民营娱乐业团体，一般没有聘请专门培训的企划部门人员，无法做比较详细的行业市场分析调研工作，也很难对相关娱乐项目产品进行包装策划，这些小企业提供给市场的娱乐产品往往缺乏营销创意，存在盲目跟风、抗市场风险能力较弱等问题。而一些相对大规模的传统文化企业，常常拥有极为敏锐的网络信息资源搜索整合能力，同时企业有更加丰富广泛的信息人才资源和渠道，拥有比小企业更强大的社会竞争力，因此整个市场容易出现垄断现象，不利于行业融合发展和资源共享。

我国近现代的文化及娱乐经济发展历程基本上可以概括划分为三个阶段：第一阶段始于 20 世纪 80 年代末，国有文化单位努力开展多种产业化经营活动，如"文化搭台、经济唱戏"工程，以适应现代经济、社会各项事业高速发展的需求；第二阶段为 20 世纪 90 年代，一些公益性文化事业单位开始着手推进企业化运作管理模式，并面向国内外市场实行自主文化经营；第三阶段是从党的十六大会议召开开始的，其中明确提出"促进文化产业全面繁荣和文化产业快速发展"等指导意见和方针政策，把繁荣文化产业、改革发展文化事业放在全省突出发展位置，加大对文化事业体制改革的推动力度。从此，文化产业领域的经济发展格局被打开，全国各省、自治区、直辖市共同自主和谐发展文化产业和文化事业。

（二）海南省经济发展较为落后且省内地域发展不平衡

首先，从海南省经济状况来看，海南和我国其他地区的经济发展是割裂的，经济发展较内地来说相对落后。海南建省较晚，人口较少，交通不便，发展工业较为困难，服务业基础建设不足，海南省的人才流失也较为严重。其次，海南省内发展文化娱乐服务业的地区为海口、三亚等东部地区，而海南省的西部地区文化娱乐服务业发展较为落后。

（三）海南省文化娱乐服务业人才储备不足

海南省服务业的整体发展水平较低，从业人员多数没有专业的技能知识，海南文化娱乐企业与专业的跨国经营企业有较大的差距。在高端人才方面，文化娱乐服务业本身的人才储备较缺乏，本地的服务业多数为低端服务业，也缺乏吸引外来人才的政策，海南省的文化娱乐服务业发展较为缓慢。

三 可借鉴的文化娱乐服务业发展状况

(一) 美国文化娱乐服务业

第二次世界大战以后，美国经济迅速繁荣，成为世界发展的主要领导者。美国聚积了巨大的财富，国民在享受经济发展红利的同时，也开始追求高质量的休闲娱乐生活。如此取向，使得美国出现了娱乐业和运动业两项吸金产业。同时，民粹主义（populism）在国家政治运动中抬头，对文化、政治、经济等各个领域造成巨大冲击。文化娱乐服务业适用于美国一般社会民众，第一次世界大战以后取得快速持续发展态势的有美国电影业。20世纪50年代末至80年代末，美国的媒体产业发展经历了几个发展阶段后进入全球市场发展阶段。广播电视领域出现由三大公司共同"称雄天下"的新局面，电台出现下滑趋势，电影业则处在加速发展阶段。

美国是传媒娱乐业最发达的国家，美国的传媒娱乐业发展会影响全球该领域的发展方向。美国的传媒娱乐业具有高度发达的产业链条，在产业链上的各个环节不仅有明确的分工并且相互配合，进而使得整个传媒娱乐业发展壮大。

美国的好莱坞娱乐文化产业集团形成了一个发展成熟的运作模式，将影片项目的制作生产、发行推广和商业放映业务相结合，形成"三位一体"的产业配套服务网络，控制和规范了电影企业运作模式。另一个发展较为成熟的制度为电影制片人中心制，制片人具有绝对明确的实际控制权，《乱世佳人》的制作模式就是典型的制片人中心制。最后有一种制度是明星制度，影片内容的策划和制作始终围绕电影明星展开，这种模式纳入了商业化类型电影的制作生产和销售模式。

电视领域也是在各方配合下逐渐壮大的。比如，电视剧本和广播电视节目由专业的制作公司制作，电视网负责这些节目产品的信息集成传送和产品分销，有限网络公司负责传输这些作品，作品可以在各地方电视台播出。各个环节紧密合作，形成了一个强大的电视系统。美国文化娱乐服务业往往十分注重创意，以著名的迪士尼公司为例，它创造的动画人物或形象往往能衍生出一系列的产品，比如米老鼠、唐老鸭这样的动物形象会以人偶的形象在迪士尼乐园中出现；《疯狂动物城》这样叫座的电影衍生成迪士尼乐园中的项目；游戏园区的加勒比海盗游戏环节被转化为大电影，给公司带来票房收入。

美国的文化娱乐服务业发展靠政治和资本双重驱动，通过兼并、联合等方式实现集团化，且不断发展壮大，从而夯实产业基础，完善创新机制。

（二）韩国文化娱乐服务业

目前而言，韩国具有相对成熟的发展文化娱乐服务业的体系，并且这套体系具有强大的盈利能力。尤其是韩国的偶像团体产业更是达到了工业化的水平。韩国的偶像团体从 1990 年开始盛行，风靡亚洲，如今在欧美地区也十分受欢迎。韩国文化娱乐服务业成功的关键因素在于"工业化"地复制推出偶像。

韩国娱乐公司往往先靠音乐作品推出偶像艺人，而且具有较高的音乐制作水平，且十分注重版权保护，音乐作品相对影视作品而言成本更低，也更好推广。策划方面，在推出新人之前，策划团队已经为新人制订了专辑的制作计划，包括专辑的宣传方向、艺人形象等，两张音乐专辑发行期间，公司会保证艺人的曝光度，维持粉丝的黏性，从而持续获得盈利，宣传内容会全方位覆盖艺人的各项行程和日常与粉丝的互动。韩国文化娱乐服务业对艺人的包装形式十分丰富，不仅能全面满足消费者的需求，而且能实现自身利益的最大化。

韩国文化娱乐服务业发展十分成熟，该行业的竞争异常激烈，韩国的娱乐经纪公司一直寻求海外扩张的机会。20 世纪 90 年代末韩国的娱乐经纪公司开始第一波出海，这一阶段国际化程度相对较低，国际粉丝的忠诚度也较低；21 世纪初期，韩国第二波出海的目标市场为日本，此时韩国的偶像团体在推出专辑时，会同步推出日、韩歌曲，此举提高了粉丝的国际化程度；第三波出海的方式是在偶像团体中增加外籍成员从而进入海外市场，这一方式使粉丝的国际化程度进一步提升。

此外，由于韩流品牌快速风靡全球市场，各地掀起了到韩国旅游与观光的热潮，歌迷和粉丝会观看全球大型明星演唱会，也会在网上购买自己喜欢的偶像团体的周边产品，韩国广播电视节目也逐渐吸引了全球的观众，开发了更为广阔的消费市场。据悉，版权的海外市场销售约占韩国电视台销售收入总额的60%，版权的海外市场主要为亚洲的国家和地区，占比高达95%。韩国电视剧在进行对外营销和传播的过程中，会采用低价的方式拓展市场。韩国知道自己的电影在欧美国家的影响力和知名度都较低，所以一直低价输出高品质的电影。韩国电影《寄生虫》成为奥斯卡历史上第一个获得最佳影片奖的外语片，可以看出韩国的文化娱乐服务业在逐渐打开北美市场。这一结果显示了韩国影视工业化发展的成功。但其实，韩国文化娱乐服务业振兴的深层原因是政府的经济支持和市场化手段的支持。

韩国的文化娱乐服务业市场能够持续高速发展是政治民主和市场化运作的结果，文化娱乐服务业的生产和消费规模协调共进，使整个文化娱乐服务业进入一个良性发展的态势。

四　海南文化娱乐服务业的未来发展趋势

发达国家的文化娱乐服务业能够快速发展的原因，总体来说是有政策的支持和分工明确、工业化的产业链。海南文化娱乐服务业发展持续向好，相信这一态势会不断持续。

（一）文化娱乐服务业相关法律制度会更加完善

海南支持文化娱乐服务业发展的制度在不断更新和进步，本文从以下几个方面阐述相关的法律制度会更加完善的原因。

第一，海南文化娱乐服务业制度正在逐步优化整合，并且已经提出多种先进的发展机制，政策也规定深入全面推进服务业"放管服"市场化改革。如下放中资邮轮国际运输业务相关的国际业务活动许可管理权限等，在合作机制方面努力为海南的文化娱乐服务业企业提供更多合作支持。第二，境外服务业人员在海南就业和发展的便利水平已经有了很大的提升，海南鼓励引进境外的专业人士，并在特定领域提供充足的就业机会，现在也在不断摸索建立相应的人事管理机构，为从境外来海南工作的人员提供更好的工作服务体验，吸引更多的优秀人才从事文化娱乐服务业，从而支持海南的文化娱乐服务业发展。第三，海南不断探索和创新区域发展模式，鼓励传统文化娱乐服务业转型，强调发展服务行业的重要性，这也为海南发展文化娱乐服务业打下了基础。文化娱乐服务业重在服务方面，发展好文化娱乐服务业能够带动旅游等相关行业发展，先进的娱乐项目不仅能提升本地居民的精神文化生活，还能够吸引更多的游客到海南进行消费，创造经济收益。

（二）文化娱乐服务业会有更大力度的开放

虽然新冠肺炎疫情对全球的经济造成了严重的影响，但是在中国领导人的统筹和人民群众的积极配合下，中国经济稳中向好，疫情防控有条不紊，经济稳步复苏，好于预期，中国的国际贸易也在逐步恢复。文化娱乐服务业的产品可以通过网络贸易，受新冠肺炎疫情影响的程度较低，尤其是自媒体的发展，使文化娱乐的传播范围更为广泛。中国拥有巨大规模的消费市场，我国的制造业增加值已经稳居全球第一，现在消费者更需要丰富精神生活。中国消费者开放的心态可以包容多元文化，优质的海外文艺精品可以提高中国消费者的审美趣味，国家也在不断推进服务业放开，在制定服务业的政策制度时对标国际制度，种种迹象都体现了我国文化娱乐服务业市场开放的心态。随着各国的经济不断复苏，势必能创造出更多优良的文化娱乐产品，中国的文化娱乐服务业也会进一步开放。

同时，我国通过落实相应政策来鼓励国内外主流的主题娱乐行业协会与组织如 TEA、IAPPA 等在海南积极开展交流、教育、考察等活动，鼓励落地分支机构或代表处。通过加强国际交流，更好地将国内外主题娱乐行业的高端人才、行业经验、IP 资源等引入海南，以更好地匹配产业发展，补齐海南在此领域的短板。

（三）经济特区的优势会持续正向影响行业发展

文化娱乐服务业是绿色、低碳、环保的行业，海南作为"生态立省"的地方，势必非常欢迎文化娱乐服务业在海南发展，海南势必将迎来文化娱乐服务业新的快速发展时期。文化娱乐服务业能够与其他的行业更好地结合、协同发展。例如与旅游业相结合，更多特色主题乐园可以深入、系统地梳理国内外主题娱乐 IP，并结合海南实际情况进行创新研发。主题娱乐 IP 近些年在国内外纷纷涌现，品牌、内容、可开发深度、游客欢迎度与市场生命周期参差不齐，差异较大。因此，无论是开发企业还是政府，都应该组织专业力量对拟引入的 IP 及其项目的应用前景、市场预期进行专业的可行性评估，在项目开发过程中也要根据海南的气候条件、游客情况、目的地定位等条件开展创新设计，避免千篇一律的内容复制，从而确保打造真正的高品质产品，避免土地和资金的浪费。此外，还可以以"海上丝绸之路"为故事主线，结合海南本土风情打造海棠湾地区最具吸引力的开放式综合休闲旅游度假目的地。在演艺方面也可以结合海南本土风情，打造沉浸式旅游新体验，带动旅游产业联动发展。

（四）政策优势会引来更多优秀的民营文娱企业

在海南加速建设自贸港的背景下，相关政策红利将逐渐惠及文化娱乐服务业。例如自贸港实施"零关税、低税率"等税收政策，将极大地提升文化娱乐服务业的市场竞争力，降低群众观演门槛。同时，海南自贸港投资贸易自由便利以及人财物自由进出将为引进全世界各地名优项目带来更多机遇，这将激发海南文化娱乐服务业活力，创造更多国际化发展机遇。

疫情对演艺行业的影响非常大。以疫情前海南省文化娱乐服务业的表现来看，2019 年，海南省通过大麦网、省歌舞剧院平台统计到的海口市剧院类消费用户数据显示，海口的剧院类演出总票房为 1800 多万元，真正买票看剧的用户大概有 1.2 万人次，和同样市场评级的城市相比，海口算是处于中游水平，这足以显示海南在吸引观众去体验文化娱乐服务方面的潜质，也给各个文化娱乐服务企业释放了一个信号：海南是一个能够很好地发展文化娱乐服务业的市场。

参考文献

邓和军：《〈海南自由贸易港法〉纠纷解决相关规定探讨》，《海南大学学报》（人文社会科学版）2021 年第 4 期。

陈燕、焦勇勤：《建设文化强省和具有强大文化软实力的自由贸易港——第一届新时代海南文化发展论坛综述》，《南海学刊》2021 年第 2 期。

何王芳、姜文楠：《民国杭州城市娱乐业发展的特征和影响（1911—1937）》，《民
　　国档案》2021 年第 2 期。

王海文、卢晨妍：《中国旅游服务贸易现状、困境与对策》，《北华大学学报》（社
　　会科学版）2020 年第 5 期。

朱晓辉、范珍珍、王佳莹：《旅游康体娱乐业与城镇化互动发展研究 　以云南为
　　例》，《学术探索》2016 年第 8 期。

李媛：《演艺娱乐业中作品质量型危机对竞争品牌的溢出效应研究》，硕士学位论
　　文，中国音乐学院，2016。

鄂尔多斯市统计局课题组：《以娱乐业助力旅游产业发展》，《鄂尔多斯日报》2015
　　年 12 月 22 日。

郭开荣：《探索文化娱乐业发展新路径》，《中国文化报》2014 年 8 月 20 日。

海南打造国际金融中心的
经验借鉴与发展路径分析

刘　霞　胡心怡*

摘　要： 从全球来看，离岸金融已是自由贸易港的标配，海南自由贸易港是具有中国特色的自由贸易港。当前，海南的金融部门逐步完善自由贸易港金融政策，并不断推进建设具有中国特色的自由贸易港。在新的发展阶段，海南的金融领域势必要实现更高水平的对外开放，完善金融市场的基础设施，打造国际金融中心。可以将发达国家打造成熟的国际金融中心的方法作为经验借鉴，找到符合中国特色的发展路径，实现海南及中国全域高层次高水平的金融开放。

关键词： 国际金融中心　金融开放　离岸投资

一　海南金融服务业的产业基础

（一）金融服务业规模快速增长

2021年海南全省金融业实现增加值423亿元，较2020年增长3.6%，金融业增加值占全省GDP比重为7.5%，实现税收收入17亿元，同比增长

---

* 刘霞，经济学博士，北京第二外国语学院经济学院讲师，研究领域为国际文化贸易、文化与创新、世界经济；胡心怡，北京第二外国语学院中国服务贸易研究院2020级硕士研究生，研究领域为国际文化贸易。

30%。管理基金规模为 568.94 亿元，呈现成倍增长。[①] 2021 年，金盘科技成功在科创板上市，成为海南首家科创板上市公司。海南省农垦投资控股集团有限公司在境外成功发行 3 亿美元债，实现省属国企境外发债零的突破。

（二）金融机构不断增加

2021 年海南财产保险原保险保费收入为 74 亿元，较 2020 年增长 2 亿元；寿险收入达 80 亿元，较 2020 年减少 9 亿元；意外险收入减少至 6 亿元，比 2020 年减少 1 亿元；健康险收入为 38 亿元，与 2020 年持平。海南的保险公司推出多项保险产品为海南新建的港口、水电站等基础设施提供了强有力的保障，其中包括中国第一条跨海铁路奥海铁路的建设。同年，海南社会融资增加 1141 亿元，其中人民币贷款达 691 亿元，政府债券达400 亿元。海南的证券市场在 2021 年逐渐壮大，全省证券公司的营业收入高达 17.45 亿元，全年营收较 2020 年增长 35.9%。同时，国内外的金融机构，如亚太银行、韩亚金融集团、中金公司等纷纷落地海南，海南省的金融业发展势头强劲。

（三）多项政策扶持金融服务业发展

国务院在 2009 年 12 月发布《关于推进海南国际旅游岛建设发展的若干意见》，海南省从此正式启动建设海南国际旅游岛。2012 年 7 月，海南省三沙市成立，南海经济逐步开发，海南省金融业再次迎来宝贵的发展机遇。同时，海南省出台一系列政策，进一步支持金融服务业发展，使各类银行机构能够在建设海南国际旅游岛中发挥更积极的作用，金融业整体实力增强。2009 年，金融业增加值为 131 亿元，占第三产业比重为 9.77%，盈利能力大幅增强，银行业税后利润为 76.86 亿元，不良贷款率为 1.10%。

2018 年 4 月，庆祝海南建省办经济特区 30 周年大会上，国家领导人宣布党中央将会支持海南全岛建设自由贸易试验区，并且支持海南省探索并推进建设中国特色自由贸易港。在探索过程中，支持海南省分步骤、分阶段建立政策和制度体系。2020 年 6 月，《海南自由贸易港建设总体方案》

---

① 《2021 年海南省金融发展稳中有进》，中国人民银行海口中心支行网站，2022 年 2 月 11日，http://haikou.pbc.gov.cn/haikou/132969/4469006/index.html。

印发，该方案重点强调了建设海南自由贸易港的金融支持政策，以推进海南自由贸易港的跨境贸易和便利化国际贸易结算。在自贸港建设的背景下，海南省的金融服务业再一次得到了发展。

（四）海南有望成为中国金融改革的试验田

10多年来，人民币国际化取得了巨大的进展，我国的金融服务业开放也取得了巨大的成就，在中国香港、新加坡和伦敦等多个金融中心形成了离岸人民币中心。但是我国金融服务业在发展的过程中也面临瓶颈，有三个棘手的问题亟待解决。一是要完善离岸人民币的回流机制，进一步推动人民币资本项目可兑换；二是要在中国建立离岸市场；三是支持人民币国际化的金融法律体系还不够完善。而海南的自由贸易港为解决这些问题提供了试验场所，在海南自由贸易港中可进行开放试点、建设离岸市场、完善金融法律体系的探索，有望推动人民币进一步国际化。

二　海南国际金融中心建设路径的研究进展

（一）负面清单方面

我国的负面清单虽比北约、美墨加协定更具科学性，但仍存在布局单一、条目涵盖范围较小等问题。准入约束方面，我国的负面清单虽具备资格约束、参股约束及禁入范围条目，但对本地条件和设立条件并未做出限制，内容丰富性不足。此外，我国的负面清单中特殊管理类的条目为空白，对国内金融机构及公共服务领域来说缺乏利好条件。

虽然我国的负面清单已经有较大的进步，但是与国际高标准水平的差距还较大，在我国与他国贸易协议的签署过程中，双方经常不能就协议方式达成一致。以与澳大利亚签署的贸易协定为例，澳大利亚采取的是负面清单的贸易模式，中国采取的是正面清单的管理模式，这种情况下，负面清单的作用并不显著。随着国际贸易往来更加频繁，我国应优化完善负面清单，以便在未来的贸易交流中掌握主动权。

（二）监管模式方面

海南自贸港的建设是与国际高标准对标的，并且海南自由贸易港是具有中国特色的，在海南自由贸易港中的金融服务业必须具有市场活力、国际化水平和行业多样性。而建成这种具有国际高标准水平的金融服务业需要一个完善的金融监管体系。英国的监管体系十分值得我们借鉴，英国的监管模式与英国国情和英国金融服务业的重要性相关，其采用的是原则导向型监管模式，其监管条目强调要保持英国金融服务业的国际化发展水平和全球竞争力水平。英国 FCA 监管中还强调了政策和监管不能伤害消费者权益或对商业借贷产生影响，监管"废除所有准入的障碍"。这些看上去与监管有一定冲突的职责使得 FCA 必须在监管与发展中找到平衡，发挥市场主体的积极性，保证市场的活力。因此，导向性原则能够帮助英国 FCA 监管实现更广的监管范围和更大的监管力度。

海南自由贸易港的金融开放可以从两个方面展开。一是实施特定金融领域的开放，市场准入条件较国家其他地区更为宽松和简化；二是允许当地监管部门就监管模式对国际上较为前沿的做法进行借鉴与探索，一方面国际市场主体更容易适应，另一方面也能借鉴经验，为现有监管模式下一些问题的解决提供方案。

（三）离岸人民币市场方面

在此方面，可以发展较好的新加坡市场为例。1968 年，亚洲美元市场（Asian-dollar Market）成立，在此基础上，逐渐形成了新加坡金融中心。新加坡从此受益，从发展工业转型发展资金密集型行业。亚洲美元市场为新加坡提供了美元与其他货币进行交易和结算的场所，也顺应了国际资本向亚洲投资的趋势。金融服务业作为典型的资金密集型行业成为新加坡发展经济的新动力。与亚洲美元市场配套的银行业离岸账户体系亚洲货币单元（Asian Currency Units）方便了银行和其他金融机构参与亚洲美元市场。同期，亚洲美元市场推出了交易税减免、利息收入所得税减免等政策。交易市场带来的资金集聚同时拉动了新加坡财富管理行业的发展，同期政府针对基金经理的所得税减免也成为增加吸引力的竞争手段之一。近年来，随着中国的发展和人民币的国际化发展，以人民币为结算货币的投资和交易需求大增，新加坡瞄准了这一趋势，正努力发展其离岸人民币业务，努力打造离岸人民币与其他外币结算中心。

由此可以看出，资金的密集对经济发展具有巨大推动力，新加坡由此发展了地区的经济。现阶段，人民币的需求逐步上升，中国企业需要进行外币与人民币的结算、交易和投资等。美元市场、离岸人民币和在岸人民币之间急需一个连接。为吸引更多企业参与"一带一路"的建设，需要有便利的外汇政策、税收优惠政策。可以支持在海南自由贸易港中设立帮助外商企业投资的运营中心，可以针对跨境业务提供放宽和便利的外汇结算业务，支持外汇资金的结算，还可以利用当前支持银行专营机构的政策，吸引各银行在海南设立私人银行中心、外汇管理中心等。同时，瞄准目前中国上市家族企业从第一代向第二代代际传递的趋势，向证监会争取允许上市公司大股东在海南设立的（家族）信托架构持有上市公司股权，形成高净值个人资产在海南的集聚效应。从企业、个人两方面入手争取达到资金集聚效应，带动海南自贸港的发展。

三 海南省金融服务业面临的问题

（一）金融服务业市场化水平依然较低

海南的金融服务业虽然已逐年增长，但是占海南省 GDP 的比例依然较低，对海南省经济发展的贡献程度不高。海南的金融服务业发展水平远低于深圳等一线城市。截至 2021 年，海南省只有一家外资银行和一家省级商业银行。海南的资本市场处于发育滞后的状态，融资依然以借贷融资为主，资产证券化的融资方式较少，导致海南省的直接融资和间接融资的规模相差较大，企业普遍具有较高的杠杆率，其中有海南省在金融创新方面做得不够的原因。海南省的金融服务业起步较晚，金融产品的创新相对落后，在资金的使用方面也存在项目小、科技含量低等问题，与中国一线省（市）的金融服务业发展相比更加不足。因此，海南省的金融服务业很难吸引外商的投资，市场化长时间处于较低水平。

（二）金融基础建设较为薄弱

基础建设方面，海南自由贸易港推出了自由贸易账户（FT 账户），它是海南金融服务业中重要的基础设施，境外账户和境内账户由自由贸易账户连接，遵守"一线放开、二线管住"的原则，以实现资本项目的自由兑换。该账户已经于 2019 年 1 月 1 日在海南省上线，但是从上线初期的情况看，由于海南省的企业对该账户的需求度不高，FT 账户的使用活跃度较低，在开设 FT 账户的企业的使用反馈中，仅两成表示会使用 FT 账户开展业务，即使是像银行这样的金融机构，也未做到 FT 业务全覆盖。

金融融资方面，海南的中小微企业承担着吸纳就业的重任，就业人数达海南省就业人口总数的 90%，贡献了四成的 GDP。可以明显看出，海南经济发展的主要力量源于这些中小微企业，但是中小微企业的融资难问题依然存在。一方面是中小微企业本身就存在信用度较低、所经营的行业以传统行业为主、经营困难等问题；另一方面是海南的金融融资政策更偏向于支持大中型企业融资，结果导致中小微企业所获得的来自金融机构的信贷资金支持难以满足经营需求。

储蓄方式方面，海南省的储蓄规模也在逐年增长，但是与我国发达地区相比明显不足。上文提到，海南省企业的融资渠道相对单一，银行的信贷客户结构失衡，商业银行采取较为单一的内部信用评级和授信管理标准，导致金融机构的资金难以流向支持海南省经济发展的主体即中小微企业。同时由于海南的金融服务业发展相对滞后，海南省对间接融资渠道依赖性较强，大量的社会资金沉淀在货币市场，造成资金供给结构失衡。

（三）金融服务业务较难开展

首先，海南在吸引外资方面还有不足。虽然海南省在招商引资方面的力度不断加大，近几年实际使用外资的金额持续翻番，但是仍然存在短期投资风险大等问题。其原因在于海南省的金融服务业还没有释放明显的政策红利，还没有足够强有力的保障制度，进行招商的队伍在能力和提供的服务方面还不够强，海南在吸引外资方面还有很大的提升空间。

其次，海南自由贸易港的业务产品在实际中的交易量和使用率都较低，现在海南有 4 家离岸业务受理行，这 4 家受理行都表示他们的客户愿意使用的金融产品种类较为单一，用于离岸业务的金融产品更是覆盖率低且发展不充分，主要为外汇存款、外汇贷款、资金汇划和信用证业务。

最后，海南省金融服务业还缺乏具有创新性的金融工具。虽然在 2014

年9月，海南省成立了海南股权交易中心，增加了融资方式，提供了权益类资产的登记业务。但是，金融工具的创新性较低，金融工具在海南省普及度较低，各项新的金融工具发展不足。以互联网金融为例，它在我国的东部地区得到了迅速发展，并在投融资中发挥着重要的作用，但是在海南的使用频率较低，发展也明显落后。

四　海南打造国际金融中心的发展路径

（一）提高投资者意愿，重视投资者需求

海南自贸港既是直接投资的目的地，也是重要的投资来源地。在自贸港中可以推进建设国际结算中心，支持跨境资金自由流动，给予更多跨境金融业务创新的机会，给予更多跨国企业在此开展国际业务的便利化支持，以便更好地在海南自由贸易港中进行全球产业链布局。在各项税收优惠政策逐步安排到位之后，可以分阶段推进资本项目的开放，吸引更多的企业到海南省进行境外投资、开设分公司等，从而使我国在海外进行的投资回流到海南，有利于将海南省建设成我国对外投资的新平台。

此外，应积极发展海南省的实体经济，它能够为金融服务业提供更大的发展空间，目前央企在投资金额上占比较大，但是，随着各项政策落地，势必有更多的企业入驻海南，各种新的投资将会出现，投资业务也会快速增长。2022年，我国的新冠肺炎疫情有所反复，对国际人员和国际贸易的往来有所影响，随着疫情得到有效控制，国际贸易恢复，外资将会进入海南，直接融资和跨境融资的需求会相应增加，海南的金融服务市场将会快速发展。

（二）夯实海南省内的金融产业基础

要想避免省内金融业脱实向虚，实现良性发展，一方面需要引导省内金融业机构稳妥有序地发展，另一方面要加快推动省内实体经济的发展。海南孕育着多个特色产业，加上自由贸易港的开放制度，金融服务业在这里有更大的发展潜力。海南作为我国首批公募REITs试点省份，在国际旅游消费服务、商业地产和旅游地产方面有雄厚的产业基础，这也为更多的

金融创新产品提供了需求和基础。此外，海南还是国际航运中心和航空中心，海南能够提供与航空产业相关的各项服务，海南可以利用该优势，将供应链金融、融资租赁等业务与海南特色的实体经济结合，共同促进海南的金融服务业发展。更值得一提的是，海南在数据流动领域处于我国的前沿，互联网相关产业作为朝阳产业，海南可以重点发展，其中蕴含着巨大的科技金融创新空间。在养老服务方面，海南自由贸易港能够提供更优惠的健康服务，这是海南发展养老金融服务的基础。海南还拥有天然的海洋资源，海洋金融服务同样存在巨大的发展空间。海南省拥有多项独具特色的实体产业，应该注重海南省内其他实体产业的发展，使金融产业与实体产业协同发展。

（三）改善海南国际金融市场的营商环境

好的营商环境是开放的、有完善制度支持的环境，海南自由贸易港中的交易场所应该具有与国际规则接轨的制度体系，能够允许非居民参与交易和结算，足够开放，能够吸引国际投资者参与其中，在该市场中使用的惯例可以与国际惯例一致，成为一个面向国际的市场。同时，在海南自由贸易港中进行的金融服务业务应该更加多元，积极开展各项场外衍生品业务，丰富海南的金融服务业生态。海南应该大力支持本土企业在境外进行投资、发行股票或债券，鼓励本土企业"走出去"，提升海南金融服务业的国际化水平。

改善营商环境还需要更多专业的机构共同努力。比如，在全社会信用体系建设方面，海南省应该更好地披露商务和政务信息，公开社会诚信和司法公信领域的信息。海南省应该增加律师事务所、会计师事务所、咨询公司、教育培训公司、资产评估公司等中介机构的数量，提升其质量，让专业能力强、服务水平高、实际开展业务的机构辅助改善海南国际金融市场的营商环境。

参考文献

谢庆国：《原则导向的金融监管与海南自由贸易港金融开放》，全国推进依法治国的地方实践会议，中国法学会会员部，2021 年 6 月。

王方宏：《海南自贸港金融开放展望》，《中国金融》2020 年第 12 期。

曹协和：《着力推进海南自由贸易港金融政策落地见效》，《海南金融》2020 年第 6 期。

吴玲：《海南自贸区自贸港建设背景下金融开放路径思考》，《经济研究导刊》2019 年第 34 期。

吴沐暄、王隽帆、邱涵等：《海南自由贸易港建设的金融开放创新探析》，《改革与开放》2019 年第 10 期。

贺群舟：《海南自贸区金融业开放路径研究》，《大众投资指南》2019 年第 8 期。

贺群舟：《国际自贸区金融开放的比较分析对海南借鉴意义》，《大众投资指南》2019 年第 7 期。

卢孔标：《海南自由贸易区（港）金融开放的逻辑、挑战与建议》，《银行家》2018 年第 6 期。

海南现代体育服务业特征及存在问题分析

——基于体育旅游视角

蔡振伟　刘　昂*

摘　要： 海南发展现代体育服务业具有诸多优势，在海南自由贸易港加快建设的背景下，现代体育服务业发展得到了中央部委一系列政策的支持，海南地方政府也制定了一系列对应的规划和实施方案，全力推动国家体育旅游示范区的建设。目前，海南国家体育旅游示范区的建设取得了显著成果，不过现阶段依旧存在一些问题尚未得到妥善解决。譬如体育产业规模亟待扩大、现代体育服务供应能力不足、体育赛事市场化和品牌化建设有待加强、专业人才缺乏等。本文通过分析海南建设国家体育旅游示范区的现状，研究海南发展现代体育服务业在政策、区位、基础设施建设和旅游资源方面的优势，并针对其中存在的制约因素提出进一步推进基础建设、加大营销力度、加大对专业体育旅游人才的引进与培养力度等对策建议。

关键词： 体育旅游　体育服务业　国家体育旅游示范区

引　言

2018 年，在《中共中央　国务院关于支持海南全面深化改革开放的指

---

* 蔡振伟，海南自由贸易港研究中心副主任、助理研究员，研究领域为"一带一路"、海南发展等；刘昂，北京第二外国语学院中国服务贸易研究院 2020 级硕士研究生，研究领域为日本国际文化贸易。

导意见》中，中共中央及国务院就海南创设国家体育旅游示范区提出了具有针对性的指导意见。经过三年的努力，海南国家体育旅游示范区的建设取得了一定的成效。海南省打造了百余项品牌体育赛事活动，并切实践行"体旅融合"，在多地建立体育旅游区，开展了丰富多样的体育旅游项目。另外，海南还分别围绕体育赛事、水上运动、训练基地和民俗风情四大主题，着力打造了一批特色体育旅游产品。

从海南及中央的规划和一系列政策中，可以发现发展体育产业的重点之一在于推动体育与旅游的融合发展。目前，针对海南现代体育服务业的相关研究，也大多围绕体育旅游这一主题展开。如霍永洲等基于产业融合背景和海南省发展现状，聚焦海南省体育和旅游项目，就如何获取更强的市场竞争力提出自己的观点和相关改进意见；① 谢丹丹选用 SWOT 分析法，基于海南省体育旅游资源及其所处内外部发展环境，针对该省当前所拥有的优劣势、机遇与挑战，提出针对性的建议；② 叶应满等参考自贸区建设背景，以海南休闲体育特色小镇建设为中心，从客观视角出发分析其优势和不足，并提出发展建议；③ 陆璐、张善斌以海南省国际帆船赛事的组织与管理模式为案例，从国际视角出发，针对该省旅游体育融合发展战略问题提出相关建议。④

综上所述，目前尚缺少从整体的角度来探讨海南现代体育服务业的发展及其存在问题的研究。本文以海南自由贸易港建设为背景，从体育旅游的视角出发，梳理相关政策，通过分析海南建设国家体育旅游示范区的现状，研究海南发展现代体育服务业的优势，并针对其中存在的制约因素提出对策建议。

---

① 霍永洲、雷石标、高小亮：《产业融合背景下海南"体育＋旅游"产品开发研究》，《海南广播电视大学学报》2020 年第 2 期。
② 谢丹丹：《海南省体育旅游资源开发研究——基于 SWOT 分析视角》，《当代体育科技》2020 年第 5 期。
③ 叶应满、彭祚琼、韩学民：《自贸区背景下海南休闲体育特色小镇建设研究》，《广州体育学院学报》2020 年第 5 期。
④ 陆璐、张善斌：《国际化视阈下"旅游＋体育"融合发展战略研究——以海南省国际帆船赛事为例》，《体育科技文献通报》2020 年第 11 期。

一 海南发展现代体育服务业的政策背景

（一）中央顶层设计

2018 年，以习近平同志为核心的党中央在庆祝海南建省办经济特区 30 周年大会上的讲话（即"4·13"讲话）着重强调，海南应结合党中央规划，将打造自由贸易试验区和助力中国特色自由贸易港建设视为现阶段重点，深挖当地发展潜能。

中共中央从顶层设计角度出发，通过颁发中央 12 号文件，鼓励海南省通过创设国家体育训练南方基地，致力于省级体育中心打造，积极推动赛马、沙滩运动等特色项目发展，为国家体育旅游示范区的形成做出重要贡献。与此同时，推动体育彩票、国际赛事发展，在国际社会中，为国际一流赛事举办提供更多选择空间。这一系列与体育产业发展相关的内容，为海南现代体育服务业，尤其是体育旅游产业做好了顶层设计，明确了发展的方向。

（二）部委政策举措

2021 年，我国商务部联合其他部门推出《关于支持海南自由贸易港建设放宽市场准入若干特别措施的意见》，明确鼓励海南省通过创设省级体育中心和国家体育旅游示范区，积极开展各种户外项目，以实现进一步发展。从中能够发现，海南省在建设自由贸易港的同时，应加强对体育项目及体育服务产业的关注，在中共中央的正确指导下，积极推动更多的市场主体进入海南现代体育服务业。

同年 4 月，国家外汇局联合银保监会等部门发布《关于金融支持海南全面深化改革开放的意见》，其中第三十三条提到"支持文化、体育、旅游业发展。强化文化、体育和旅游领域金融服务。建立文化、体育和旅游企业信用大数据平台，破解文化、体育和旅游企业信用不充分、与金融机构之间信息不对称的融资瓶颈。推广文化、体育和旅游产业专项债券，优化文化、体育和旅游产业融资结构，逐步降低融资成本"。这些举措能够在很大程度上降低现代体育服务企业进入海南市场时投资和融资的门槛，降低企业的运营成本。

（三） 地方专项规划

2020 年，在《海南省国家体育旅游示范区发展规划（2020—2025）》中，海南省政府积极响应国家号召，希望通过促进体育和旅游产业融合，注重体育竞赛活动品牌建设，形成规模效应，为省内体育旅游产业升级优化创造更多利好条件，以此促进国家体育旅游示范区形成。与此同时，结合海南省专项规划内容可知，2020～2022 年，当地应完成体育品牌形象创建工作，此时海南省体育旅游示范效应逐渐形成。2023～2025 年，一方面要保质保量地完成国家体育旅游示范区打造任务；另一方面要促进国际旅游目的地确立，注重体育旅游实践工作经验的积累、分析和应用，并从政策、人力资源、基础设施等诸多方面出发，为国家体育旅游示范区的作用体现和体育旅游行业的突破性发展提供必要保证。

2021 年 6 月，在《海南省"十四五"旅游文化广电体育发展规划》中，海南省政府在"事业产业并举，建设国家体育旅游示范区"章节中提出要"构建特色体育产业体系""深化体育和旅游融合"，并提出"打造体育产业园区，成立海南体育产业交易中心，创新体育产业国际化发展模式"的战略规划。

海南省对于发展体育旅游已做好清晰的规划，从当前出台的发展规划和支持政策中可以看出海南坚决落实国家部署，加快国家体育旅游示范区建设以及推动体育旅游发展的决心。

二 海南打造国家体育旅游示范区的现状

从中央及海南地方的规划及一系列政策中不难看出，海南省希望通过有序推进体育产业，强化旅游产业与体育产业的融合，通过建设国家体育旅游示范区，赋予当地旅游产业更多内在驱动力，并带动当地旅游产业发展，以最大化地发挥体育产业的拉动效应。自 2018 年以来，经过多年的不懈努力，国家体育旅游示范区建设取得了一定的进展。

（一） 体育赛事数量不断增多

相较于国内其他省份，在体育赛事方面，海南往往是举办马拉松、沙滩排球、自行车等特殊体育赛事的热点城市。早在 2019 年的省级品牌体育赛事活动宣传会议中就曾提到，海南省积极参与了 118 项品牌体育赛事的举办。其中有 85 项是省级赛事，有 16 项是国家级赛事，有 17 项是国际性赛事。上述品牌体育赛事类型多样，不仅包括极富当地特色的民族赛事，而且涉及国际性品牌赛事。经过分析能够发现，省级棋牌类赛事占比较大，然后是羽毛球、高尔夫、篮球等赛事。近些年来，棋牌比赛凭借其广泛的群众基础和相对较大的利润空间逐渐呈现规模化、高密度等显著特点。

另外值得一提的是，海南省的电竞行业处于蓬勃发展阶段。基于中央 12 号文件可知，海南省可以通过积极发展新兴文化（即动漫游戏、数字内容等）为电竞产业的持续性发展提供专业指导。自 2015 年以来，海南省基于生态软件园主动与腾讯等知名企业建立了长期合作关系，其合作内容围绕动漫产业、互联网游戏项目等展开，园内入驻企业增加，并形成集群发展态势。2018 年以来，省级及国家级电竞比赛习惯性地将海南视为首选。纵观近些年海南所承办的赛事活动类型，包括但不局限于大众联赛、明星表演赛，同时包含城市挑战赛、大学生联赛等。2019 年，海南三亚完成了电竞主题公园的创设，一方面为体育和数字产业的跨界合作提供了重要契机，另一方面有助于当地就业率提升和旅游亮点增添。截至 2021 年 6 月，全球电竞运动领袖峰会已经连续三次在海南举办，凸显了海南作为电竞城市的重要地位。2022 年 1 月 25 日，海南省推出了《海口市电子竞技场馆星级划分与评定》，针对电子竞技评级团队标准进行详述。此举将进一步推动电竞产业标准化建设，为"海南国际电竞港"的确立做好了铺垫。

（二）主要体育旅游区建设稳步推进

2019 年，《国务院办公厅关于促进全民健身和体育消费推动体育产业高质量发展的意见》中提到，海南省政府需要通过打造具有示范意义的体育旅游精品工程，持续优化体育旅游精品路线和促进体育旅游示范区规范化发展，深入挖掘体育旅游项目内在潜能，以此带动其他行业发展。众所周知，海南省拥有得天独厚的地理区位优势，且拥有良好的自然生态环境和极富当地特色的人文旅游资源，体育旅游开发潜力较大。通过表 1 能够直观地了解到该省的可发展项目及具体景区地点。

表 1　海南省主要开展的体育旅游项目及对应的具体景区地点

可发展项目	景区地点
登山、医疗康养、滑翔等	五指山、霸王岭、火山口、呀诺达、尖峰岭等
潜水、海钓、帆船、摩托艇等	大东海、亚龙湾、西岛、分界洲岛、蜈支洲岛等
漂流、冲浪、蹦极等	百花岭瀑布、五指山瀑布、万泉河
竹竿舞、摔跤等	槟榔谷、黎族自治区
八人秋千、爬花杆	苗族自治区
高尔夫运动	海口观澜湖

资料来源：吴珏等，《海南体育赛事与体育旅游的空间分析》，《吉林体育学院学报》2021 年第 1 期。

（三）特色体育旅游业态日益丰富

1. 以 "体育赛事" 为特色的体育旅游产品

海南省在发展品牌体育赛事和积极承接各类体育项目的过程中，其得天独厚的自然生态环境及区位优势得到充分体现。从品牌体育赛事类型来看，包括特色体育赛事和国际国内品牌体育赛事。经过了解发现，在举办国际马拉松、环岛帆船赛、高尔夫明星公开赛、环岛自行车比赛活动的过程中，海南省往往是举办方的首选城市。通常来说，在设计赛事路线时，海南省政府及其他参与主体能着眼大局，有意识地将当地自然风光、文化元素融入其中，通过对新旧媒体的综合应用，对现有营销策略加以整合，通过赛事让海南省成为社会关注焦点，提升其国际影响力和知名度。据官方提供的相关数据可知，海南省旅游收入金额在 2021 年达到 1384.34 亿元，其中有 100 亿元来自体育产业。2019～2021 年，海南年均举办赛事项目数量超过 100 项，且当地政府致力于国家级体育旅游示范区的创设。从中能够发现，对于海南省及其旅游产业而言，随着该省承办大型体育赛事，其旅游产业所具有的国内外吸引力及国际化发展水平均会得到提升。

2. 以 "水上运动" 为特色的体育旅游产品

海南省一向注重特色旅游产品设计和宣传，且被喻为 "水上运动的天堂"。海南省每年都会举办国际冲浪节、龙舟美食节、中华龙舟比赛活动等，加上受海上俱乐部和特色民宿吸引，国内外游客纷纷前往海南领略新的旅游体验，这是当地旅游业呈现多元化发展特点的关键。就目前来看，三亚蜈支洲岛为游客体验海上运动、进行海岛度假观光等提供了更多选择。海南省连续三年举办亲水运动季活动，鼓励广大游客参与滨海旅游项目，领略海南风情。与此同时，海南省逐渐成为国内外游客心中的亲水运动胜地，为海南省成为世界旅游中心创造了更多机遇。

3. 以"训练基地"为特色的体育旅游产品

综观海南省现有产业结构能够发现，体育产业是关注焦点。近些年来，海南省在中央政府的鼓励和支持下，在打造国家级体育训练基地方面取得以下成果。现拥有白沙的中国登山攀岩协会、五指山的国家举重训练基地、海口的国家帆船帆板训练基地、文昌的国家沙滩排球训练基地等。据悉，中国南方（海口观澜湖）足球训练基地、国家综合（白沙）体育训练基地等也在加快建设，在海南省政府及其他参与主体的不懈努力下，当地公共体育设施资源得到优化配置，当地居民及国内外游客的运动积极性得到有效激发。此外，海南省通过创设特色小镇，持续丰富游客旅游体验。

4. 以"民俗风情"为特色的体育旅游产品

综观海南省，当地少数民族体育资源比比皆是。海南省处于我国最南端，在地理位置和历史文化等诸多因素影响下，形成了极富特色的民族文化、传统体育项目及风俗习惯。当地居民比较注重精神文化生活，当地每年都会举办竹竿舞大赛、民歌对唱、少数民族运动会等，能够切实满足国内外游客猎奇和丰富认知的旅游追求。当地政府及相关部门结合该省旅游资源和特色文化旅游景点推出了多条精品旅游路线，国内外游客能够通过游览布隆赛乡村文化旅游区等实现对当地少数民族文化的了解，如购买体育旅游产品等，实现美好旅游体验留存。

（四）民众参与度不断提高

以陵水体育旅游示范区为例，2020年1月，陵水共举办全国性体育赛事活动7项、省级体育赛事活动14项、县级体育赛事活动17项。线上线下累计参与观众达500万人次以上。2021年10月，坐落于海南省的陵水国家体育训练南方基地成功举办了全国少儿乒乓球锦标赛（决赛），来自国内的 57 支队伍和 300 多名选手聚集此地，积极参与训练和比赛活动。这一比赛使训练基地知名度得到提升，而且能够助推冬训产业发展。凭借得天独厚的水域条件和环境优势，2021 年 12 月，2021 中国电动冲浪板公开赛在陵水英州镇土福湾举办，进一步加快水上运动在陵水的推广普及，为全民健身和体育旅游产业发展带来了新的发展契机。

三 海南发展现代体育服务业的优势

（一）政策优势

通过分析中央 12 号文件和《海南自贸港建设总体方案》可知，海南所具有的"三区一中心"这一战略定位得到详述，海南省作为改革开放试验区、国家重大战略服务保障区、国家生态文明试验区、国际旅游消费中心，肩负着探索和促进战略规划目标实现的重任。《海南省建设国际旅游消费中心的实施方案》为海南省建设国家体育旅游示范区及相关实践活动提供了重要指导。中央关于海南自贸港区的顶层设计和战略定位，国家体育旅游示范区的提出和实施，一方面鼓励海南省通过将体育和旅游结合获取更多内在驱动力，另一方面海南省能够基于现有政策优势实现国际化发展。国家相关部委在此基础上制定的一系列放宽市场准入、提供金融支持等政策切实提高了更多的市场主体进入海南现代体育服务业的积极性，降低了相关企业进入海南市场时投资和融资的门槛以及运营成本。以建设国家体育旅游示范区为己任，结合国际旅游消费中心这一战略规划，海南省出台的一系列的具体措施和保障举措，充分表明了海南发展现代体育服务业的决心。

（二）体育资源优势

海南体育赛事层次丰富、遍布各市县，涵盖了马拉松、帆板、冲浪、自行车、高尔夫、棋牌、帆船、海钓等多种类型。尤其是在举办国际高尔夫公开赛、环岛国际公路自行车赛等知名赛事活动时，一旦定址在海南举办，海南的影响力日益扩大，国际知名度就会不断提升。

在体育基础设施方面，经过近年来的不懈努力，海南省所拥有的场馆类型及运动场地数量和规模呈现逐年增长之势。从客观视角来看，丰富的体育资源、健全的体育基础设施和愈加成熟的体育赛事品牌，为海南加快发展现代体育服务业和打造国家体育旅游示范区提供了有力支撑。

（三）旅游资源优势

海南省拥有其他地区难以复制的热带气候、人文资源，且旅游资源类型多样，海洋、海岛、沙滩、河流、雨林等资源具有较高的组合度。该省境内拥有滨海、热带雨林、山地等自然资源，还拥有历史民俗、黎族文化、海洋文化等特点鲜明的人文资源。自建省以来，海南省在几十年的发展进程中，始终将健全当地基础设施和深挖旅游资源价值视为建设重点，如今确立了集"吃、住、行、游、购、娱"于一体的旅游消费体系，年均游客接待能力达到 8000 万人次。就目前来看，该省旅游业已正式迈入千亿元产业行列。从客观视角来看，海南省所拥有的旅游资源优势能够通过自然资源、气候特点、人文资源、强大的旅游接待能力等得到充分体现。

（四）基础设施优势

近年来，海南加大对路网、水网、气网、电网、光网等基础设施的关注和建设力度，该省基础设施提质升级成效明显。特别是在交通领域，已构建了公路、铁路、航空和港口等多种交通基础设施组成的综合立体交通网络。截至 2020 年底，海南全省公路通车总里程超 4 万公里，省内高速公路通车里程合计 1254 公里。从高速公路密度来看，凭借每百平方公里 3.7 公里远超国内平均水平。作为知名的旅游城市，海南省拥有 148 个港口生产性泊位，其中有 78 个是万吨级以上深水泊位。航空网络方面，海南着力打造"四小时八小时"飞行经济圈，成为全国唯一一同时主动开放第三、四、五、七航权和中途分程权的省份，为国内航权对外开放的最高水平。博鳌机场、海口美兰国际机场正式投入运营，每年游客吞吐量已突破 2000 万人次。

四 海南发展现代体育服务业的制约因素

（一）发展起步较晚，基础薄弱

海南虽然围绕现代体育服务业发展进行了一系列前瞻性的战略规划和

顶层设计，但仍处于起步阶段，产业规模亟待扩大，发展经验也比较欠缺。就目前而言，在该省 GDP 结构中，现代体育服务业的比重相对较低，无法与国内发达省份相提并论。在现有现代体育服务企业中，大型公司和专业化运营公司相对较少。由此可知，该省现代体育服务业依旧处于初始发展阶段，尚未成熟，对海南自贸港建设的经济拉动效应尚未显现。

（二）现代体育服务供给能力存在较大提升空间

海南省着力完善体育基础设施，建设了许多新的体育场馆。但由于海南省以前举办重大体育赛事活动的经验较少，总体而言，其大型体育场馆规模和数量依然有限，专业的赛事策划、组织、管理人才也相对缺乏。以目前的情况来看，要承办高水平的国际赛事，特别是海洋类的运动赛事，海南还需要加大基础设施的建设力度以及专业运营人才的培养和引进力度。

（三）体育赛事市场化和品牌化程度有待提升

目前，海南省每年所承办的体育赛事数量往往能够过百，而且能够赢得社会关注，促进经济效益实现。不过基于生命周期理论可知，该省赛事运营活动依旧处于初始探索阶段，很多常规赛事止步于赛事举办，不具有理想的赛事转播权收入，赛事产业链尚未形成。关键是对于当地交通、旅游等产业而言，大型赛事所发挥的带动作用缺少持续性，刺激效果不够明显。特别是体育赛事的品牌化建设和国际影响力有待提升，难以为经济社会发展提供源源不断的动力支撑。

此外，海南省对大型赛事的资源开发能力和营销水平皆需进一步提升。海南省每年所承办的环岛国际公路自行车比赛虽然被认为是"国家体育旅游精品赛事"，但是结合该省所承办的其他赛事来看，其社会影响和商业价值皆未达到预期效果，相较于其他城市举办的同类赛事，存在诸多差距。譬如，该省在开发体育观赏型产品时缺少创新，在创建海南旅游特色品牌时各项赛事助力有限。

（四）体育服务业领域的专业人才供给不足

海南省在大力发展体育和旅游产业的同时，其人才缺口持续扩大，其中包括管理人才、营销人才、旅游资源开发人才等。在当前阶段，海南省并未结合体育旅游项目及产业要求促进人才培养体系的健全确立。目前，该省在旅游人才方面存在结构性短缺，其人才总量较多，不过其质量无法满足岗位要求，尤其是组织管理人才和各类复合型人才的缺口难以弥补。首先，海南省内职业院校及高等学府所拟定的人才培养方案与体育旅游产业需求不符，学生在毕业之后往往会因为专业不对口而无法成功就业。其次，随着该省自贸港建设工作的有序推进，金融、科技研发等高精尖人才的引进和培养备受关注。但由于体育、旅游等新兴产业领域的人力资源总量有限，相关人才无法得到迅速扩充。长此以往，该省体育和旅游产业极易因人才缺口过大而陷入被动发展状态。

五　海南发展现代体育服务业的相关建议

（一）加快推进相关基础设施建设，夯实产业发展基础

推动体育产业发展，完善的基础设施建设必不可少。海南要发展现代体育服务业，应该结合自身的特点，从硬件和软件两个层面做好铺垫。

一是紧密围绕国家体育旅游示范区建设，完善相关基础设施。加快推进国家体育训练南方基地各项目建设，围绕沙滩运动、水上运动、山地户外运动、低空旅游、自驾游房车露营游等重点户外体育项目，加快完善项目所需的各类训练、比赛、运动康复，以及生活、居住等基础设施。二是推动成立海南自由贸易港体育产业集团。努力获得国家体育总局等部门提供的政策指导，力求在全国体育联合会等参与主体的共同努力下，促进该省自由贸易港体育产业集团确立，由其一体化负责体育产业基础设施建设等工作。三是加快特色体育旅游小镇的建设。通过打造冲浪小镇、海洋运动旅游风情小镇等项目，以特色旅游产品为载体，注重将体育赛事和休闲旅游结合，随着聚集效应的形成获取更多内在驱动力。

（二）深化大型体育赛事的市场化和品牌化建设程度

初级、市场化程度较低的赛事运营所取得的经济和社会效益极其有限，应当着力深化赛事的市场化运作程度，进一步挖掘其潜在的经济价值，进而通过体育带动旅游等相关产业协同发展。因此，一是加快引进专业体育旅游市场主体。加大对国内外专业体育类策划、运营、管理企业的

招商引资力度，尽快形成相对完整的体育产业链，尽早实现市场化运作的良性生态。以"演好体育戏、打造赛事牌"为切入点，丰富海南省城市形象。二是通过举办高尔夫公开赛、马拉松比赛等知名赛事，增强品牌化建设效果。紧密结合冲浪、自行车、帆船、足球、滑翔伞等特色赛事品牌，通过专业化、国际化运作，打造具有区域和世界影响力的专业赛事品牌。三是加大体育旅游吸引物建设力度。赋予大型赛事更多历史文化底蕴，促使当地体育旅游项目向着民族化、国际化方向发展。在开发体育和旅游产业资源时，海南省应注重统筹规划，做到有序开发，凸显当地特色和强化营销力度，始终将"文化体验"放在首位，注重个性化旅游产品的推陈出新，深挖国内外游客消费潜力。四是积极谋划成立海南国际水上运动会。海南省应基于现有资源，以国家体育训练南方基地建设为契机，加大策划力度，通过开展帆船、帆板、冲浪、皮划艇、摩托艇等专业化比赛的方式，打造特色体育旅游品牌赛事。

（三）引进与培育并举，壮大专业体育旅游人才队伍

人才是第一生产力，是推动产业发展的关键环节，人才是否充足、人才素养的高低直接关系产业发展的前景。为妥善解决人才缺口这一客观问题和提升当地高校学生就业率，海南省应坚持引进和培育双轮驱动，加快壮大体育旅游领域的专业化人才队伍。一方面，通过制定和执行相关引导策略，为省内职业院校及高等学府培养专业旅游人才提供专业指导和必要支持。专业教育机构应结合海南省产业结构和体育旅游发展现状，增设体育旅游专业或调整现有教学方案，致力于专业人才培养，为当地发展体育旅游产业提供必要的人才支持。另一方面，该省应通过实施旅游人才引进策略，鼓励国内外旅游专业人才前来海南省寻求新的发展空间。与此同时，借助政府力量为相关人员涉足体育旅游产业和获取相关知识提供学习机会。随着以上举措的全面落实，海南省所拥有的综合型体育旅游人才的数量和质量势必会有所提升，有助于该省体育旅游产业发展目标的达成。

海南医疗与康养服务业发展现状
及对策研究

董 杨 荆 雯*

摘 要：海南属于热带季风气候，海洋环绕，降水充足，温差小，空气和水质量优良，对许多疾病有一定的缓解作用，因此当地居民的平均寿命排在全国的前列；海南中药资源丰富，生物制药和保健品业发达，加上博鳌乐城国际医疗旅游先行区的发展，都大大促进了海南医疗康养业的现代化进程。近年来，海南的健康产业规模持续扩大，特色不断凸显，形成医疗康养加旅游配套发展的格局，同时医疗与康养服务的质量和技术水平稳步提升。在海南自贸港建设、海南省服务贸易的开放和创新及 RCEP 正式生效的大背景下，市场需求正在扩大，这些为医疗与康养服务业带来发展机遇，但其在医疗综合专业型人才、医疗机构水平、产品体系、个人信息保护和产业聚集融合度方面还存在不足，需要在人才、产品、制度和国际合作等方面采取针对性措施，以促进海南医疗与康养服务业良好发展。

关键词：医疗与康养服务业 海南自由贸易港 国际医疗城

引 言

以健康养生为主旨的康养产业是现代服务业的热点，包含常年持续的

---

* 董杨，北京第二外国语学院交叉学科国际文化贸易硕士研究生导师，研究领域为计算语言学、商务西语、拉丁美洲国家国情；荆雯，北京第二外国语学院中国服务贸易研究院2020 级硕士研究生，研究领域为西语国家国际文化贸易。

系统性的健康养生养老行为，也包括以医疗为主要目的的短时间康养医疗体验。① 在人生各个阶段的各种亚健康和未病状态下，为了获得精神上和身体上的复原和活力，都可以从事康养活动，时间维度和空间维度跨度很大，如休息、疗养、康复等。目前，海南的医疗行业和康养产业已呈现融合发展的态势。

研究者多将医疗康养产业和旅游业结合在一起进行分析。黄光海对海南国际医疗旅游发展中如何形成人才优势、提升医疗机构水平、完善配套服务、打造旅游品牌等方面的问题进行了研究；在建设和完善海南自贸区的过程中，也有学者讨论医疗旅游中涉及的个人信息保护和远程医疗责任问题；② 还有学者利用 SWOT 方法客观分析了海南康养旅游发展存在的各种固有的优势和劣势，以及当前的发展机会和面临的挑战，③ 讨论了如何利用康养产业的发展来促进旅游产品质量的升级。④ 但鲜有学者聚焦海南医疗与康养服务业自身的发展，并且把医疗康养的发展内嵌到自贸港的整体实践中。本文探讨了海南发展医疗与康养服务业的优势和机遇及发展过程中存在的不足，结合欧洲著名康养小镇和泰国康养业的建设经验，提出相关建议，以期促进海南医疗与康养服务业良性发展。

一 海南医疗与康养服务业发展现状

（一）医疗健康产业平稳发展

从 2012 年起，国内多家知名医院（解放军总医院、中山大学眼科中心、上海市第六人民医院、复旦大学附属儿科医院、武汉大学人民医院、四川大学华西医院等）陆续与海南省展开合作，使海南省的医疗健康产业

---

① 何莽主编《康养蓝皮书：中国康养产业发展报告（2017）》，社会科学文献出版社，2018。
② 黄光海：《海南国际医疗旅游发展中的问题和对策研究》，《现代交际》2021 年第 10 期；李永、刘悦笛：《海南自贸区建设背景下医疗旅游立法研究》，《山东农业工程学院学报》2020 年第 3 期。
③ 蔡守正：《基于 SWOT 分析的海南省康养旅游发展研究》，《北方经贸》2020 年第 11 期。
④ 赵帅：《以康养产业的发展促进旅游产品质量升级》，《商展经济》2021 年第 5 期。

基础和服务技术得到了长足的发展，从事康复医疗业的机构和从业人员不断增加。2015 年，医疗健康产业被列入全省重点发展名单，从那时起，该产业得到了政策和资金等各个方面的支持，取得了不错的效果，特别是具有海南特色的中医药健康服务，更是发展迅速。三亚市中医院的数据显示，截至 2019 年，该医院累计为 10 多万名来自包括俄罗斯和中亚国家在内的外国顾客提供了医疗服务。2010～2017 年，海南共接待了 80 多万名俄罗斯游客到岛内旅游，据统计，60 多万名游客在这里接受过中医治疗或康养服务。① 仅 2019 年内，来三亚市中医院就医的外国人就接近 1.6 万人，接待就医的人数同比增长 1/4，三亚中医院的总收入将近 500 万元，和 2018 年相比增长了 7.8%。在 2020 年 1～2 月短短 2 个月间，在该医院就诊的外国人就超过 1200 人，医疗总收入达到 57.11 万元。在此基础上，该院的中医中药服务输出也日益增长，其中有两个比较大的项目：一个是在中东国家阿拉伯联合酋长国的名城迪拜拟创建中医体验馆，另一个是正在运营的我国与亚欧国家的中医中药疗养合作基地。

从 2016 年初到 2021 年上半年这段时间里，除 2021 年受疫情的影响，客源减少外，其余 5 年的数据都显示了医疗健康产业整体呈发展态势，产业规模也逐年稳步扩大。2016～2020 年，海南医疗健康产业产值增长约 91.8%。同时，该产业的产值在海南省 GDP 中所占的比重也在增加。即使在疫情影响下，2021 年 1～9 月医疗健康产业的产值仍然超过了 120 亿元，在全省 1～9 月的 GDP 中也占据了 2.7% 的比重（见图 1）。

在目前发展成果的基础上，海南省医疗健康产业发展的蓝图已经铺开，从该省的发展规划中可知，2019～2020 年是该产业打基础、提档升级的阶段，全面发力则是从 2021 开始的 5 年，这一期间，海南将迎来加速发展的大潮，初步预测，经过这 5 年的发展，医疗健康产业在 GDP 中的占比可达到或超过 1/10。

---

① 《来一次以健康名义进行的旅游》，"新华社客户端" 百家号，2019 年 9 月 18 日，https：//baijiahao. baidu. com/s？ id = 1645001229058095902&wfr = spider&for = pc。

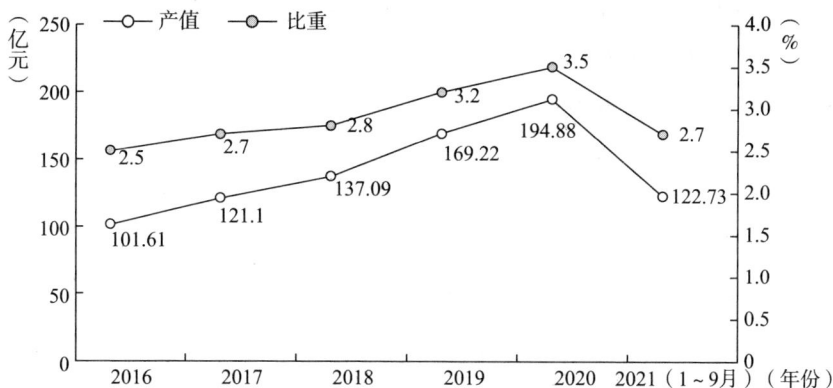

图1 2016年至2021年前三季度海南医疗健康产业值及占全省GDP比重
资料来源：根据相关新闻和海南省人民政府网站公开数据整理。

（二）医疗康养业与旅游业融合发展

2019年中共中央和国务院接连提出了两个针对建设博鳌乐城国际医疗旅游先行区和海南自贸港的权威性方案，亮点分别是要促进医疗和旅游的进一步整合升级发展，以及支持旅游、文体、康养事业的继续融合发展。在良好的政策环境下，携程、同程控股和中国旅游集团等大型企业纷纷落户海南，与海南省携手并进，努力提高海南的康养、医疗和旅游业的综合实力。

国务院2021年出台的《"十四五"旅游业发展规划》提到，要积极促进入境旅游活动，把游客吸引到我国。在这一背景下，为了进一步扩大国际化，海南省出台了很多项入境旅游的优惠政策和便利措施，积极有效地促进了海南省的入境旅游，全年接待游客总数和入境游客数量呈上升趋势，2019年一年的入境游客就超过了140多万人次，同比增长13.6%，说明海南省入境旅游具有巨大的发展潜力等待挖掘。

康养旅游是以医疗康复、修身养性等为目的，与改善自身身体和心理健康水平有关的新型旅游活动。海南省康养旅游产业的萌芽时期是2003年"非典"期间，在此期间海南省以"健康岛""生态岛"为主题进行了品牌宣传。① 《国家康养旅游示范基地标准》是2016年发布的文件，该文件

---

① 何彪、谢灯明、蔡江莹：《新业态视角下海南省康养旅游产业发展研究》，《南海学刊》2018年第3期。

为康养旅游业发展过程中的各个环节提供了较为完善的政策支撑和技术范例，促进了海南省康养旅游产业的发展。在接下来的两年里，在国家政策精神的指引下，海南省出台了两个重要的关于旅游产业的文件：《海南省旅游发展总体规划（2017—2030）》《海南省旅游产业发展"十三五"规划》。从中可以清晰地看出，康养旅游已经被列入海南省十大旅游产品体系。

与传统的度假旅游相比，医疗康养旅游是更为现代化、更契合当今时代需求的一种旅游形式，医疗旅游者去其他国家或地区旅游时，同时参加护理、康养、保健活动，一举多得，既使自己心情愉悦，也使自己的身体状态更加健康。目前医疗康养旅游的医疗种类多种多样：既包括手术性医疗，也包括非手术性医疗；既有治疗型医疗，也有康养型医疗。[①] 2016 年，海南省利用（厦门）国际投资贸易洽谈会召开的契机，专门召开了旅游与医疗健康产业专题招商推介会，这是旅游与医疗健康产业首次联合亮相，从投资协议的总额来看，其中与医疗康养相关的投资额占了约一半，医疗健康旅游产业在海南省的确大有可为，大有前景。

海南省人民政府在 2019 年印发了关于博鳌乐城、洋浦经济开发区、海口江东新区和三亚崖州湾科教城四个园区的非常有针对性和可操作性的文件，做到了一个园区一套有效的策略。这一系列政策的确有效促进了博鳌乐城国际医疗旅游试验区的发展，极大地助力了"医疗＋旅游"产业的迅速发展。[②] 2020 年前两个季度，先行区的医疗旅游人数近 1.5 万人次，营收超 3 亿元。其中第二季度医疗旅游人数环比增长 9 倍。2020 年 7 月，医疗机构营收就超过 2.6 亿元，医疗旅游人数达到 1.2 万人次。[③]

（三）医疗健康资源技术水平稳步提升

发展医疗与康养服务业的核心之一是研发、引进先进的医疗健康资源和技术。海南省以博鳌乐城国际旅游先行区为抓手，推进全省医疗健康产

---

① 李永、刘悦笛：《海南自贸区建设背景下医疗旅游立法研究》，《山东农业工程学院学报》2020 年第 3 期。

② 郭浩昊等：《海南发展医疗旅游的策略研究》，《现代营销》2020 年第 4 期。

③ 《"健康旅行 医养海南" 海南医疗旅游专题推介会在博鳌举行》，央广网，2020 年 9 月 20 日，https://baijiahao.baidu.com/s? id = 1678316853530155379&wfr = spider&for = pc。

业创新发展，在平台建设、人才引进、科学研究、成果转化和应用等方面下足功夫。从 2013 年开始，博鳌乐城国际医疗旅游先行区就与很多国内外医药企业开展深度合作，其中不乏强生、默沙东和再鼎医药等医疗业巨头，海南省与这些企业一起进行医疗科学技术的研究和开发。在医疗人才战略方面，海南省把李兰娟等著名专家的 18 个团队引进岛内，主攻临床医学的创新诊疗、药械的研发以及国内外先进临床医学技术的应用，也包括高水平医疗梯队的培养。与来自韩国、法国、英国、日本的医疗机构、院校和企业开展合作，广泛吸纳国外优质医疗资源。此外，博鳌超级医院正在探索和创新 "1 + N" 共享平台模式的医院运营管理体制，提高医疗资源的利用率、效能和患者的就医率。在成果转化和应用方面成绩突出，也是目前海南医疗康养科研的亮点，初步达到了技术、设备、药品与国际先进水平 "三同步" 的初衷：截至 2020 年上半年，先行区尝试用国外先进的医疗技术开展了 50 多次首例治疗，其中包括多项国内首次使用的医疗器械、诊疗技术和产品，特别是在眼科、耳科、心脏病、静脉曲张等与衰老密切相关的疾病的治疗上，成绩显著。2020 年上半年在国家药监局注册的艾尔建公司的青光眼引流管产品在我国首次使用了患者的真实世界数据进行治疗和论证，取得了很好的疗效，并成功获批上市。其同时进行了实验和临床的不同人种的比较研究，是科研和应用相结合的双重成功，也是博鳌乐城旅游医疗先行区 "先行" 的意义所在。

借着 "互联网 +" 的东风，到 2019 年底，腾讯和阿里等互联网公司巨头已经落户海南岛。医疗药品的电子服务商家（七乐康等）、国内四大流通巨头之一国药控股也加入海南岛的医疗业。线上问诊企业 "好大夫在线" 也在海南开通业务，上万家医院，20 多万名医生提供网上门诊服务。全国大型央企宝石花医疗集团也开始了在海南的经营。医渡云的加盟，特别是它的医学数据智能平台 DPAP 与海南省健康医疗产业的对接，一定会推动海南省政府、医院和康养医疗产业的智能化。众安医疗科技（海南）有限公司也借助实体医院推进互联网医疗的服务业务。据统计，截至 2019年 12 月相关的拓展企业超过 500 家，其中互联网医疗企业逾八成，医药工业百强企业超过一半。① 互联网医疗企业是推动海南医疗和诊断现代化的重要主体。海南省医疗服务机构与互联网企业开展合作，有利于依托互联网和数字技术发展线上问诊服务，拓宽医疗服务覆盖面。

二　海南发展医疗与康养服务业的优势

（一）先天资源丰富

海南在自然资源、医药资源、气候与环境和人文资源方面具有先天优势。海南省是我国仅次于台湾岛的第二大海岛，拥有的海洋资源、热带雨林资源丰富。其水体和森林资源品质优良、数量丰富，可以满足不同人群在康复、保健、治疗、疗养等方面的需求，为海南医疗康养产业的发展提供充足的资源支持。海南独特的地理环境和丰富的森林资源等造就了海南空气湿润、日照充足的温和气候特点，各项污染物的排放指标也优于国家二级标准。有"天然药库""南药之乡"之称的海南拥有丰富的动植物药材，依托全球动植物种质资源引进中转基地，其生物医药原料品类大幅增加。除此之外，海南拥有海口、中和、老城、黄流镇、新坡镇、兴隆镇等一系列的历史文化名城和名镇，文化底蕴深厚，依托文化资源可以进一步丰富有关养心和养神的产品体系。

（二）多项政策支持

2018 年 11 月，海南省有关部门在召开专题会议时强调要把健康产业作为海南自贸区优先发展的产业，重点发展医疗服务业和康养服务业。如表 1 所示，海南省在 2018～2021 年陆续出台了一系列针对医疗健康产业及其与旅游业融合发展的政策和指导方针，不断为海南医疗与康养服务业的发展创造有利的发展环境。

---

① 《海南省卫生健康委员会对政协海南省第七届委员会第三次会议第 0345 号提案的答复》，海南省卫生健康委员会网站，2020 年 6 月 18 日，https://www.hainan.gov.cn/zxtadata - 10784.html。

表1 2018～2021年海南省针对医疗健康产业出台的重点政策及指导方针

2018年4月14日	《中共中央　国务院关于支持海南全面深化改革开放的指导意见》	全面落实完善博鳌乐城国际医疗旅游先行区政策，鼓励医疗新技术、新装备、新药品的研究应用，制定支持境外患者到先行区诊疗的便利化政策
2019年1月4日	《海南省健康产业发展规划（2019—2025年）》	加快升级区域服务综合配套，持续优化营商环境，高水平推动高端医疗服务、国际健康旅游、互联网智慧健康、康复疗养等重点领域和特色优势产业
2019年9月16日	《关于支持建设博鳌乐城国际医疗旅游先行区的实施方案》	积极促进医疗与旅游融合发展
2020年6月1日	《海南自由贸易港建设总体方案》	推动旅游与文化体育、健康医疗、养老养生等领域进行深度融合
2020年7月	《智慧海南总体方案（2020—2025年）》	探索发展国际化远程医疗、智慧康养等高端服务业，全面对接和服务国内国际两个市场
2021年4月7日	《国家发展改革委　商务部关于支持海南自由贸易港建设放宽市场准入若干特别措施的意见》	创新医药卫生领域市场准入方式，涉及互联网处方药销售、高端医疗装备创新发展、药品市场准入支持、高端医美产业发展等多个方面

资料来源：根据公开信息整理所得。

　　国务院和上级管理部门出台了多项对海南岛自贸港、博鳌乐城国际医疗旅游先行区发展的利好政策，为海南医疗健康产业的发展提供开放程度较大的发展环境（见表2）。

表2 博鳌乐城国际医疗旅游先行区优惠政策

政策类别	政策利好	内地非自贸区域	海南自贸港
特许医疗	药械进口限制放宽	需药监局监管，在国内进行临床实验，耗费2～3年时间	国外上市国内未上市药品、医疗器械在园区医疗机构使用
	检疫要求放宽	需先检疫后才能使用	低风险类特殊物品实施"先入仓，后检疫"
特许研究	前沿技术研究放开	干细胞临床试验受阻	我国首个《干细胞医疗技术准入与临床研究及转化应用管理方法（试行）》发布，允许申报干细胞临床研究等前沿医疗技术研究项目

政策类别	政策利好	内地非自贸区域	海南自贸港
特许经营	开放医疗保险业务	设立健康险的合资保险公司外资持股比例不得超过51%	支持保险金融机构与境外机构合作开发跨境医疗保险产品，取消健康保险公司外资股比限制
	外资医疗机构设立	外资最高股权限制70%	逐步取消合资或合作医疗机构的境外资本股权比例限制，逐步放开境外资本在先行区设立独资医疗机构
特许国际交流	引进外资医学院校	限制外资医学院校办学、医疗科研机构设立	推动先行区与世界知名医学院联合设立医学院校

资料来源：《2021 年海南自由贸易港投资指南》。

如表 2 所示，海南自贸港在特许医疗、特许研究、特许经营和特许国际交流方面都采取了比非自贸区更加优惠的措施。在特许医疗方面可以"先上车再买票"，使得药品及医疗器械的使用可以提前 2～3 年的时间，低风险特殊物品入仓后再检疫可以减少检疫手续，缩短检疫时间。医疗科研水平是医疗技术水平提高的重要推动力量，目前干细胞治疗技术研究和利用方兴未艾，它利用自体或异体的干细胞，经体外细胞学加工后再植入人体以达到治疗人体疾病的目的。这里使用的尖端技术包括干细胞分离、培养，基因工程修饰、诱导技术，特定组织培养甚至定制的器官培养，其临床应用前景极为广阔。我国对干细胞行业的监管缺乏统一的标准和技术准则，客观上减缓了干细胞科研和医疗的发展速度。对干细胞研究的放开可促进科研深入发展和科技成果向临床医疗转化，有助于继续推动医疗技术、医疗器械和设备以及药品逐步与欧美的先进水平同步发展，同步应用。

对医疗和保险领域外资股比限制的放开，不仅有利于外资的流入，还有利于吸引国外先进医疗机构在海南设立分支机构，提升整体医疗机构的国际化、专业化水平。人才的引进和培养一直是海南发展医疗与康养服务业和建设自贸区的重点话题，引入外资医学院校不仅可以为海南医疗与康养产业提供专业型、综合型人才，而且可以充实具有国际视野和国际水准水平的优秀师资力量，能为本地人才的培养营造优良的教育环境。总之，这些优惠利好政策在基础设施、医疗科研、技术应用、人才培养等方面为海南医疗与康养服务业的发展提供强大动力。

（三）服务贸易开放水平高

海南是中国深入落实改革开放政策的实施特区，在实现最高水准的服务贸易开放方面具有得天独厚的条件。2021年7月，海南在对标国际高水平经贸规则的基础上推出我国在跨境服务贸易领域的第一张负面清单，明确了11类70项特别管理措施。在海南自由贸易港范围内，服务贸易领域的准入限制被放宽，特别是金融、交通和其他几个专业项目的开放水平进一步提高，对于境外服务提供者在国民待遇、市场准入标准和金融服务跨境贸易上给予特别管理措施。《海南跨境服贸负面清单》在多个领域的开放水平已超过 RCEP 签订时的承诺。

三 海南发展医疗与康养服务业的机遇

（一）目标受众数量和消费需求增加带来市场发展机遇

如图2所示，我国近年来，老龄化程度逐步加深。2018年我国65岁及以上的老年人口规模为1.67亿人，人口占比为11.9%，截至2020年末，我国65岁及以上老年人口达到了1.90亿人，占总人口的13.5%。根据中国人口与发展研究中心的预测，到2035年，预计老年人口将会达到3.26亿人，占比为22.8%。2016～2020年我国养老机构数量随着老年人口的增加整体呈增长趋势。

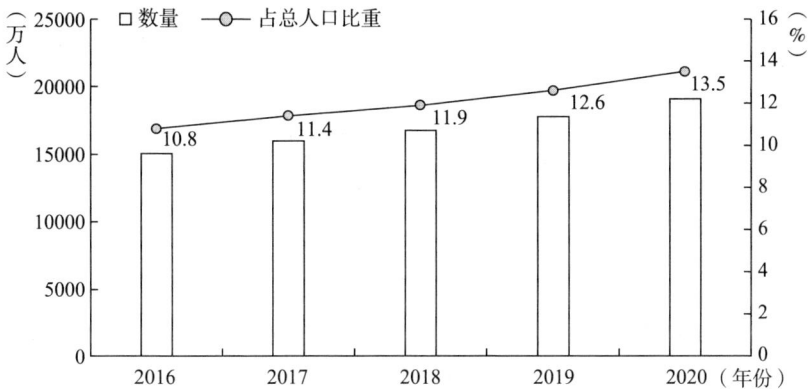

图2　2016～2020年我国65岁及以上老年人口数量及占总人口比重

资料来源：《中国统计年鉴2021》。

如图 3 所示，2017～2020 年我国养老产业市场规模呈增长态势，2020年中国养老产业市场规模约为 8.7 万亿元，同比增长 15.1%，中国养老产业市场规模在 5 年间增长约 102.3%。根据艾瑞咨询预测，2030 年中国养老产业市场规模将达到 22.30 万亿元。

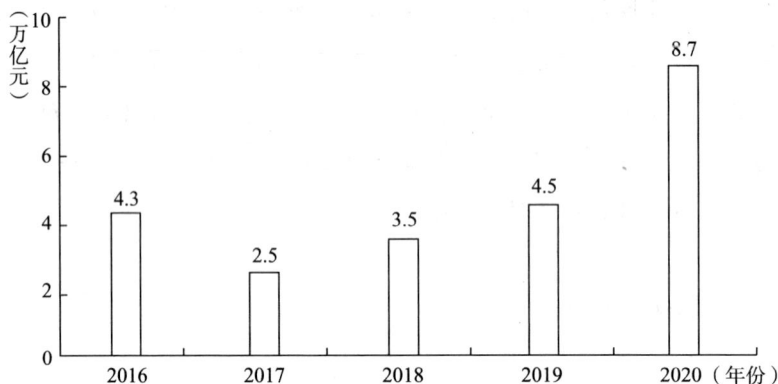

图 3 2016～2020 年中国养老产业市场规模

资料来源：智研咨询。

由中央广播电视总台财经节目中心、国家统计局及多家企业、研究院发起的"中国美好生活大调查"是中国规模最大的媒体民生调查活动，《中国美好生活大调查（2020—2021）》显示，得益于各地方对老年人的养老服务供给、企业退休人员基本养老金自 2005 年起连续 14 年上调等因素，国内老年人对收入水平的满意度相对较高，同时老年人更倾向于把这些收入投入保健养生、旅游、数码产品方面，其中保健养生、旅游与医疗康养产业密切相关（见图 4）。老年群体的养老方式最开始普遍为居家养老或是在一些专门的养老机构如养老院养老，从图 4 可以看出老年人的消费正在逐渐多样化和追求质量化，既追求"养身"，又追求"养心"。

综上可以看出，我国老年人群体数量逐年增加，带动养老产业市场规模扩大。在对自身收入相对满意的条件下，老年人把目光聚焦与医疗康养产业密切相关的保健养生和旅游方面，可见老年人群体有可能在未来逐步成为支撑医疗康养产业的主要群体。

《2021 国民健康洞察报告》显示，在"心中对健康的定义"方面，心理健康依然排在第一位，其次为不生病（82%）和睡得好（81%），说明

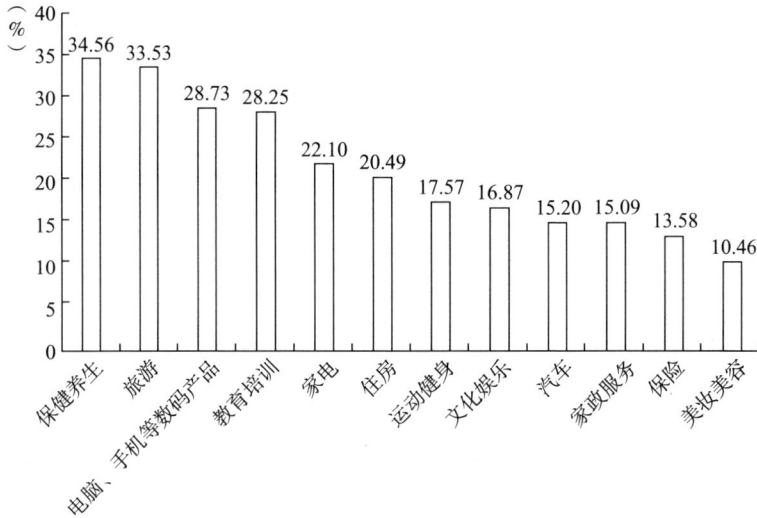

图4 2021年中国老年人打算在哪方面增加消费情况

资料来源：《中国美好生活大调查（2020—2021）》。

在受访者的心里，心理健康比身体健康更重要。受访者对健康的期待平均分为8.4分，但是自我健康状态打分为6.4分。综上可以看出，民众无论是在身体还是在心理方面的健康意识已逐渐增强，这将会进一步带动国民日常与健康方面有关的支出费用。

如图5所示，2015～2019年整形外科医院的诊疗人数由46.07万人次增加至101.54万人次；美容医院的诊疗人数由224.47万人次增加至837.71万人次。随着"颜值经济"的发展，拥有医疗美容消费观念的年轻群体将不断增多，医美市场潜力巨大。

此外，新冠肺炎疫情虽然给生产生活带来了一定的冲击，但是从中也可以看到一些机遇，例如在线医疗发挥重要作用，人们对此种医疗方式的需求越来越大。消费者提升了对健康生活方式的认知，更加注重健康。相比之前纯放松身心的度假旅游，疫情发生之后具有疗养功能的旅游产品可能会受到大量关注。

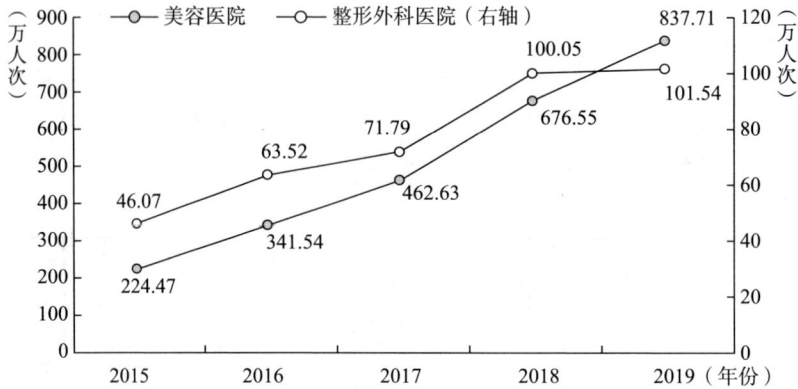

图 5　2015～2019 年整形外科医院和美容医院诊疗人次数

资料来源：历年《卫生健康统计年鉴》。

（二）海南自由贸易港建设带来新发展机遇

《海南自由贸易港建设总体方案》中提到要"充分发挥海南自然资源丰富、地理区位独特以及背靠超大规模国内市场和腹地经济等优势……聚焦发展旅游业、现代服务业和高新技术产业……推动旅游与文化体育、健康医疗、养老养生等深度融合"①。方案里在贸易、投资、跨境资金流动、人员进出、运输来往方面，有关自由便利制度的确立，以及在税收制度、社会治理、法治制度和风险防控体系方面的制度保障为医疗与康养服务业发展提供了良好的制度大环境，带来了新的历史机遇和动力。

（三）RCEP 正式生效提供合作契机

2021 年 11 月 22 日，中国与东盟正式宣布建立中国东盟全面战略伙伴关系，2022 年 1 月 1 日，文莱、柬埔寨、老挝、新加坡、泰国、越南 6 个东盟成员国参与的《区域全面经济伙伴关系协定》（RCEP）正式生效。据国家统计局数据，2020 年，东盟已成为中国最大的贸易伙伴，其中，服务贸易在中国—东盟经贸合作交流中始终保持强劲动力，在现代服务贸易和数字服务贸易领域的合作深度与广度逐年稳步提升。海南与东盟国家和地区联系密切，区位优势明显，在中国各地与东盟国家的贸易往来中，海南

---

① 《中共中央　国务院印发海南自由贸易港建设总体方案》，中国政府网，2020 年 6 月 1 日，http：//www. gov. cn/zhengce/2020 – 06/01/content_5516608. htm？trs = 1。

的重要性不断凸显。《区域全面经济伙伴关系协定》的生效成为连接国内国际双循环的桥梁与纽带，贸易投资的自由化和便利化水平显著提升，服务贸易的限制性、歧视性措施的削减为国家间进一步扩大服务贸易创造了条件。在这一背景下，加上自身便利的区位条件和独有的政策优势，海南迎来了宝贵的跨境服务贸易合作契机。

四　海南医疗与康养服务业发展存在的主要不足

（一）缺乏专业医疗人才资源

医疗行业是一个高技能行业，对从业者有高标准的专业和行业经验要求。2020 年海南省执业医师（含）执业助理医生的数量为 50304 人，北京地区的数量为 21.9 万人，上海地区的数量为 15.3 万人，海南省执业医师（含）执业助理医生的数量和国内发达地区相比仍有较大差距，管理人才也相对缺乏。[①] 自贸港建设推动海南服务业国际化发展，但海南现有医疗人才体系中缺乏精通外语的医学专业人才，无法满足医疗服务的国际化需求。

（二）医疗机构国际认证度不高

医疗机构医疗服务的国际认证程度是医疗服务质量的重要体现，JCI 国际标准[②]代表了世界医院服务和管理的最高水平，是世界上最严苛的医疗服务标准，被全球医疗界誉为"金印章"，截至 2019 年，全国有 99 家医院通过 JCI 国际认证，而海南仅有 3 家。[③]

（三）医疗康养旅游产品体系不完善，品牌形象树立不足

虽然海南省陆续引进了一批先进的医疗新技术，实现了多项国内首例器械、产品和技术的应用，但在海南省目前拥有的医疗康养类产品中并未形成有吸引力和影响力的产品品牌，缺乏有区域特色、品牌成熟的医疗康养产品，对自身优势资源的深度开发也不足，资源优势未完全转化为产

---

① 《中国统计年鉴 2021》，http://www.stats.gov.cn/tjsj/ndsj/2021/indexch.htm。

② JCI（Joint Commission International）标准是世界卫生组织认可的认证模式，该行动框架关注医院的制度建设，医疗流程、质量的持续改进和医疗安全，是医疗机构进入国际市场的"通行证"和获得国际医疗保险赔付的基本条件。

③ 黄光海：《海南国际医疗旅游发展中的问题和对策研究》，《现代交际》2021 年第 10 期。

品、服务优势。

（四）消费者个人信息保护制度存在缺陷

消费者在享受医疗康养类服务时会涉及个人健康状况、生理信息等一些医疗层面的个人信息，而医疗康养服务涉及的主体不光是医护人员及其所在的医疗机构或医院，还有医疗旅游中介机构等，虽然《海南省促进"互联网＋医疗健康"发展实施方案》中的"保障措施"部分提到"严格执行信息安全和健康医疗数据保密规定，建立完善个人隐私信息保护制度，严格保护患者的信息、用户资料、基因数据等"，但是缺乏相关配套措施及惩罚制度，无法使相关服务主体意识到个人信息保护的重要性和信息泄露的严重性，以促使其采取必要措施。

（五）产业聚集度和结合度不高

海南省医疗与康养服务业虽然总体上获得了较好的发展，但是医疗研发、生产和服务相关机构未形成聚集效应，上、中、下游产业链不完整，结合不紧密，导致某一区域的医疗康养产业较单一，不能发挥出应有的综合服务能力。此外，海南医疗与康养服务业和旅游业目前虽然呈融合发展态势，但还未达到深度融合的程度、形成完备的医疗康养服务体系，医疗行业和旅游行业还未实现协同发展，大部分情况下仍是两个独立的行业各自进行发展。

五 国际著名医疗康养目的地的经验借鉴

本文选取东南亚地区和欧洲地区的 3 个世界著名医疗康养目的地，这 3 个目的地的医疗康养产品及服务各具特色，也各有自身的发展经验，通过分析这些国家和地区医疗康养目的地的成熟发展经验，可为海南医疗与康养服务业的发展提供国际经验借鉴。

（一）泰国

泰国的医疗旅游业在世界上享有知名度，其服务范围从最初的美容手术扩展到以牙科、心脏手术、泰式按摩为代表，涵盖内科、外科、眼科等各个领域的医疗服务。其优质的医疗水平、特色的医疗产品服务和人性化的配套服务等吸引了欧美等国家的大批游客，被誉为"亚洲健康中心"。

1. 全面的政府支持

政府在政策、资金、税收、监管及部门协同机制构建方面充分发挥政府职能作用，支持并促进泰国医疗旅游产业发展。政府专门为医疗旅游者和国外退休者额外设立新的签证类别，方便人员往来。制定 2020～2027 年地区医疗中心发展计划，计划在 2021～2023 年投入上百亿泰铢建立 6 个行政地区的医疗中心。对公立医院和私人医院医疗设备器械进口方面的税收均予以优惠。对医疗服务行业的申请营业注册与资格认定、从业许可等做出了相应规定。泰国的卫生部、商务部、外交部、交通部、旅游理事会等建立协同机制，为泰国医疗旅游业发展提供高效率保障。

2. 高质量的医疗服务水平

截至 2021 年 5 月，泰国已有获得 JCI 国际认证的机构 59 家，是 JCI 认证组织最多的 5 个国家之一，其中位于泰国曼谷的康民国际医院是全球第一所获得此认证的亚洲医院。泰国医疗服务人员普遍有在海外工作或深造的经历，从美国等发达国家引入经过专业化训练的高水平医疗人才的方法也被积极引入泰国医疗行业。除了引进前沿医疗技术外，泰国本土医疗机构还加强与海外医疗机构和科研院所的合作，进行交流学习。

3. 人性化的配套服务

泰国人性化的医疗服务体现在医前、医中和医后的各个环节。泰国的很多医院会为客户提供免去长时间等待的网上预约服务，并配套提供签证、订票、接机等一系列服务。当医疗旅游者到达泰国后，可凭官方颁发的"一卡通"在不同医院接受不同的服务项目，如有需要还可以在与泰国卫生部合作的商业银行选择相关的医疗保险服务。患者在接受治疗后还能享受全面的康复保健相关服务，这些服务可帮助其尽快恢复健康。

4. 多样化的宣传渠道

泰国通过线上线下双渠道广泛宣传本国的医疗与康养服务行业。线下积极参加各类国际会议和展览。线上通过多语言的医院官方网站和相关政府网站为客户提供全面的信息介绍。

（二）法国依云小镇

依云小镇是法国著名的温泉小镇，拥有全球唯一的天然等渗温泉，小镇借助自然资源优势主打温泉养生，温泉养生的发展已有超过 200 多年的历史。除此之外，小镇还配备娱乐、保健、会展等设施，目前发展为旅游综合体。

1. 依托优势资源增强自身竞争力

阿尔卑斯山作为依云小镇的水源，水中富含多种人体必需的微量元素。"矿泉水"这个概念在当时很特别，极少有此概念。1905 年依云矿泉水厂建立，其从生产到装瓶过程中的严格监控和把关，使小镇产出的矿泉水成为极具特色的高质量产品，并在此基础上实现产业化、市场化和国际化。

2. 延伸和深化产业链

因为依云拥有世界上唯一的天然等渗温泉，水的 pH 值接近中性，对于皮肤、心血管等方面的疾病有较好的疗养作用，所以依云小镇初期以延伸发展温泉疗养为主，在温泉 SPA 馆里，顾客所喝的及护理产品里的水都是依云水，并配备专业按摩师进行指导。中期依云小镇将产业链进一步延伸至旅游业，兴建温泉风格的建筑，建设以"水"为主题的旅游度假胜地，并将康养产业与体育赛事如高尔夫球赛事进行结合。小镇逐步形成了以矿泉水生产和温泉 SPA 为主导，旅游度假、体育赛事、商务会展等为衍生产业的产业体系。

3. 政府强化管理

为了保证依云水的质量，政府加强了对环境的管理，在阿尔卑斯山上划定 500 平方公里的范围，明确规定在这个范围内，任何人都不能接近，以保证水质零污染，通过《城市保护法案》等相关法律法规在小镇建筑物的建筑风格和统一规范等方面进行严格监管。

4. 重视生态环境保护

小镇成立了以矿泉水商为组织者，水源地四周村庄居民为成员，旨在保护依云水资源的协会。此协会成立的重点是为了保护和水源息息相关的土壤质量，鼓励四周居民在尽量不使用化肥的前提下种植更多的树木，相关保护资金由协会支付。[①]

----

① 段金萍:《法国特色小镇建设的经验与借鉴》,《世界农业》2018 年第 8 期。

（三） 瑞士蒙特勒小镇

蒙特勒位于日内瓦湖畔，田园美景和作为羊胎素发源地的名气不仅使其成为著名旅游胜地，更成为康养美容的天堂。小镇形成了医疗康养产业和旅游业融合发展的综合产业链，在此基础上开发综合服务项目，满足了高端客户群体的需求。

1. 科学布局医疗机构

蒙特勒小镇在对医疗服务机构进行建设和布局时并没有忽略小镇独有的自然风光和人文特色，注重医疗服务机构布局与自然景观和人文资源相融合，使顾客不仅体验到身体的疗养，还在感受小镇独有的美时潜移默化地体验心灵的疗养。

2. 相关配套服务设施完善

蒙特勒小镇拥有健全完善的硬件和软件支撑系统，为小镇的正常平稳运行提供了强有力的系统支持。硬件支撑系统包括自然和人工景观、温泉浴场、医疗中心、室内外运动休闲中心及居住和商业建筑。软件支撑系统包括管理服务、体育文化活动、文化教育培训及品牌文化。①

六 海南医疗与康养服务业发展对策建议

海南医疗与康养服务业要做到在平稳发展的基础上往高水平、高标准、高质量方向发展，在对海南自身的发展情况和国际经验进行考量后，本文认为其发展对策应遵循"引得来""医得好""叫得响""配得齐""'养'得起""留得住""看得远""连得通"这八个方针，涉及人才、消费、医疗水平、产品吸引力、品牌建设、政策制定和国际合作等方面。

（一） 引得来——加快医疗康养人才培养与引进的创新与实践

秉持"走出去，请进来"的理念，基于目前存在缺口的医疗康养人才类型和能力要求，以省外学习的方式有针对性地对原有人员进行培训。同时，像海南目前所做的那样，继续引进知名专家和团队。比如，医疗机构

---

① 《如何打造世界级康养项目？瑞士蒙特勒小镇告诉您》，搜狐网，2019 年 9 月 8 日，ht-tps://www.sohu.com/a/339652742_99915831。

可以与海南省内各高校或毗邻省份的高校进行有关人才培养的合作，高校负责开展业务培训，医疗机构负责提供实践平台，二者共同努力，培养既通晓国际标准，又拥有过硬专业知识和丰富实践经验的技术人才和管理人才。同时，充分利用海南自贸港建设背景下国家政策支持的优势，在签证、落户以及后期培训等方面出台细化措施，吸引国内外优秀的医疗技术人才和高级管理人才。

（二）医得好——对标国际标准，提高医疗机构医疗水平和服务质量

医疗水平和服务质量是影响消费者医疗消费体验的最直接因素，高质量、高层次的医疗水平和服务是推动医疗产业可持续发展的重要因素。笔者建议，一些自身资源较为丰富的医疗机构可以在原有成果转化和应用成功的经验基础上对标国际 JCI 标准，带头先行探索试验，后续可形成典型案例供其他医疗机构进行分析研究。同时，海南本土的医疗机构也可寻求与国内外优秀的高知名度医疗机构开展合作，相互学习借鉴，共同推进海南医疗产业高质量发展。

（三）叫得响——建设目的地品牌，扩展多元化产品供给体系

海南省可构建医药数据库平台，将资源优势转变为产品和服务优势，使中医药产业化和市场化。在统一规范的康养产品开发行业标准和认证体系的基础上，针对老年病、亚健康、美容美体等方面着手建立医疗康养类产品体系，为消费者提供不同种类的产品及服务，满足消费者的多样化需求。海南省可以考虑建设老年病慢性病的诊疗中心，包括慢阻肺病、糖尿病、阿尔兹海默病等。除此之外，在全球复杂多变的疫情和经济形势下，很多人的心理需要康复治疗。基于此背景，同时可以考虑提供对精神疾患的康养治疗服务。建设一个"叫得响"的品牌是首要任务，要在"精"的基础上求多元，而不是为了多元而多元。要根据目前已有产品开发和运行的真实情况以及不同产品的特点进行新产品的有序开发，注重产业链的延伸和深化，并进行相关硬件、软件支撑系统的完善，逐渐形成以特色产业为核心的关联产业和衍生产业。

（四）配得齐——以核心医疗区为中心形成产业集聚

核心医疗区应包含老年病医疗的科研、技术转化和服务机构，以此为中心，在周边地区与知名公司进行资源整合，以医疗和检测机构、中西药品研发、医疗设备制造等项目为支撑，以康养、住宿、餐饮、休闲设施等为配套，构建医、药、养三方的有机融合与协同发展的产业集群，形成"医前—医中—医后"的完备服务体系。

（五）"养"得起——构建全面合理的价格体系

消费者在进行医疗康养产品的选择时首先会考虑自己的消费能力，注重性价比。到海南进行医疗康养类产品消费的顾客不仅会考虑产品本身的价格，也会将交通、住宿等方面的支出综合考虑在内。而且，产品的价格不能仅靠"平价"来吸引顾客，只要物有所值，高端消费照样可以持续发展。如上文提到的瑞士蒙特勒小镇凭借高端产品依然保持着良好的发展。所以，海南省的医疗康养服务机构可以针对不同消费人群推出不同价位的个性化套餐产品，使顾客能在自己的消费能力范围内选择到心仪的产品。同时，管理部门一定要加强质量管理和价格管控。

（六）留得住——建立评价指标体系和顾客反馈制度

海南可以参照国际上的医疗旅游指数（MTI），依据本地的实际发展情况，构建国际化、具有海南特色的多级指标体系，对省内各家医疗康养服务机构甚至从业人员的服务质量进行透明的在线评估。同时，联合智库机构和媒体定期用多种语言向国内外发布评估结果。这样做是我国医疗改革的一个创新，海南要有勇气做探路者。一方面可以在较大范围内让国内外潜在的消费人群认识并了解海南的医疗康养品牌；另一方面也倒逼医疗康养服务机构积极提升产品质量、优化服务质量，吸引国内外消费回流。同时，除官方发布的报告外，各医疗机构应根据自身的产品和服务情况，通过线上线下相结合的方式，通过问卷、电话或邮件回访等形式建立顾客反馈和随访制度，这样不仅有助于医疗和科研本身的发展，也有助于医疗机构提高自身的管理和服务水平。

（七）看得远——完善相关管理和保护制度及保障体系

对于消费者和投资者的利益要建立长远的保护机制，建立海南省医疗康养机构的长期信誉和声望，坚决避免短期逐利的行为；在海南自贸港建设背景下，未来海南的消费者主体将更加多元，所以应扩大医疗旅游消费者保护主体，明确将国内外人群纳入保护范围；① 明确将实质参与医疗康养服务活动并能够接触消费者个人信息的各类主体如翻译、中介等，纳入立法范围，共同保护消费者的病史、基因信息、个人属性信息等；从国家安全层面，也要保护好我国人民的基因信息。同时，建立健全与医疗服务行业密切相关的保险报销程序、医疗纠纷解决机制，提升顾客护理质量，建立安全的医疗质量保障体系。

（八）连得通——与国内外进行深入合作

加强与毗邻的粤港澳大湾区、福建省、台湾等地的互联互惠合作；同时，与东盟国家开展医疗康养合作交流，包括新加坡、马来西亚、泰国等中国消费者青睐的境外旅游消费地，也要和欧美一些医疗技术先进的医院进行合作，包括纽约的西奈山医院和朗格尼医学中心在内的国外医疗机构都有很好的合作意愿和基础。海南应该借助自贸港的相关政策支持，积极搭建跨地区和跨国的医疗服务平台，促成新的医疗合作，从引进单项医疗技术扩展到老年病、慢性病的现代化诊疗系统的建立，实现医疗服务技术换代升级，构建更加完善的医疗服务合作体系。

参考文献

刘霞：《法国依云小镇对我国特色小镇发展的启示》，《当代旅游》2019 年第 7 期。

修竹：《依云：来自阿尔卑斯山的馈赠》，《现代企业文化》（上旬）2014 年第 12 期。

陈伟平：《海南省南药资源概况》，《热带林业》2004 年第 3 期。

谢雷星等：《海南自贸港打造国际医疗旅游目的地的路径——以迪拜健康城为借鉴》，《南海学刊》2021 年第 4 期。

刘德浩、庞夏兰：《海南医疗旅游产业发展策略研究——基于泰国、印度经验的分析》，《中国卫生事业管理》2018 年第 12 期。

周义龙：《泰国医疗旅游业国际竞争策略及启示》，《中国卫生事业管理》2017 年第 11 期。

---

① 李永、刘悦笛：《海南自贸区建设背景下医疗旅游立法研究》，《山东农业工程学院学报》2020 年第 3 期。

张蓝月：《泰国医疗旅游发展模式对云南省医疗旅游的启示》，硕士学位论文，云南财经大学，2019。

《2020 年中国人口数量、老龄化情况及养老产业市场分析》，"智研咨询"百家号，2021 年 5 月 13 日，https：//baijiahao. baidu. com/s？ id = 1699611336704666657&wfr = spider&for = pc。

《2021 年中国养老服务发展报告》，艾瑞咨询网站，2021 年 4 月 21 日，https：//www. iresearch. com. cn/Detail/report？ id = 3762&isfree = 0。

《2021 年中国养老服务发展报告》，原创力文档网站，2021 年 1 月 26 日，https：//max. book118. com/html/2021/0126/8103033127003042. shtm。

《2022 医疗美容行业投资潜力及市场调研分析》，中研网，2022 年 3 月 5 日，https：//www. chinairn. com/hyzx/20220305/150504216. shtml。

《海南自由贸易港投资指南》，海南面国际经济发展局网站，http：//www. investhainan. cn/cn/。

《海南深耕"康养 + 旅游"产业》，搜狐网，2021 年 1 月 14 日，https：//www. sohu. com/a/444453209_ 120207619。

《海南去年前三季度医疗健康产业增加值 122. 73 亿元》，"潇湘晨报"百家号，2022 年 2 月 1 日，https：//baijiahao. baidu. com/s？ id = 1724623778394093812&wfr = spider&for = pc。

《海南省卫生健康委员会对政协海南省第七届委员会第三次会议第 0169 号提案的答复》，海南省人民政府网站，2020 年 6 月 8 日，https：//www. hainan. gov. cn/zxtadata - 10406. html。

《海南 2020 年医疗健康产业增加值 194. 88 亿元占全省 GDP3. 5%》，南海网，2021 年 2 月 21 日，https：//www. jiemian. com/article/5672460. html。

《中共中央　国务院关于支持海南全面深化改革开放的指导意见》，中国政府网，2018 年 4 月 14 日，http：//www. gov. cn/zhengce/2018 - 04/14/content_5282456. htm。

《海南省健康产业发展规划（2019—2025 年）》，海南省人民政府网站，2019 年 1 月 11 日，https：//www. hainan. gov. cn/zxtadata - 10784. html。

《关于支持海南自由贸易港建设放宽市场准入若干特别措施的意见》，中华人民共和国国家发展和改革委员会网站，2021 年 4 月 7 日，https：//www. ndrc. gov. cn/xxgk/zcfb/tz/202104/t20210408_ 1271896. html？ code = &state = 123。

《海南引入国内优质医疗资源，加速实现"大病不出岛"》，北青网，2022 年 3 月

10 日，https：//t. ynet. cn/baijia/32343004. html。

《海南加速建设国际旅游消费中心》，"中国发展网"百家号，2021 年 1 月 14 日，
　　https：//baijiahao. baidu. com/s？id = 1688871084947832450&wfr = spider&for = pc。

《2021 年中国医美行业市场规模现状及发展趋势分析　未来轻医美有望成为主要
　　增量市场》，前瞻产业研究院网站，2021 年 9 月 30 日，https：//bg. qianzhan. com/
　　trends/detail/506/210930　952d7621. html。

国际离岛免税中心建设背景下
海南商业服务业发展思路分析

孙俊新　李婕臣希*

摘　要： 多年来，海南得天独厚的地理位置和自然资源吸引了无数海内外游客，旅游业发展始终保持较高水平。在这一背景下，海南于 2011 年被国务院批复为"国际旅游岛"，其凭借在工业、地理等方面的优势，发展成为世界一流的休闲度假胜地。离岛免税政策是众多支持政策中的一项，本文分析海南离岛免税市场现状、特点和优势，同时结合高端消费市场发展特征，提出海南商业服务业当前存在的问题及发展路径：海南商业服务业在很大程度上依赖离岛免税市场的发展，应使离岛免税机制成熟化，扩大免税品购买渠道，完善离岛免税信息系统运维保障机制，对离岛免税品进行有效管控，促进海南商业服务业进一步发展。

关键词： 离岛免税　高端消费市场　商业服务业

一　文献综述

根据《海南省建设国际旅游消费中心的实施方案》，到 2025 年，国际旅游消费中心基本建成。景志华等人通过总结日本冲绳和韩国济州岛的离

---

* 孙俊新，经济学博士，北京第二外国语学院经济学院教授，硕士研究生导师，研究领域为文化贸易与投资、国际贸易与投资；李婕臣希，北京第二外国语学院中国服务贸易研究院 2020 级硕士研究生，研究领域为国际文化贸易。

岛免税经验，认为各国国情不同、实际不同，我国离岛免税政策应坚持中国特色社会主义道路，取其精华、弃其糟粕、坚持创新，走中国特色离岛免税之路。① 李伟铭等人认为，在建立自贸港之后，多年来，海南始终将理论与实际相结合，在离岛免税市场不断探索，争取使离岛免税政策尽可能地赋能当地和中国经济发展。② 李朝军认为，建成国际旅游消费中心目标的实现需要从战略层面和国家宏观层面出发，发挥旅游资源优势，精准打造令世界神往的旅游胜地。③ 褚辰瑾肯定了海南免税政策对建成国际旅游消费中心的推动作用，认为"随手购"是吸引游客来海南旅游的主要特点。④

海南离岛免税市场要想扩大规模，不仅要关注线下消费情况，还应着力解决跨境电商对线上消费的促进作用。然而，徐超静认为，海南作为南部的临海省份，与内陆省份不同，在引入跨境电商上更加不易，⑤ 这主要体现在引入费用上，应将现有免税政策和离岛免税政策的优势相结合，从不同的角度、以不同的方式协同促进海南经济社会发展。

海南离岛免税购物政策对海南旅游消费和经济增长具有促进作用。其一，该政策吸引了大量国内游客前往海南购买免税商品，对海南旅游消费结构具有优化作用，对国际旅游消费中心和自由贸易港建设具有促进作用。其二，该政策通过扩大消费直接提高了离岛免税品销售额，间接提高了旅游收入和住宿餐饮业收入，促进了海南省 GDP 增长。

二 海南离岛免税发展概况

（一）海南离岛免税发展现状

离岛免税政策的实行对不长期居住在海南的人们来说值得欢喜，基于

---

① 景志华、夏冰、刘茂媛：《海南离岛免税政策的经验借鉴》，《中国商论》2017 年第 2 期。
② 李伟铭、冯慧、黎春燕：《积极推进海南国际旅游消费中心建设》，《中国发展观察》2021 年第 2 期。
③ 李朝军：《海南建构国际旅游消费中心的优势、挑战和路径——基于海南离岛免税购物细则分析》，《对外经贸实务》2021 年第 2 期。
④ 褚辰瑾：《免税行业为海南加快打造国际旅游消费中心注入活力》，《营销界》2020 年第 47 期。
⑤ 徐超静：《跨境电商对海南离岛免税政策的冲击与合作路径探讨》，《西部皮革》2017 第 12 期。

该政策，消费者能够以免税价格在机场、火车站、港口码头指定区域提货离岛，即消费者不用出国，便可以享受到更加便宜的高端消费品。2011 年 3 月 16 日，财政部发布《关于开展海南离岛旅客免税购物政策试点的公告》后，海南设立两家离岛免税店进行试点，分别位于海口和三亚。

2020 年 6 月 29 日，财政部、海关总署、国家税务总局联合发布《关于海南离岛旅客免税购物政策的公告》，将免税购物额度从 3 万元/（年·人）提高至 10 万元/（年·人），将免税品种从 38 种扩大到 45 种，取消了单件商品 8000 元免税限额规定。海关总署数据显示，2021 年，海南离岛免税购物金额达 495 亿元，同比增加 80.0%；购物人数达 672 万人次，同比增加 49.8%；购物件数达 7045 万件，同比增加 107.0%；人均购物金额达 7368 元，同比增加 20.2%。

（二）海南离岛免税的特点和优势

当前国外疫情形势严峻，消费者更愿意将高端消费转向国内，高端消费市场发展结构产生了一定程度上的改变，形成了新的发展模式。进入政策红利期的海南自由贸易港将进入中国免税消费水平提高的新时期。同时，离岛免税制度的建设面临许多新的变化、问题和矛盾。必须通过实施有针对性的政策和补贴措施来解决当前的问题，以便充分发挥离岛免税市场的巨大发展潜力，并帮助自由贸易港的建设。

1. 海南离岛免税品牌日益丰富、销售额高速增长

近 10 年来，海南在免税品市场取得了突出的成绩，拥有世界规模排名第一的单体免税店，其培育的中免集团又陆续吸引了 600 余个国际品牌，为消费者节约了购买成本，同时取得了不俗的业绩：免税品购物人数约 2500 万人次，年均增长约 30%；销售额约为 1000 亿元，年均增长约 44%；销售量约为 1.2 亿件，年均增长约 40%。2020 年受疫情影响，线下购物人数下降，但离岛免税政策发挥作用，使得销售额和销售量都几乎翻了一番，商业效益未受影响。

2. 免税购物进一步促进海南旅游业发展

海南热带海岛资源十分丰富，发展旅游业有得天独厚的优势。近年来，接待游客逐年增加、产业规模明显扩大、旅游产品日益丰富，对国民

经济增长做出了不小的贡献。免税购物基于政策优势、产业优势和消费者市场需求，发展逐步增快，进一步提升了其在国民经济增长方面的贡献水平，同时进一步带动了海南旅游业的发展。离岛免税市场品牌多是大牌，定位于收入水平较高的客户，从消费心理的角度来看，消费者在海南进行免税品消费的同时会在餐饮、住宿、文娱等方面进行消费，对旅游消费产业链的延伸起到推动作用，免税购物与旅游业发展相辅相成，有利于促进旅游业水平提升。

（三）多市场主体构成免税市场竞争格局

海南省财政厅、商务厅、市场监管局等单位按照财政部《海南离岛旅客免税购物商店管理暂行办法》等有关政策，通过市场竞争等市场机制和手段，在海南离岛免税市场中，将海南离岛免税市场的竞争主体扩大。到2020 年末，海南将新增 6 个离岛免税商店，共计 10 个离岛免税商店，归属 5 个市场主体。免税店为中免海口美兰机场免税店、中免琼海免税店博鳌免税店、中免三亚免税店海棠湾免税店、中免海口日月广场免税店、海控全球精品城（海口）免税城、深免海口观澜湖免税城、中免海口美兰机场 T2 航站楼免税店、三亚海旅免税城、中服三亚免税购物公园、凤凰机场免税店。5 个市场主体为中国免税集团、海南省发展控股有限公司、海南旅总国际旅行社有限公司、深圳免税集团、三亚中服免税有限公司。

三 离岛免税政策进一步打造高端消费市场

高端消费市场的特点主要集中在消费者的消费观念、消费水平和消费结构等方面。从消费观念来看，消费者不再将消费商品和服务当作生存的需要，反而更加注重精神满足和绿色健康；从消费水平来看，因收入水平提高，消费观念改变，消费者的消费水平提高；在消费结构方面，除了生活必需品的消费，消费者在非必需品方面的支出有所提升，以获得精神方面的满足。

（一）经济实力影响消费决策

经济能力是影响消费者决策的最根本因素。中高端消费者主要集中在富裕阶层和中产阶层，长期以来，富裕阶层引领着中高端消费的发展，但是近年来中产阶层增长迅速，规模越来越庞大，已经成为中高端消费的中坚力量，中高端消费发展自然离不开中等收入群体这一特殊群体的消费特征勾勒。中高端消费主体良好的个人素质带来可观的经济收入，因而有能力有意愿进一步提升自身综合素质，从而获得更强的经济实力，形成良性循环。

（二）消费群体年轻化

我国奢侈品消费者总体偏年轻，平均年龄 37 岁，其中"80 后"与"90 后"成为贡献奢侈品消费额的主体，分别占 40% 和 30% 左右，这主要是因为其财富积累和心态转变。从奢侈品消费额来看，"80 后"和"90 后"的贡献分别超过 50% 和 20%。

（三）线上业务规模扩大

疫情使得全球经济下行压力加大，也影响了线下场景，这对于全球奢侈品消费来说也是挑战。然而，线下购物受阻的同时，商家会顺势而为，将营销和销售转向线上，利用互联网渠道进行引流。各大品牌官网、官方授权店、官方旗舰店等纷纷成为主要阵地，消费者从中获取商品评价、进行购买支付、分享使用体验等，互联网将来自四面八方的用户聚集在一起，或使消费者在线上获得完备信息后到达实体店购买。这都体现了数字化和互联网的优势，中国顺应数字化潮流，加强数字化场景的培育，数字化在海南离岛免税购物中占据着重要的地位，是中国奢侈品市场增长的重要动力来源。

四 海南商业服务业存在的问题

自从离岛免税政策发布以来，离岛免税购物得到了广泛关注，不管是国家的支持、政府的配合、企业的积极参与还是消费者的热情，都让离岛免税购物的发展蒸蒸日上。尤其是近几年，离岛免税购物方面的数据十分亮眼。尽管如此，离岛免税购物还存在一些不足之处。

（一）离岛免税市场规则亟待成熟

当前，离岛免税面向高端消费群体，有很多海外知名品牌参与，可免税品的品牌数量比较少。虽然现在海南免税店已经有所增设，但海外知名品牌数量仍然有很大的增长空间。因为品牌数量不多，很多特意从外省赶来的游客的满意度、满足度会被削弱。除了品牌数量不够多，部分商品价格也略高，加上商品供不应求，一些品牌门店排队时间也比较长，购物体验效果有所削弱。新冠肺炎疫情席卷全球，各国疫情防控效果不同。中国疫情防控取得显著成效，消费需求不减。国际知名品牌的供给量受疫情影响不如从前，造成了供不应求的状况。当前国内有10家免税店，经营面积有限，货品短缺。

（二）高水平服务人才欠缺

海南免税店商品定位于高端消费市场。对于服务人员的水平也有更高的要求。对于整个供应链，海南免税店没有进行从业门槛的明确规定，部分员工从业年限不足、资历较浅。海南人才市场需求缺口较大，专业技术人员较少，高端人才和外语人才匮乏。奢侈品行业对从业销售员本身的要求比其他行业高，提供的服务也要与奢侈品品牌相匹配。除此以外，整个免税店的运营也需要大量的物流人员、仓储人员、客服人员、财务人员、市场策划人员、信息支持人员的人才储备。

（三）离岛免税购物不够便利

免税行业要想获得长远发展，在保持价格优势的基础上还应具有便利性，包括空间便利性、时间便利性、运输便利性。海南免税店不具备空间便利性。机场免税店拥有的营业空间不足，在空间布局、商品摆放上容易让消费者感到体验不佳，品牌数量少，不足以吸引消费者长时间停留。不具备时间便利性，无法做到即购即提。不管是前往机场免税店购物的消费者、市内旅游的消费者还是在离境口岸指定区域购物的消费者，消费后都需等待较长的时间才能提货，给消费者带来了极大的不便，服务质量较低。海南免税店不具备运输便利性。考虑到交通成本和时间成本，特意前往海南免税店购买免税品的消费者往往不会只购买一小部分商品，但提货点对商品的重量和体积有所限制，消费者极有可能面临"想买而不能买"的局面，这大大降低了消费者的满足感。

（四）离岛免税线上运营水平有待提升

当前，海南离岛免税市场主体同时进行线上和线下销售，但线上销售体系还不够成熟，供应链的不同环节均存在弊端。比如在发货方面，容易出现商品少发、漏发现象；在物流方面，线上物流跟踪不及时；在库存方面，仓库补货速度慢，无法满足消费者需求；在售后方面，售后服务质量有很大的提升空间。市场主体线上运营能力与当前中国的头部电商平台还存在一定的差距，线上业务规模也因此受限。此外，线上销售还受到宣传和营销方面的制约，网上的宣传力度较弱，营销方式较单一，而且海南一部分免税店还没有进行全面的线上运营，线上可购买的商品比线下可购买的商品少，因此消费者线上消费意愿不强。

五　海南商业服务业发展路径

（一）将消费者体验感作为发展核心

海南自由贸易港的建设是否成功，标志之一就是消费是否便利。疫情防控常态化时期，消费者将目光聚焦海南离岛免税，同时由于政府支持，海南离岛免税取得了瞩目的成绩。然而，海南离岛免税市场要想获得长远发展就需要把消费者放在第一位，从多方面重视其体验感。因此，要加大力度分析国内消费者的消费偏好，从品种和品牌上进行优化，缩小与世界一流免税店的差距，提高国内消费者的消费体验。

（二）扩大免税品购买渠道

线下实体店是当前海南免税市场的主要销售渠道，而线下实体店存在弊端，即消费者购买离岛免税商品后不能立刻提货。为了不影响消费者在其他点位的旅行体验，可扩大免税品购买渠道，比如通过对区域位置和设点成本的精确测度，设立多个点位，同时通过技术手段，实现消费者个人信息互通互达，随时随地进行购物消费、付款和提货，节省消费者购物和提货的时间成本。可以与物流公司进行合作，采取线上购买快递寄到的方式，实行到门服务，建立线上线下一体化的零售体系。

（三）完善离岛免税信息系统运维保障机制

第一，建立符合国际、国内标准的软件、硬件平台，按照标准的要求进行系统的开发，并突破各系统之间的连接障碍。第二，建立安全系统，保证系统的科学性、安全性和可行性。第三，实现高效、安全、持久的数据备份，将公用服务平台的数据实时备份到本地的备份服务器，将其与备用的服务平台数据库同步，并定期刻录光盘备份；对于离岛免税海关监控系统的数据，采用 FC SAN 结构存储技术，每天晚上都会自动备份到磁盘阵列中，3 年后可以进行离线全量的备份。

（四）对离岛免税品进行有效管控

避免商家在进口免税商品后，从其他途径偷渡出境。首先，健全免税商品信息管理平台，对所有免税商品的购销信息进行统计，重点对一年内没有售出或退回的免税商品进行稽查。对进出口免税品进行及时核销，严厉打击走私犯罪。其次，对海南所有免税实体进行监督管理，在目前实施的免税政策的基础上，加强对库存和运输的监督管理，保证其合理合法。再次，加强海南岛周边的近海、海岸线和岛内三条严密的防御体系，加强对可疑的走私活动的监管。最后，将进口免税商品的进出口企业纳入海关信用体系，将其与不诚信企业的信息在"信用中国"网站、国家企业信用信息公示系统上公布，并根据有关规定，对其进行联合激励和联合惩戒。

参考文献

林雯晶、杨刚、孟祥鑫等：《海南离岛免税新政实施一周年销售额达 468 亿元》，《中国旅游报》2021 年 7 月 19 日。

李晓嘉：《发掘国内国际双循环背景下免税业发展潜力》，《人民论坛》2021 年第 17 期。

袁文清：《我国奢侈品消费市场飞速发展背后的经济分析》，《市场周刊》2021 年第 6 期。

汤婧：《充分挖掘离岛免税市场潜力，助力海南自贸港建设》，《中国发展观察》2021 年第 8 期。

李泽众：《海南省离岛免税政策与产业发展研究》，《北方经贸》2021 年第 4 期。

高东方：《消费市场　海外消费回流驱动国内规模化消费升级研究》，《商业经济研究》2021 年第 5 期。

张莉花：《开放政策对海南旅游产业的影响研究》，硕士学位论文，北京交通大学，2020。

林慧：《三亚国际免税城游客消费行为分析及营销启示》，硕士学位论文，海南大学，2019。

刘骅欣：《中国免税市场发展影响因素探究》，硕士学位论文，对外经济贸易大学，2019。

比较借鉴

国际自贸港建设对海南服务贸易创新发展的经验借鉴与启示

贾瑞哲　杨　彤*

摘　要：海南是我国第一个中国特色自由贸易港，也是我国最大的经济特区，而且是首批 15 个服务贸易创新发展试点之一，肩负着探索服务贸易高质量发展路径的重大任务。海南可以借鉴中国香港、新加坡、纽约、鹿特丹和迪拜 5 个自贸港发展服务贸易的政策创新经验，结合自身战略定位、政策支持、产业结构和平台优势，通过打造特色自贸港服务贸易模式，重视数字经济与数字服务贸易，完善知识产权法律保护体系，实施优惠的税收、投资、金融政策，引进服务贸易专业人才，建设数字化人才体系等措施，进一步推进服务贸易创新发展。

关键词：海南自贸港　服务贸易　数字经济

引　言

自由贸易港（简称"自贸港"）在服务贸易创新发展中具有重大意义。

---

* 贾瑞哲，北京第二外国语学院经济学院讲师，首都国际服务贸易与文化贸易研究基地研究员，研究领域为国际贸易规则与政策、服务贸易、文化贸易；杨彤，北京第二外国语学院中国服务贸易研究院 2020 级交叉学科国际文化贸易硕士研究生，研究领域为英语国家国际文化贸易。

自贸港是自由贸易区的高端类型，[①] 它强调境内关外的范围，即在区域范围内允许人员、资金和货物的自由进出，同时对大多数商品免征关税，[②] 故为全世界当下开放水平最高的特殊经济功能区。海南不仅是世界范围内唯一一个具有中国特色的自贸港，也是我国最大的经济特区，而且是我国首批 15 个服务贸易创新发展试点之一。它不仅肩负着"探索适应服务贸易创新发展的体制机制和支持政策体系，促进服务贸易创新发展"的历史重任，还是新时代中国对外开放的战略支点和实践试验田。[③] 自 2016 年以来，海南采取了很多促进服务贸易创新发展的措施，并依托自由贸易港建设出台 6 项自由便利政策，推动 1 项产业体系建设和 4 个方面的制度建设，在"完善管理体制、扩大对外开放、培育市场主体、创新发展模式、提升便利化水平、完善政策体系、健全统计体系、创新监管模式"八项试点任务[④]上不断探索，一直在贸易和投资自由化、便利化建设中发挥着"先行先试"的作用，也将成为我国高标准对外开放"压力测试"的关键一环。2022 年国务院《政府工作报告》进一步明确指出要在夯实自由贸易港建设的基础上，同时"创新发展服务贸易与数字贸易"，尤其要以海南自贸港第一张"跨境服务贸易负面清单"为抓手，继续在全国推行相关制度，进而实现与高标准经贸规则的国际对接。海南 2020 年的投资负面清单和2021 年的跨境服务贸易负面清单，一起构成了服务贸易四种模式的监管，[⑤]有助于提供模式开放并促进发展。在此背景下，探索海南服务贸易创新发展的路径和措施就显得尤为重要。放眼全球，中国香港、新加坡、鹿特丹、迪拜、汉堡等典型的自由贸易港已经推行了成熟的监管模式，其促进

---

① 贾康、施文泼、刘薇：《海南自由贸易港财税制度建设的国际经验借鉴》，《财会月刊》2021 年第 22 期。

② 《推动形成全面开放新格局》，中国政府网，2017 年 11 月 10 日，http://www.gov.cn/guowuyuan/2017-11/10/content_5238476.htm。

③ 谢申祥、高媛：《中国特色自由贸易港的服务业开放机制探索——以海南自由贸易港为例》，《暨南学报》（哲学社会科学版）2021 年第 6 期。

④ 《国务院关于同意开展服务贸易创新发展试点的批复 国函〔2016〕40 号》，中国政府网，2016 年 2 月 25 日，http://www.gov.cn/zhengce/content/2016-02/25/content_5046212.htm。

⑤ 王玉婷、袁永友：《海南自由贸易港建设背景下打造服务贸易新高地的探讨》，《对外经贸实务》2022 年第 1 期。

服务贸易发展的政策措施能够为海南进一步促进服务贸易创新发展提供一定的经验和启示。

国内外学者历来关注典型自贸港的发展经验，陈颖君、黄景贵、曾伏等先后分析了迪拜、新加坡、鹿特丹以及拉美等地区的自贸港创新政策，并指出应因地制宜地推进一国特色自由贸易港建设。① 李思奇和武赟杰、曹晓路等、贾康等、韩龙更是聚焦海南自由港战略的探索，从必要性和可行性角度来重新审视国际自贸港的建设经验。但尚未有学者直接研究全球典型自贸港服务贸易发展情况。② 从我国实践情况看，2018 年习近平总书记亲自谋划、亲自部署、亲自推动在海南建设中国特色自由贸易港，相比全球其他自贸港，建设时间较晚、持续时间较短，但已有许多国内学者对其发展路径和规划趋势进行了初步探索。刘雨宵等、钟贞贞研究了海南的通关便利制度和税收制度，③ 马国华等为海南建设自贸港的模式提出了具体建议，④ 陈利强等和张艳敏则是从立法的角度探讨了自贸港背景下海南的法律法规体制⑤。

从整体上看，海南自贸港是以深厚的中国特色贸易理论为基础，顺应产业结构转型升级趋势、结合海南自身优势、提高我国国际地位的开放层次最高的贸易区；其既是全球典型，又具中国特色。然而，海南将如何在

---

① 陈颖君：《迪拜自由贸易港多元化经济转型的经验及启示》，《中国经贸导刊（中）》2021 年第 11 期；陈颖君、黄景贵：《鹿特丹自由贸易港发展经验及对海南自由贸易港的启示》，《中国经贸导刊（中）》2021 年第 14 期；曾伏：《拉美地区自由贸易园区的发展经验及对中国的启示》，《对外经贸实务》2020 年第 8 期。

② 李思奇、武赟杰：《国际自由贸易港建设经验及对我国的启示》，《国际贸易》2018 年第 4 期；曹晓路、王崇敏：《建设自由贸易港的国际经验与海南路径》，《国际贸易》2020 年第 4 期；贾康、施文泼、刘薇：《海南自由贸易港财税制度建设的国际经验借鉴》，《财会月刊》2021 年第 22 期；韩龙：《海南自由贸易港间接税优惠的 WTO 合规性审视》，《现代法学》2022 年第 1 期。

③ 刘雨宵、张丽娜：《海南自由贸易港通关便利化制度的推进路径》，《海南热带海洋学院学报》2021 年第 6 期；钟贞贞：《海南自由贸易港税收制度的内容、特点及意义》，《海南金融》2021 年第 11 期。

④ 蒋丽萍、马国华：《海南自由贸易港建设的模式选择与政策创新》，《现代营销》（学苑版）2022 年第 1 期。

⑤ 陈利强、刘羿瑶：《海南自由贸易港数据跨境流动法律规制研究》，《海关与经贸研究》2021 年第 3 期；张艳敏：《海南自由贸易港视域下重大行政决策程序立法：现实需要与路径选择》，《海南广播电视大学学报》2021 年第 4 期。

国家战略的框架下实现服务贸易创新发展，同样是需要关注的问题。虽然相关的研究对国际典型自贸港的分析已经较为充足，但是仍缺乏对"全球唯一的具有中国特色的"海南自贸港形成服务贸易发展的经验借鉴。鉴于上述背景，本文选取中国香港、东南亚地区的新加坡、北美地区的纽约、西欧地区的鹿特丹和中东地区的迪拜作为比照对象，从海南自贸港进一步发展服务贸易的视角，研究这五个自贸港在提升服务业开放水平、促进服务贸易自由化方面的政策措施，并分析其决策过程与实践成效，形成经验与启示。

一　国际自贸港推动服务贸易创新发展的经验

自贸港建设的最终目的是实现货物、服务贸易完全的自由化，海南自贸港还将进一步推进跨境资金、人员进出、运输往来的自由化与便利化以及数据流动安全有序。① 放眼全球，中国的香港、东南亚地区的新加坡、北美地区的纽约、西欧地区的鹿特丹和中东地区的迪拜，均有近半个世纪的国际自贸港建设历史，不仅各具国家和地区特色，也在重大战略、支持性政策、船业转型发展、自由化便利化、基础设施配套等方面探索出成熟的经验。

（一）赋予自贸港更大的开放自主权

主要自贸港以总体开放的战略定位提升开放水平。在自贸港建设过程中，每个国家结合本国和地区的不同特点，在高站位、高标准的重大战略安排下赋予其更多开放政策制定权，对一国服务贸易发展起到了推进作用。17 世纪设立的鹿特丹港，现已成为欧洲第一大港、全球最重要的物流中心之一，这些均得益于其自由贸易的总体定位。鹿特丹港以 20 年左右为期提前规划港口建设战略，在 2011 年提出了《鹿特丹港发展 2030》，明确指出要在做强欧洲港口的基础上注重产业融合发展，为新兴商业提供发展

① 董涛等：《高质量高标准建设海南自由贸易港：意义、优势与建议》，《海南大学学报》（人文社会科学版）2021 年第 4 期。

空间。[1] 1842 年设立的香港港主要实施"积极不干预"的自由贸易政策和简单低税制，逐渐成为亚太地区最重要的航运、金融、贸易中心。1969 年成立的新加坡自贸港，是国际集装箱管理和租赁中心，是世界集装箱大港之一。同时，新加坡设立了 9 个自由贸易区，过港入区货物可临时停放，无须办理报关手续即可通过新加坡转运。纽约港的管理制度自主性很高。实际上，纽约港的绝大部分园区位于新泽西州，但园区的管理并不是简单地由新泽西政府负责，而是由纽约—新泽西跨州港务局全权负责。法律上，纽约—新泽西跨州港务局是独立于两州存在的，其统一的跨州机构以自己的警方执法力量为整个纽约地区港务业务的流畅运行提供了保障，这样创新的服务机制不但为纽约港的发展奠定了政治基础，也为纽约港辐射周边地区，甚至整个大西洋地区开放经济提供了服务保障。鹿特丹港、新加坡港和纽约港等自贸港作为连接区域和世界经济的桥梁，物流运输能力优秀，通过税收减免吸引外商，在人才和资金流动方面推出特殊政策，为发展外向型经济创造了良好的环境。此类自主开放政策不仅带动了区域内各种服务要素与资源的优化配置，而且进一步加速了国家或地区对外贸易的便利化水平，提升了国际竞争影响力。

（二）推行优化营商环境的服务贸易自由化与便利化政策

全球自贸港通过服务贸易便利化和自由化政策积极推进营商环境优化。通过自贸港建设来提升服务贸易便利化水平，在扩大服务贸易开放方面具有显著作用。根据世界银行发布的《全球营商环境报告 2020》，新加坡（86.2）、中国香港（85.3）、美国（84.0）、阿联酋（80.9）、荷兰（76.1）分别位于全球营商环境排行榜第 2、第 3、第 6、第 16 和第 42 名。新加坡政府一直积极参与全球贸易自由化，通过加入 RCEP、CPTPP 及 CEPA 等区域贸易协定做出服务贸易领域的高标准开放承诺，同时营造自由便利的投资自由化环境，全面促进服务贸易发展。2021 年新加坡服务贸易额 6092 亿新元，其中出口额 3088 亿新元，进口额 3004 亿新元，分别比上年增长

---

[1] 陈颖君、黄景贵：《鹿特丹自由贸易港发展经验及对海南自由贸易港的启示》，《中国经贸导刊》（中）2021 年第 14 期。

6.7%和6.8%。① 迪拜作为阿联酋营商环境便利度最高的地区，不仅放宽外资准入前的国民待遇，而且对自然人流动给以便利。在迪拜港内，外资企业中资本比例不设限制；外商通过购买指定开发案下的保有资产，可以获得迪拜的居留签证。

根据Fraser研究所发布的《世界经济自由度2021年度报告》，中国香港是全球最自由的经济体，而中国内地排第107名，存在较大差距。香港的服务业准入开放度较高，对外来企业没有经商方面的限制。在香港当局"积极不干预"的自由政策下，除了金融、电信、公共交通、公共设施及部分传媒行业被列入政府管控范围外，允许外方投资者或私人参与所有香港法律所允许经营的商业活动，并且给予外资国民待遇。香港的入境政策同样自由开放，不仅为境外访客提供宽松的旅游签、商务签等签证政策，还允许持有香港特别行政区护照的居民任意经商或旅游。

（三）重视服务经济与服务贸易转型发展

自由贸易港中服务贸易的转型升级，有利于增强服务业的竞争力，优化外贸结构，在培育经济新动能的同时带动就业，对服务贸易和货物贸易都能产生积极影响。而实现服务贸易转型则需要经济多元化发展战略的支持。国际领先的自贸港凭借自身更为优惠的关税政策、更加成熟的离岸业务体系等吸引更多地区的投资者，从而带动整个辐射区域的金融和商贸往来，推动了产业结构调整、多元产业协调融合以及服务贸易创新发展。

鹿特丹港在全世界顶尖服务型港口中始终占据较大优势，特别是其针对交通运输业采取灵活的税收支持政策。并且，鹿特丹港以"智慧港口"为目标，积极推进数字服务化建设，建立公共数据平台，提高港口运营效率，促进对外贸易便利化。迪拜港则由以石油产业为主导的贸易经济向服务经济不断转变。近年来，迪拜也致力于打造现代服务业的多元化经济发展模式，当前，迪拜已经形成了1个自贸港与多个特色产业城相结合的"1＋N"特色模式。② 这不仅提高了港口的运营效率，还为国际服务和消

---

① 新加坡统计局网站，https://www.singstat.gov.sg/。
② 王孝松：《世界主要自贸港的发展经验与中国自贸港未来发展策略》，《人民论坛》2020年第27期。

费提供了便利条件，进一步促进了当地经贸结构的优化。

（四）加强基础设施建设与金融服务支持

基础设施建设和金融服务支持是自贸港实现高效运转的重要基石。每个自贸港都有完善的港口、空港、仓储等相关的硬件设施，也有信息化的物流网络、电子通关系统、先进通信设施等软件联通。并且，随着货物贸易的发展，诸如航运、物流、金融、法律、咨询等商业服务也逐渐兴盛起来，为自贸港打下了坚实的服务业基础，进一步提高了自贸港"软联通"水平。拥有全球最繁忙的集装箱码头的国际金融中心新加坡港，航运融资和海事保险等航运服务业始终繁荣发展。鹿特丹港亦是如此，始终定期制定更新港航业规划。当前，鹿特丹港已经在基础设施上实现了网络化，以及存储、航运和服务营销的多元一体化运营。此外，鹿特丹港还根据基础设施建设情况，制定了岸线资源利用规划，为鹿特丹港航业的发展提供了明了的政策框架和稳定的目标指引。

更重要的是，建设完善的金融市场体系、便捷的投融资服务与支持也成为自贸港服务贸易发展的重要环节。迪拜港的外汇管理较为宽松，资本和利润可以不受限制地自由汇出，货币可以自由兑换。高开放度的金融政策进一步促进了服务经济和服务贸易的发展。新加坡于 1978 年全面取消外汇管制，增强了外汇服务功能，开放了外汇服务，吸引了大批外资银行和自然人到新加坡经营 ACU，大力开展离岸金融业务；同时采取了崭新的金融部门激励计划，境内通过债券市场、衍生品市场、股票市场和信贷联合企业等服务和交易获得的高增长、高附加值金融业务，可以按照一定条件实行 5% 的税率，期限可为 5 年、7 年或 10 年不等。[①] 香港是著名的国际金融中心，其资本项目早已实现完全开放，资本的跨境流动也高度自由；除此之外，香港建立了有效的金融监管体系，且已经形成较为完善的投资者保障机制。纽约港则是放松金融管制，积极通过新兴金融工具的使用、新金融市场的打造，逐渐放宽并最终取消了对银行支付存款利率的限制，也降低了对国际金融机构入驻园区经营活动的限制，加大开放的力度，提供

---

① 《对外投资合作国别（地区）指南》，中国商务部网站，http://fec.mofcom.gov.cn/article/gbdqzn/index.shtml。

金融服务支持保障。

二　海南自贸港实现服务贸易创新发展的条件

世界主要 5 个自贸港凭借自身的战略优势、政策优势、经贸结构优势以及基础设施与金融服务优势，逐渐发展为一个地区、一个国家乃至全球的经贸中心，为服务贸易发展带来了动力与活力。海南作为全球唯一的中国特色自贸港，也是我国最大的经济特区，更是首批 15 个服务贸易创新发展试点之一，肩负着实现服务贸易高质量发展的重任。

（一）政策支持

2018 年，党中央、国务院赋予海南经济特区改革开放新的使命，即在海南全岛建设自由贸易区；2020 年，习近平总书记亲自谋划部署并宣布了建设海南自由贸易港这一重大战略决策；2020 年、2021 年，国家出台颁布了相应条例、方案以支持海南自由贸易港的建设。海南自由贸易港建设出台 6 项自由便利政策，推进 1 项产业体系建设和 4 个方面的制度建设，在"完善管理体制、扩大对外开放、培育市场主体、创新发展模式、提升便利化水平、完善政策体系、健全统计体系、创新监管模式"8 项试点任务上不断探索，一直在贸易和投资自由化、便利化建设中发挥着"先行先试"的作用，也将成为我国高标准对外开放"压力测试"的关键一环。当前，海南自贸港在服务贸易领域已经做出制度型开放的试验，商务部发布的 2021 年版《海南自由贸易港跨境服务贸易特别管理措施（负面清单)》，成为我国跨境服务贸易领域首张负面清单，通过该负面清单，海南在探索服务贸易开放发展的道路上将会提供更多转型和创新经验。

（二）战略定位

海南在我国对外开放格局上占据重要地位，能够为新发展格局提供重要的桥梁纽带。在地理区位上，海南是我国广阔的西北、西南腹地最近的出海口，联通东南亚、南亚以及太平洋、印度洋。同时，海南不仅是古时"海上丝绸之路"的必经之地，而且是"一带一路"倡议下重要经济走廊的重要交点。海南岛能够作为面向太平洋和印度洋开放的门户，成为中国广大西部地区向外延伸的重要通道，也能成为东南亚、南亚、大洋洲等地区资本、劳动和服务等要素流入内地的主要窗口，实现辐射中国内地市场的联通作用。① 在战略定位上，国家赋予了海南多重身份，其既是我国进一步推进服务贸易发展的试验田，又是我国服务贸易创新发展政策对接高标准服务业开放和高水平服务贸易规则的支点。海南 2020 年的投资负面清单和 2021 年的跨境服务贸易负面清单，一起构成了服务贸易四种模式的监管，这也将成为服务贸易领域实现制度型开放、对接高标准经贸规则的重要环节。

（三）产业结构

改革开放以来，海南充分发挥了其资源禀赋、地理区位和产业结构的优势，利用了自由贸易港建设带来的开放水平提高、政策支持力度加大的发展机会，实现产业结构的全方位调整，为服务贸易创新发展打下了坚实的基础。由图 1 可知，1978～1991 年是海南具备传统优势的第一产业主导时期；而自 1992 年起，第三产业迅速崛起，直接赶超第一、二产业；2014年以来，海南的第三产业占比均保持在 GDP 的一半以上。2021 年，海南第三产业增加值高达 3982 亿元，比上年增长 18.6%，占 GDP 的 60.3%。在此基础上，海南进一步调整服务业结构，大力深化供给侧结构改革，发展新兴服务业。2020 年，海南省重点服务业增加值占 GDP 的近一半，旅游产业、互联网业、医疗健康产业、现代金融服务业、会展业、现代物流业、房地产业、教育产业、文化产业、体育产业成为海南省重点发展的现代服务业（见图 2）。

海南还利用数字技术推动数据跨境流动，推进了服务贸易的数字化转型。同时，海南借自贸港建设的"东风"，不断提高贸易便利化水平，改善了营商环境，大力引进外资，进一步扩大海南服务业的开放程度，以制度型开放和数字技术双轮驱动服务贸易创新发展。最后，海南出台了相应的政策、法律法规以号召和保障创新、保护知识产权，与时俱进，引进与培养人才，向建设数字化人才体系奋进，将海南打造成能够成为国际自贸

---

① 《充分发挥海南自贸港在新发展格局中的重要作用》，中国经济网，2021 年 12 月 6 日，http://district.ce.cn/newarea/roll/202112/06/t20211206_37145276.shtml。

港中璀璨"明珠"之一的服务贸易新高地，形成现代服务业体系。①

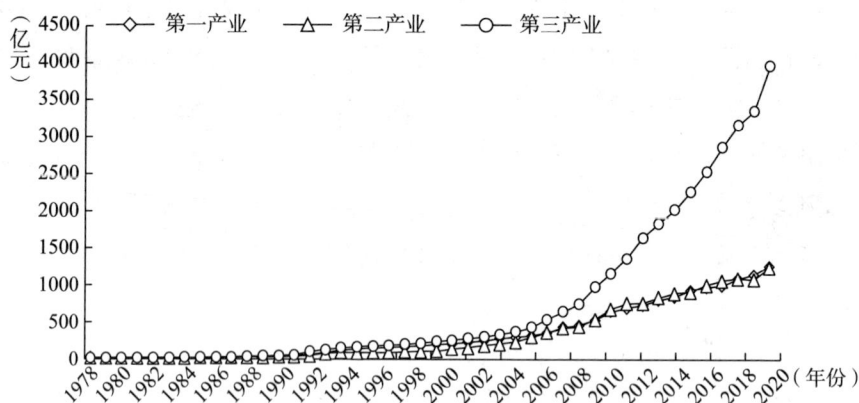

图 1　1978～2020 年海南省 GDP 构成情况

资料来源：历年海南统计年鉴。

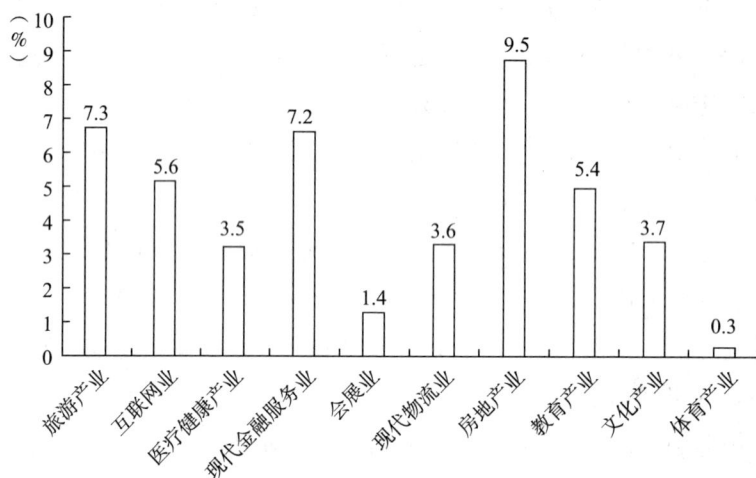

图 2　2020 年海南省主要服务业增加值占 GDP 比重

资料来源：海南统计年鉴。

（四）平台优势

自贸港应充分发挥平台优势，通过中国国际消费品博览会（以下简称

---

① 王玉婷、袁永友：《海南自由贸易港建设背景下打造服务贸易新高地的探讨》，《对外经贸实务》2022 年第 1 期。

"消博会")、博鳌论坛等国际性展会和会议,搭接国内外资源流通渠道,提高资源对接和信息传递效率,为国际对话与合作创造更多机遇。首届消博会于 2021 年 5 月将服务贸易生产和消费群体集合在了一起,为海南自贸港实现服务贸易创新搭建了平台。此外,消博会将内贸与外贸结合,引领新消费业态,服务新兴消费群体,充分应用物联网,实现线上线下信息快速传递及实体货物高效运输,实现线上查询、下订单及线下物流、服务便利化发展,充分发挥了消博会的溢出效应。

三 启示与建议

现阶段,我国服务贸易环境自由度、贸易产值虽逐年进步,但在世界上并不处于可观位置,如何促进由制造业与服务业联合驱动的经济增长,需进一步探索。[①] 因此,海南自贸港应借鉴上述 5 个重要自贸港的发展经验,继续因地制宜地结合海南现有条件,进一步促进海南自贸港服务贸易的高质量发展。

(一) 打造特色自贸港服务贸易模式

海南可实施基础设施硬联通和软联通的双重建设方针,对标国际高标准,发挥自身优势,为服务贸易生产率提升提供前提条件。一是要进一步完善海南城际交通运输网络,做好产业配套设施建设,推动传统贸易和新兴服务贸易产业链空间布局的整体性建设。二是要积极拓展港口服务功能,连接上下游产业链条,构建临港工业生态圈,实现新型港城联动一体化。三是利用最新数字技术,搭建智能化、便利化的移动政务服务平台,实现政府与企业高效率指导、扶持、监管、反馈与合作,加强政府在自贸港建设中的引领作用,提高各部门办事效率和协调能力。借鉴新加坡港的一站通关式的服务经验,将海关、税务等几十个政府机构与企业进行连接,打造综合型国际商品交易平台,为国内外企业提供更多便利。四是利用海南自贸港"三区一中心"的战略定位,特别是国际旅游消费中心这一

---

① 孟广文:《国际经验对海南自由贸易港规划建设的启示》,《资源科学》2021 年第 2 期。

定位，通过该战略，海南能够发挥其资源禀赋优势，进而向"全球性购物天堂"的定位迈进，既能充分释放国内市场的消费潜力，又能利用零关税、自由便利的政策吸引国外高质量产品、服务和消费者聚集海南，将海外购变为海南购，进一步促进海南现代服务业及服务贸易潜力的释放，从而助力我国"双循环"新发展格局的构建。五是持续发挥消博会的积极作用。举办消博会既是贯彻落实中央决策部署，又对推进海南自贸港建设具有重要意义。[①] 这一平台能够帮助海南自贸港打造兼具中国特色和海南优势的服务贸易模式，将极大提升海南的城市形象，促进海南本身建设，使海南进一步在境外消费、自然人流动和商业存在等服务贸易提供方式下实现服务贸易创新发展。

（二）重视数字经济与数字服务贸易

数字技术快速发展的同时，数字技术应用带来的经济和社会效益越发显著，国家数字经济建设需求日益提高。当前，国家发改委已陆续出台了支持海南数字经济、服务贸易发展的相关规定。特别是 2020 年 6 月《海南自由贸易港建设总体方案》正式公布后，阿里巴巴、腾讯、小米、字节跳动、百度、新浪、美团等头部互联网企业或数字平台陆续在海南注册成立分公司。对此，国家应出台优厚的人才引进政策，鼓励境内外高质量人才，特别是高校应届毕业生、高技术人员、经验丰富的高端研发人员的留琼政策，进一步为海南数字化创新发展做出贡献。企业则可以通过诸如服务外包数字化转型等方式，推进服务贸易数字化发展，加速内部数据的循环和数据应用处理能力。同时，基于现有的跨境服务贸易负面清单，逐步缩减负面清单，并适时提出数字服务贸易适用的开放承诺，促进数字服务贸易领域的外资市场准入，重视引进境外数字企业，力争将海南自贸港打造成我国跨境数字服务贸易最高水平的开放区域。

在数字经济时代，数据跨境流动规制已经成为自贸港建设的重要一环。海南已出台《中国（三亚）跨境电子商务综合试验区实施方案》，促进跨境数据流动更加通畅。但是，海南自贸港数据跨境流动法律规制仍面

---

① 海南省人民政府网站，https://www.hainan.gov.cn/。

临事权、法治、制度方面的一些难题，如事权厘定不清、法律体系不完善以及监管体制不健全。对此，需要协调国家与地方立法，加大创新调配力度，开展有效赋权；国家与地方都应完善法律体系，统一、授权立法模式；建立健全监管体制，统一数字风险评估，开启重监管的保护模式，加强国际区域的交流合作。① 海南也应抓住机遇，创新举措，摈弃传统经济的观念和旧模式，以新经济发展理念为指引，形成数字化、战略化和系统化的新思维，与国际顶尖自贸港对话，打造更加优越的营商环境，实现数字贸易飞速发展。此外，通过持续深化的改革，创新国际投资制度，简化审批流程。创新融资渠道及监管手段，加强制造业与数字贸易的联系，简化线上税制结构，提升服务贸易投资便利度和高效性。

（三）完善知识产权法律保护体系

《中华人民共和国海南自由贸易港法》指明，知识产权保护在自贸港建设和服务贸易发展中的地位更加关键。放眼国际，新加坡政府一直致力于把新加坡建成重要的区域知识产权中枢，十分重视对知识产权的保护和鼓励。新加坡港制定了一系列保护知识产权的法律法规，同时通过资金支持等手段积极营造鼓励创新、方便智力成果产业化的科研、政策和商业环境。② 海南在建设自由贸易港的过程中，可通过借鉴新加坡知识产权保护的经验，出台类似《海南自由贸易港知识产权保护条例》的法律文件，创新推出具体保护措施，建立适用于自身的知识产权保护体系，彰显海南特色。

（四）实现服务业开放和服务贸易自由化的双轮驱动

根据 OECD 提出的服务贸易限制指数，荷兰、美国、新加坡所有部门平均限制指数分别为 0.142、0.183、0.229，均低于中国的 0.247，说明我国整体的服务贸易自由化程度不及鹿特丹港、纽约港和新加坡港所在国。基于此，我国更应该在海南自贸港实施高标准的服务业开放和服务贸易自由化政策，注重外商直接投资为本地区服务贸易发展带来的技术创新水平

---

① 陈利强、刘羿瑶：《海南自由贸易港数据跨境流动法律规制研究》，《海关与经贸研究》2021 年第 3 期。

② 《新加坡文化贸易与投资合作指南》。

提高、资源聚集能力加强、基础设施建设完善、国际品牌建设推进等积极作用。首先，政府应简化对投资项目的审批和管理中的相关程序，同时推行"互联网＋"改革，最大限度方便投资主体。其次，应降低相应准入门槛，实施落地签证政策，吸引对外投资主体资金涌入自贸港，将我国高水平、全方位的对外开放策略落到实处。最后，根据上述 5 个自贸港的经验和海南自身的条件，我国应当制定与自贸港发展相适应的税收政策，探索税制改革；将国际市场准入与税收优惠政策配套使用，将海南打造成受服务行业青睐的国际商业投资中心。另外，实行差异化的财税政策，能够同时处理好中央与地方在事权职能上的划分，构建中央与地方协同推进的综合管理机构，夯实发展基础，补齐金融短板，鼓励金融开放与创新。①

（五）引进服务贸易专业人才，建设数字化人才体系

服务贸易发展对综合性高端人才的需求较大，而海南本地居民较少，本土教育资源相对匮乏，教育服务综合性和高端性都存在不足。近年来海南通过更大力度的人才引进方案，吸引了大量国内外优质人才资源，但与国内一线城市相比，服务贸易领域的高端人才缺口仍然巨大。另外，海南的人才使用效果还有待进一步评估，目前存在人才滞留率低、能力发挥空间有限等问题，亟待深入思考和解决。

针对此问题，海南应打造人才发展平台，关注人才招聘、培养、评价、生活保障等多个方面，建成人才管理的一条龙服务平台。各类型企业都要深入创新相应的人才激励和保障措施，在薪酬、补贴、生活方面提供有效的保障和支持，对经过政策认证的服务行业高端人才给予更多关照，尤其是对于人才在生活、工作方面遇到的困难，应及时沟通和协助解决。进一步完善薪酬、教育、住房、医疗等优惠政策。加快岛内人力资源流动速度，加强信息技术、交通运输等基础设施建设，实现人才来往自由，形成人才良性循环。

---

① 曹晓路、王崇敏：《建设自由贸易港的国际经验与海南路径》，《国际贸易》2020 年第 4 期。

参考文献

胡方：《国际典型自由贸易港的建设与发展经验梳理——以香港、新加坡、迪拜为例》，《人民论坛》（学术前沿）2019 年第 22 期。

李雷鸣：《中国特色自由贸易港建设中的知识产权保护制度探索——基于新加坡的经验借鉴》，《中国市场》2021 年第 2 期。

裴广一、葛晨：《中国国际消费品博览会的时代背景、现实意义与效应发挥》，《海南师范大学学报》（社会科学版）2021 年第 5 期。

Contents

Research Review

Review of Research on the Development of Hainan's Service Industry and Service Trade under the Background of China's Characteristic Free Trade Port

Abstract: Hainan Province enjoys a superior geographical position and is an important international tourist and commercial area, and a center of deep-sea science and technology, agricultural breeding and medical research and development. Since the establishment of Hainan Pilot Free Trade Zone was approved in 2018, Hainan's political, economic, trade and service strategic positioning has been further highlighted. At the same time, it has put forward higher-level requirements for the optimization and innovation of its service industry and service trade operation and management mode. In this review, the macro overall evaluation, subsystem development evaluation and future development strategy of Hainan's service industry and service trade under the background of free trade port are sorted out and integrated, and it is expected that these information will contribute to further theoretical research and provide valuable reference for future management practice.

Keywords: Service Trade; Service Industry; Hainan Free Trade Port

Monographic Studies

Present Situation, Problem, Countermeasure of Hainan Service Trade Development

Wang Li, Xu Wanling / 23

Abstract: With the increasing openness of service trade, the scale of Hainan's service trade continues to expand. Development of Hainan's service trade has promoted the overall development of Hainan's foreign trade, and the structure of Hainan's foreign trade has been significantly optimized. Depending on geographic location, national policy, industry foundation, the natural resource advantages, the continued growth of service trade market main body of Hainan Province service trade structure optimization, expanding trade "friends circles". However, there are still some problems in Hainan's service trade, such as high proportion of traditional service trade, weak comprehensive competitiveness, lack of professional talents and business environment to be improved. In order to promote the high-quality and sustainable development of service trade, it is suggested that Hainan should base on the actual development of traditional service trade, promote the transformation and upgrading of traditional service trade, accelerate the development of emerging service trade, form new competitive advantages, implement a more open service trade policy, fully release the policy dividend, increase talent attraction, and build a multi-level compound talent team system. It should also continue to improve the business environment and enhance its overall attractiveness.

Keywords: Service Trade; Business Environment; Hainan

Practice and Innovation of Hainan's Service Trade Policy System based on the Construction of Free Trade Port

Wang Haiwen, Fang Shuo / 37

Abstract: compared with other areas, the foundation of Hainan's service trade is still weak. But in a relatively short period of time, Hainan's service trade has become an important basis to support the island's economic operation, and its global influence continues to rise. All these achievements are closely related to the policy guidance of central government and local government of Hainan. This paper studies the central and local policies to guide the development of Hainan's service trade, analyzes the policy logic and thinking, thinking that policy practice plays an important role in the development of Hainan's service trade. Based on the analysis of the characteristics of the policy system, this paper puts forward some suggestions for Hainan's future policy layout, such as improving the evaluation system, strengthening industry supervision and insisting on sustainability.

Keywords: Service Trade; Free Trade Port; Hainan

Research on Influencing Factors of Hainan's Service Trade Development

Yang Xiu, Fang Shuo / 47

Abstract: Hainan, as one of the most special provinces in the country, has great potential for strategic value, and should serve as an important gateway for China's opening up to the world in the future, so its tertiary industry must have decisive international competitiveness. The 14th Five-Year Plan of Hainan in 2020 and the construction plan of Hainan Free Trade Pilot Zone have paid great attention to Hainan's service trade, and proved that the cultivation of service trade will be of great significance. In this paper, from many aspects, the overall presentation of Hainan's service trade development factors, think that Hainan's geographical location, natural environment, social development, economic development, domestic and foreign exchanges and other aspects will have more or less impact on the development of service trade, in general, all factors will have a positive impact on trade in services, conducive to further construction.

Keywords: Service Trade; Resource Flow; Economic Environment; Hainan

Analysis on the Advantages and Challenges of the Development of Service Trade in Hainan

Cheng Xiangbin, Fang Shuo / 67

Abstract: As the industry with the strongest economic contribution capacity in Hainan Province, service industry influences the economic trend of Hainan Province on the one hand, and promotes the construction of a new pattern of Hainan's foreign trade on the other hand. This paper studies the advantages and challenges of service trade in Hainan to clarify the ideas for correctly guiding the development of service industry and service trade. By analyzing the existing data of Hainan, it summarizes the characteristics of the development of Hainan's service trade, and points out that Hainan's service trade has important domestic advantages and national advantages at the present stage, but at the same time, it faces risks such as unbalanced development and governance loopholes. On this basis, the paper puts forward some constructive suggestions to further promote the development of service trade in the future, such as clarifying the development direction, strengthening regional balance and coordinated development, and building its own brand.

Keywords: Service Trade; Foreign Trade; Service Industry; Hainan

Research on the Development Trend of Hainan's Service Trade

Yu Tao , Li Jiechenxi / 77

Abstract: The state attaches great importance to the development of service industry. As an island economy, Hainan has received unprecedented policy support from the CPC Central Committee and the State Council in supporting the development of service industry in Hainan. In addition, Hainan is forming a modern industrial system with outstanding characteristics, complete system and strong international competitiveness. Based on the policy advantages, industrial base and development trend, Hainan is just around the corner in achieving the development goals characterized by trade and investment liberalization and facilitation, innovation and entrepreneurship environment reaching the international advanced level and becoming a paradise for the development of modern service industry.

Keywords: Modern Service Trade; Technological Innovation; Talent Introduction

Analysis of Specific Path of Hainan Service Trade's Innovational Development

Lin Jianyong , Li Jiechenxi / 83

Abstract: In 1988, Hainan established special economic zones. Since then, Hainan's economic development level has gradually improved and its social development has made progress. As the frontier window of China's reform and opening-up, the development of service trade in Hainan has been gradually promoted, the industrial structure has been continuously improved and optimized, and the construction of service trade has been continuously accelerated. Taking the comparison with Singapore Free Trade Port as the starting point, this paper proposes to continue to promote the high-quality development of Hainan Free Trade Port, improve the pertinence of tax incentives for foreign-funded enterprises to attract domestic and foreign-funded enterprises to settle in, improve the level of information technology to improve safety and efficiency, and explore the opening mechanism of service industry in depth.

Keywords: Service Trade; Opening to the Outside Word; Special Economic Zones

Analysis of Hainan Service Trade Development Experience

Gu Guoping, Yang Tong / 91

Abstract: Since the 19th National Congress of the CPC, China has attached great importance to the development of service trade. The State Council has held special executive meetings to discuss a series of issues such as the development of emerging service industry, service industry and digital culture trade. In order to accelerate the establishment of a policy system and mechanism conducive to the development of service trade and establish a sound development model. Our country gave some corresponding guidance on the development of service trade. Based on the study on the development and characteristics of Hainan's service trade, and the reference to the development experience and practice of powerful countries in service trade, this paper believes that useful and effective inspiration can be extracted, so as to upgrade the structure of international trade and international service trade, realize the development of service trade and trade in goods supplement each other and advance together, accelerate the steady transformation of our trade structure to achieve sustainable development of the foreign economy.

Keywords: Service Trade; Free Trade Port; Hainan

Industry Research

Analysis on the Development Path of Tourism Service Industry in Hainan under the Background of RCEP

Jiang Xinxing, Fang Shuo, Xu Wanling / 103

Abstract: As the largest special economic zone, Hainan is a key tourist area in China with rich tourism resources and enjoys a good reputation both at home and abroad. With the issuance of the Overall Plan for the Construction of Hainan Free Trade Port by the CPC Central Committee and The State Council, Hainan's tourism industry has welcomed positive development. Tourism has become the pillar industry with the most advantages, characteristics, potential and competitiveness in Hainan. On January 1, 2022, the Regional Comprehensive Economic Partnership (RCEP) will officially take effect. As a demonstration zone for the construction of free trade ports, Hainan will take the lead in the field of service trade, while its tourism service industry will face many new opportunities and challenges. Based on the current development status of tourism service industry in Hainan, this paper analyzes the advantages and disadvantages of the effective RCEP, and puts forward some suggestions for the tourism service industry, such as improving internationalization of tourism services, carrying out in-depth tourism service innovation, and improving the modern service system with tourism service as the core.

Keywords: RCEP; Tourism Service Industry; Hainan Free Trade Port

Research on the Current Situation and Countermeasures of the Development and Construction of Hainan International Education Innovation Island

Hou Yue, Liu Ang / 116

Abstract: The development of education service industry in Hainan has been supported by a series of policy dividends from the central and local governments. Under the background of the construction of the pilot free trade zone in Hainan, the central government regards Hainan as the key to the implementation of the "four points, one line, one side" strategy of China's education modernization, and encourages Hainan to continuously promote the education reform and obtain continuous power support. Subsequently, Hainan Province, following the guidance of the Ministry of Education, put forward the development plan of creating an international education innovation island, hoping to become a practitioner of China's education opening activities, and formulated a series of plans and implementation plans. After two years of efforts, the construction of Hainan Pacesetting Island for International-oriented Education has achieved phased results in accordance with expectations. However, from an objective perspective, there are also some problems, such as prominent structural contradictions in the supply of high-quality resources for basic education, insufficient capacity in the development of higher education service industry, urgent need to improve the overall level of teachers, and optimization and adjustment of the distribution structure of schools and educational resources. By analyzing the status quo of Hainan's construction of Pacesetting Island for International-oriented Education, this paper studies the advantages of policy dividend, regional cultural advantages and talent advantages of Hainan's development of education service industry. In view of the existing weak links, it puts forward many improvement suggestions, such as speeding up the construction of high-quality education system, promoting education supply-side reform, realizing system integration innovation, learning from overseas excellent experience, and continuously enriching education service content.

Keywords: International-oriented Education; Service Industry; Education Reform; Teacher Training

Research on Development Trend of Culture and Entertainment Service Industry in Hainan

Tian Song, *Hu Xinyi* / 130

Abstract: In the process of Hainan's internationalization, with the political, economic and social development, which is the establishment of Hainan free trade port, Hainan people's leisure life style and the development of culture and entertainment service industry have changed. Hainan's leisure and culture and entertainment service industry adopts the development model with tourism as the core, and forms a certain scale, the operation of the culture and entertainment service industry is moving towards modernization, and many cultural enterprises are attracted by the preferential policies of the free trade port; the development of Hainan culture and entertainment service industry affects the consciousness of the urban people, and promotes the transformation of Hainan city's internationalization. In order to promote the higher quality development of Hainan's culture and entertainment service industry, this paper introduces the culture and entertainment service industry in developed countries, analyzes the existing problems and gaps in Hainan's culture and entertainment service industry, and puts forward relevant suggestions for improving the quality of Hainan's culture and entertainment industry and the spiritual and cultural atmosphere of Hainan people.

Keywords: Free Trade Port; Culture and Entertainment Service Industry; Culture and Tourism Integration

Research on Hainan's Experience in Building International Financial Center and Its Path

Liu Xia, Hu Xinyi / 143

Abstract: From a global perspective, offshore finance has become the standard of a free trade port. Hainan Free Trade Port has Chinese characteristics. At present, Hainan's financial department has gradually improved its financial policy and continuously promoted the construction of a free trade port. In the new stage, Hainan's financial sector is necessary to achieve a higher level of opening to the outside world, improve the financial market infrastructure, and build an international financial center. We can learn from the experience of developed countries in building a mature international financial center, find a development path with Chinese characteristics, and realize high-level and high-level financial opening in Hainan and China as a whole.

Keywords: International Financial Center; Financial Openness; Offshore Investment

Analysis on the Characteristics and Existing Problems of Modern Sports Service Industry in Hainan
—From the Perspective of Sports Tourism

Cai Zhenwei, Liu Ang / 152

Abstract: Hainan has many advantages in the development of modern sports service industry. Under the background of accelerating the construction of Hainan Free Trade Port, the development of modern sports service industry has received a series of policy support from the central ministries and commissions. Hainan local government has also formulated a series of corresponding planning and implementation plans to promote the construction of national sports tourism demonstration zone. At present, the construction of national sports tourism demonstration zone in Hainan has achieved remarkable results, but there are still some problems that have not been properly solved at this stage. For example, the scale of sports industry needs to be expanded, the supply capacity of modern sports services is insufficient, the marketization and branding construction of sports events need to be strengthened, and the shortage of professional talents. By analyzing the current situation of Hainan's construction of national sports tourism demonstration zone, this paper studies the advantages of Hainan's development of modern sports service industry in policy, location, infrastructure construction and tourism resources. And in view of the existing constraints, put forward measures and suggestions such as further promoting infrastructure construction, strengthening marketing efforts, strengthening the introduction and training of professional sports tourism talents.

Keywords: Sports Tourism; Sports Service Industry; National Sports Tourism Demonstration Zone

Analysis of Current Situation of Development and Counter-measures of Medical and Health Care Services in Hainan

Dong Yang, Jing Wen / 164

Abstract: Hainan has a tropical monsoon climate, surrounded by oceans, abundant precipitation, small temperature difference, excellent air and water quality, and it has certain relief effects on many diseases, so its average life expectancy ranks among the top in China. The rich resources of traditional Chinese medicine, the development of biopharmaceuticals and health care products, and the development of Boao Lecheng International Medical Tourism Pilot Zone have greatly promoted the modernization process of Hainan's medical rehabilitation industry. In recent years, the scale of Hainan's health industry has continued to expand, and its characteristics have been highlighted, forming a supporting pattern of ecology, medical care and tourism. At the same time, the quality and technical level of medical and health care services have been steadily improved, and the benefits have been gradually improved. Under the background of the construction of Hainan Free Trade Port, the opening and innovation of Hainan's service trade, and the official entry into force of RCEP, the market demand is expanding, which not only brings opportunities but also challenges to the medical and health care service industry. For example, there are still some shortcomings in the comprehensive medical professionals, the level of medical institutions, product system, personal information protection and industrial aggregation and integration, and targeted measures should be taken in terms of talents, products, systems and international cooperation to promote the development of medical and health care service industry in Hainan.

Keywords: Health and Care Service Industry; Hainan Free Trade Port; International Medical City

Analysis on the Development of Hainan's Commercial Service Industry under the Background of International Offshore Duty Free Center Construction

Sun Junxin, Li Jiechenxi / 187

Abstract: Over the years, Hainan's unique geographical location and natural resources have attracted countless tourists from home and abroad, and its tourism development has always maintained a high level. Under this background, Hainan was approved by the State Council as an "international tourist island" in 2011, and with its advantages in industry and geography, it has developed into a world-class leisure resort. Tax-free policy on outlying islands is one of many supporting policies. Based on the analysis of the present situation, characteristics and advantages of Hainan's tax-free market, and combined with the development characteristics of high-end consumer market, this paper puts forward the existing problems and development path of Hainan's commercial service industry. Hainan's commercial service industry relies heavily on the development of the tax-free market on outlying islands. It is necessary to mature the tax-free mechanism on outlying islands, expand the purchase channels of duty-free goods, improve the operation and maintenance guarantee mechanism of the tax-free information system on outlying islands, and effectively control and control the duty-free goods on outlying islands to promote the further development of Hainan's commercial service.

Keywords: Tax Exemption on Outlying Islands; High-end Consumer Market; Commercial Services Industry

Enlightenments on the Study

Experience Reference, Inspiration and Advices of International Free Trade Port for the Innovative Development of Service Trade in Hainan

Jia Ruizhe, *Yang Tong* / 199

Abstract: Hainan is China's first free trade port with Chinese characteristics and the largest special economic zone. It is also one of the first 15 pilots of innovative development of service trade, shouldering the major task of exploring the path of high-quality development of service trade. Hainan can learn from the policy innovation experience of Hong Kong, China, Singapore, New York, Rotterdam and Dubai in developing service trade, and combine its own conditions in strategic positioning, policy support, industrial structure and platform advantages. The innovative development of service trade can be further promoted by creating a distinctive free trade port service trade model, attaching importance to digital economy and digital service trade, improving the legal protection system of intellectual property rights, implementing preferential tax, investment and financial policies, introducing professional talents in service trade and building a digital talent system.

Keywords: Hainan Free Trade Port; Service Trade; Digital Economy

征稿启事

为推进服务贸易理论发展，完善服务贸易政策，汇聚交叉学科资源，积极发挥智库作用，推动中国服务贸易的健康发展，并对当前服务贸易中的热点和问题进行深入研讨，北京第二外国语学院中国服务贸易研究院、中国国际贸易学会服务贸易专业委员会、首都对外文化贸易与文化交流协同创新中心经研究决定，面向全国各高校、科研机构及社会各界人士举办专题征文活动。

现将有关事项通知如下。

一 专题征文选题范围

征文参考选题可围绕商业服务贸易，通信服务贸易，建筑及相关工程服务贸易，销售服务贸易，教育服务贸易，环境服务贸易，金融服务贸易，健康与社会服务贸易，旅游相关服务贸易，娱乐、文化与体育服务贸易，运输服务贸易以及其他服务贸易等十二类别的相关服务贸易研究。

以上选题仅为参考，选题范围包括但不限于：

1. 中国服务贸易发展战略研究

2. 国际服务贸易发展趋势研究

3. 服务贸易发展国别经验研究

4. 中国服务贸易的发展现状及国际竞争力研究

5. 服务贸易创新发展试点建设研究

6. 中国服务贸易模式创新研究

7. 服务贸易与货物贸易协同发展研究

8. 服务贸易统计研究

9. 服务贸易促进机制研究

10. 服务贸易开放政策研究

11. 服务贸易有关立法与法律问题研究

12. 服务贸易区域合作研究

13. 服务贸易相关行业问题研究

14. 文化贸易发展战略与政策支持研究

15. 文化和旅游服务贸易研究

16. 服务外包研究

17. 数字贸易研究

二 征稿要求

稿件格式见集刊征稿启事，请认真阅读具体要求，以使论文顺利进入评审阶段。

1. 来稿必须是未公开发表过的原创稿件。

2. 文章观点鲜明独到，内容具体翔实，分析清晰合理，研究方法力求科学和创新。写作结构严密，基础理论扎实，所用理论与论文研究相关性较强；实证研究数据新颖翔实。数据和资料来源要真实权威，主要经济贸易指标的数据应尽可能使用前一年度较完整的数据。文章必须有结论，并提出解决问题的对策建议。

3. 字数严格控制在 10000 字以内。文章引用重复率不得超过 15%，中文摘要控制在 300 字左右，要求能够反映论文的主要内容。中文关键词为 3~5 个，应为能够反映论文主题的词。文末需附上中文目录、中文摘要及中文关键词的英文。

4. 凡涉及引文或引证的材料，请注明出处。

5. 注释采用页下注（脚注）的方式。页下注（脚注）中引证文献标注一般规则为：中文文章名、刊物名、书名、报纸名等用书名号标注；英文中，文章名用双引号标注，书名以及刊物名用斜体标注。具体格式要求如下。

中文文献

（1）专著

格式：×××（作者）：《×××》（书名）××（卷册），×××（出版社），×××（年份），第×页。

（2）析出文献

①论文集、作品集及其他编辑作品

格式：×××（作者）：《×××》（篇名），载×××（作者）《×××》（书名），×××（出版社），×××（年份），第×页。

②期刊

格式：×××（作者）：《×××》（文章名），《×××》（期刊名）×××年第×期，第×页。

③报纸

格式：×××（作者）：《×××》（文章名），《×××》（报纸名）×××年×月×日，第×版。

（3）转引文献

格式：×××（作者）：《×××》（书名或文章名），转引自×××（作者）《×××》（书名或文章名）××（卷册），×××（出版社），×××（年份），第×页。

（4）未刊文献

①学位论文

格式：×××（作者）：《×××》（论文名），×××（博士或硕士学位论文），×××（作者单位），×××（年份），第×页。

②会议论文

格式：×××（作者）：《×××》（论文名），×××（会议名称），×××（会议地点），×年×月（召开时间），第×页。

③档案文献

格式：《×××》（档案名称）（×××）（档案形成时间），×××（藏所），卷宗号或编号：×××。

④网上文章

转载网上文章应注明出处，需要标示责任者、文章名称、原刊载网址。

英文文献

（1）著作（专著、编著、译著）

格式：作者，书名（斜体）（出版地点：出版机构，出版时间），引用页码。

（2）析出文献

①论文集

格式：作者，文章标题，编者，文集名（斜体）（出版地点：出版机构，出版时间），页码。

②期刊

格式：作者，文章标题，期刊名（斜体）卷期号（出版时间）：页码。

（3）未刊文献

①会议论文

格式：作者，论文标题（会议名称，地点，时间），页码。

②网上文章

转载网上文章应注明出处，需要标示责任者、文章名称、原刊载网址。

三　组织评审

编辑部负责组织评审，根据"公平、公正、重质、择优"原则，经专家委员会评审后，优秀论文将结集出版，在《国际服务贸易评论》上刊发，期待各位专家和老师赐稿。

四　截稿时间

截稿日期：滚动刊发，长期有效。

征文邮箱：nicd2019@163.com

联系电话：010－65778155

《国际服务贸易评论》编辑部

图书在版编目（CIP）数据

国际服务贸易评论. 第 4 辑 / 李嘉珊，于涛主编. --
北京：社会科学文献出版社，2023.1
　ISBN 978 - 7 - 5228 - 1430 - 8

　Ⅰ.①国…　Ⅱ.①李…②于…　Ⅲ.①国际贸易 - 服
务贸易 - 文集　Ⅳ.①F746.18 - 53

中国国家版本馆 CIP 数据核字（2023）第 029403 号

国际服务贸易评论（第 4 辑）

主　　编 / 李嘉珊　于　涛
执行主编 / 方　朔

出 版 人 / 王利民
责任编辑 / 路　红
文稿编辑 / 刘　燕
责任印制 / 王京美

出　　版 / 社会科学文献出版社　（010）59367194
　　　　　　地址：北京市北三环中路甲 29 号院华龙大厦　邮编：100029
　　　　　　网址：www. ssap. com. cn
发　　行 / 社会科学文献出版社　（010）59367028
印　　装 / 唐山玺诚印务有限公司

规　　格 / 开　本：787mm × 1092mm　1/16
　　　　　　印　张：14.75　字　数：225 千字
版　　次 / 2023 年 1 月第 1 版　2023 年 1 月第 1 次印刷
书　　号 / ISBN 978 - 7 - 5228 - 1430 - 8
定　　价 / 89.00 元

读者服务电话：4008918866